Ullrich

Wirtschaftsrecht
für Betriebswirte

W0191668

 Online-Version inklusive!

Stellen Sie dieses Buch jetzt in Ihre „digitale Bibliothek" in der NWB Datenbank und nutzen Sie Ihre Vorteile:

► Ob am Arbeitsplatz, zu Hause oder unterwegs: Die Online-Version dieses Buches können Sie jederzeit und überall da nutzen, wo Sie Zugang zu einem mit dem Internet verbundenen PC haben.

► Die praktischen Recherchefunktionen der NWB Datenbank erleichtern Ihnen die gezielte Suche nach bestimmten Inhalten und Fragestellungen.

► Die Anlage Ihrer persönlichen „digitalen Bibliothek" und deren Nutzung in der NWB Datenbank online ist kostenlos. Sie müssen dazu nicht Abonnent der Datenbank sein.

Ihr Freischaltcode:

JRHSYLDJIPSDYXEQPX

Ullrich,Wirtschaftsrecht für Betriebswirte

So einfach geht's:

① Rufen Sie im Internet die Seite **www.nwb.de/go/online-buch** auf.

② Geben Sie Ihren Freischaltcode ein und folgen Sie dem Anmeldedialog.

③ Fertig!

Die NWB Datenbank – alle digitalen Inhalte aus unserem Verlagsprogramm in einem System.

www.nwb.de

NWB Studium Betriebswirtschaft

Wirtschaftsrecht für Betriebswirte

▶ Grundzüge des BGB
▶ Grundzüge des Handels- und Gesellschaftsrechts
▶ Mit Fällen und Lösungen

7., vollständig überarbeitete und erweiterte Auflage

Von

Professor Dr. jur. Norbert Ullrich

▶ **nwb** STUDIUM

Kein Produkt ist so gut, dass es nicht noch verbessert werden könnte. Ihre Meinung ist uns wichtig! Was gefällt Ihnen gut? Was können wir in Ihren Augen noch verbessern? Bitte verwenden Sie für Ihr Feedback einfach unser Online-Formular auf:

www.nwb.de/go/feedback_bwl

Als kleines Dankeschön verlosen wir unter allen Teilnehmern einmal pro Quartal ein Buchgeschenk.

ISBN 978-3-482-**60991**-6 (online)
ISBN 978-3-482-**53257**-3 (print)
7., vollständig überarbeitete und erweiterte Auflage 2012

© NWB Verlag, Herne 2000
   www.nwb.de

Satz: Griebsch & Rochol Druck GmbH & Co. KG, Hamm
Druck: Beltz Druckpartner, Hemsbach

VORWORT

Liebe Leserin, lieber Leser,

die vorliegende Auflage bringt das Buch auf den Stand vom Sommer 2012. Seit der Vorauflage haben sich vor allem im Verbraucherschutzrecht und im GmbH-Recht gesetzliche Neuerungen ergeben. Diese und weitere Änderungen der Rechtslage sowie aktuelle Entwicklungen in der Rechtsprechung sind eingearbeitet. Zudem habe ich (auf vielfachen studentischen Wunsch) Übersichten zu wichtigen Anspruchsgrundlagen im BGB sowie zu wichtigen Anspruchsgrundlagen und Haftungsnormen im Handels- und Gesellschaftsrecht eingefügt – jeweils als eigenes Kapitel.

Dieses Buch ist ein **Lernbuch**, geschrieben für **Betriebswirtschafts-Studenten an Universitäten, Fachhochschulen und Berufsakademien** sowie für Studenten verwandter wirtschaftswissenschaftlicher Studiengänge. Es soll in knapper und verständlicher Form (viel knapper und verständlicher als herkömmliche Rechts-Lehrbücher) angehenden Betriebswirten die für Kaufleute wesentlichen Bereiche des Privatrechts vermitteln. Zahlreiche Beispiele dienen der Veranschaulichung.

Die Besonderheit des Buches liegt darin, dass es quasi „alles in einem" bietet: den wesentlichen **Lehrstoff des Wirtschaftsprivatrechts (d.h. BGB und Handels- und Gesellschaftsrecht)** sowie eine **Einführung in die juristische Fallbearbeitung,** deren zumindest ansatzweise Beherrschung auch von BWL-Studenten in Klausuren erwartet wird. Eine in diesem Buch enthaltene **Sammlung von Fällen und Lösungen** bietet die Möglichkeit, die erworbenen Kenntnisse zu testen.

Das Buch beruht auf meiner Lehrerfahrung; seit vielen Jahren unterrichte ich Betriebswirte in den in diesem Buch behandelten Fächern. Zugleich habe ich meine praktische Tätigkeit als Richter einfließen lassen.

Ich gehe davon aus, dass Sie Betriebswirt werden wollen und nicht Jurist. Umfang und Schwerpunkte des Buches orientieren sich daran. Wichtig sind das Verständnis für den Umgang mit juristischer Materie und Grundkenntnisse der für die Wirtschaftspraxis bedeutsamen Rechtsnormen; wenn Sie diese Lernziele erreichen, werden Sie auch in ihren Rechts-Klausuren gut abschneiden. Umfangreiches Detailwissen und die Kenntnis rein juristischer Theorienstreitigkeiten möchte ich Ihnen nicht vermitteln – damit mögen sich Jurastudenten befassen.

Bei Fragen oder Anregungen schreiben Sie mir bitte. Ich werde mich bemühen, das Buch noch zu verbessern und Sie – wenn Sie wünschen – persönlich zu informieren.

Göttingen, im Juni 2012   *Norbert Ullrich*

INHALTSVERZEICHNIS

ABKÜRZUNGSVERZEICHNIS

A

Abs.	Absatz
ADSp	Allgemeine Deutsche Spediteur-Bedingungen
AG	Aktiengesellschaft
AGB	Allgemeine Geschäftsbedingungen
AGG	Allgemeines Gleichbehandlungsgesetz
AktG	Aktiengesetz
Alt.	Alternative
Art.	Artikel
Aufl.	Auflage

B

Bd.	Band/Bände
Bearb.	Bearbeitung
bearb.	bearbeitet
Begr.	Begründer
BGB	Bürgerliches Gesetzbuch
BGH	Bundesgerichtshof
BWL	Betriebswirtschaftslehre
bzw.	beziehungsweise

C

c. i. c.	lat. Culpa in contrahendo (= Verschulden bei Vertragsschluss)
ca.	circa
CISG	engl. United Nations Convention on Contracts for the International Sale of Goods (= Wiener Kaufrecht)
CMR	franz. Convention relative au contrat de transport international de marchandises par route (= Internationale Vereinbarung über Beförderungsverträge auf Straßen)

D

d. h.	das heißt

E

e. K.	eingetragener Kaufmann
e. V.	eingetragener Verein
eG	eingetragene Genossenschaft
EGHGB	Einführungsgesetz zum HGB
Eigent.	Eigentümer
etc.	et cetera (= und so weiter)
EU	Europäische Union

EVO	Eisenbahnverkehrsordnung
evtl.	eventuell
EWIV	Europäische Wirtschaftliche Interessenvereinigung
EZB	Europäische Zentralbank

F

f.	folgende(r)
ff.	fort folgende(r)

G

GbR	Gesellschaft bürgerlichen Rechts
gem.	gemäß
GenG	Genossenschaftsgesetz
Ges.	Gesellschaft
GF	Geschäftsführer
ggf.	gegebenenfalls
ggü.	gegenüber
GmbH	Gesellschaft mit beschränkter Haftung
GmbHG	Gesetz betreffend die Gesellschaften mit beschränkter Haftung
GmbH i. G.	Gesellschaft mit beschränkter Haftung in Gründung
GoA	Geschäftsführung ohne Auftrag
grds.	grundsätzlich
GüKG	Güterkraftverkehrsgesetz

H

hg.	herausgegeben
Hg.	Herausgeber
HGB	Handelsgesetzbuch

I

i. d. R.	in der Regel
i. S. d.	im Sinne der/des
i. V.	in Vertretung
InsO	Insolvenzordnung

K

Kfz	Kraftfahrzeug
kg	Kilogramm
KG	Kommanditgesellschaft
KGaA	Kommanditgesellschaft auf Aktien
KW	Kalenderwoche

M

m	Meter
Mio.	Million(en)
mittelb.	mittelbar(er)
MoMiG	Gesetz zur Modernisierung des GmbH-Rechts und zur Bekämpfung von Missbräuchen
MwSt	Mehrwertsteuer

N

Nr.	Nummer

O

o. ä.	oder ähnlich
OHG	Offene Handelsgesellschaft

P

PartGG	Partnerschaftsgesellschaftsgesetz
PC	Personal Computer
PHG	persönlich haftender Gesellschafter
Pkw	Personenkraftwagen
PVV	Positive Vertragsverletzung

R

R	Richtlinie
RG	Rechtsgeschäft

S

S.	Seite
sog.	sogenannte(r)
sonst.	sonstige
StG	Stille Gesellschaft
StGB	Strafgesetzbuch

U

u.	und
u. a.	und andere/unter anderem
u. Ä.	und Ähnliche(s)
u. U.	unter Umständen
UmwG	Umwandlungsgesetz
UN	engl. United Nations (= Vereinte Nationen)
unm.	unmittelbar(er)
usw.	und so weiter

V

v. a.	vor allem
v.	von/vom
VAG	Versicherungsaufsichtsgesetz
vgl.	vergleiche
VOB	Vergabe- und Vertragsordnung für Bauleistungen
VVaG	Versicherungsverein auf Gegenseitigkeit
VW	Volkswagen

W

WE	Willenserklärung
WoVermG	Gesetz zur Regelung der Wohnungsvermittlung

Z

z. B.	zum Beispiel
z. T.	zum Teil
ZPO	Zivilprozessordnung
zzgl.	zuzüglich

1. Einführung und Literaturtipps

1.1 Zur Arbeit mit dem Gesetz, juristischer Literatur und diesem Buch

„Ein Blick ins Gesetz erleichtert die Rechtsfindung" – unter Juristen ist das ein geflügeltes Wort, und auch Sie sollten dies beherzigen. Entgegen einem weit verbreiteten Vorurteil braucht man im Rahmen des Rechtsstudiums Gesetze nicht auswendig zu lernen. Es geht vielmehr darum, den Umgang mit dem Gesetz zu beherrschen. Mit Gesetzen umgehen kann man zwangsläufig nur, wenn man sich den Gesetzestext durchliest. In Ihren juristischen Lehrveranstaltungen und beim Durcharbeiten des vorliegenden Buches sollten Sie stets **die genannten Paragraphen** (Abkürzung für Paragraph: §, Abkürzung für Paragraphen: §§) **lesen**. Sie müssen also eine Textausgabe des Bürgerlichen Gesetzbuches (BGB), für Handelsrecht außerdem des Handelsgesetzbuches (HGB), je nach behandeltem Stoff eventuell auch Textausgaben weiterer Gesetze (z. B. GmbH-Gesetz) anschaffen; die bei Juristen beliebte Gesetzessammlung „Schönfelder" oder ähnliche umfangreiche Sammlungen benötigen Sie allerdings nicht. Die Gesetzestexte dürfen (und sollen) Sie selbstverständlich auch zu den Klausuren mitbringen. Ein paar nützliche Tipps zur Anwendung der Gesetzestexte bei der Fallbearbeitung finden Sie im Abschnitt „Klausurtechnik und Fallbearbeitung".

Da für den juristischen Umgang mit einem Lebenssachverhalt die §§ eine entscheidende Rolle spielen, ist eine hieran orientierte Buchform gebräuchlich, so genannte **Kommentare.** Während **Lehrbücher** und **Handbücher** den Stoff systematisch darstellen, erläutern Kommentare jeden Paragraphen einzeln. In der Praxis greifen Juristen hauptsächlich zum Kommentar. Hier werden von der Rechtsprechung entschiedene Fälle und gelegentlich auch weitere Beispiele genannt. Insofern ist ein juristischer Kommentar auch für Betriebswirte sehr nützlich. Beim Umgang mit einem Kommentar stellt sich allerdings ein Problem: Wenn ich nicht weiß, welche Paragraphen anwendbar sein könnten, hilft mir der Kommentar kaum weiter. Einen Kommentar sollte man daher erst verwenden, wenn überblicksartige Rechtskenntnisse bereits vorhanden sind.

Überblicksartige Rechtskenntnisse und Verständnis für den Umgang mit dem Gesetz sind gerade die Dinge, die das vorliegende Buch vermitteln will. Sie sollten es möglichst **vorlesungsbegleitend** lesen, doch kann es auch der Wiederholung dienen oder – notfalls – eine Vorlesung ersetzen. Die im Abschnitt „Fallbearbeitung und Klausurtechnik" zusammengefassten Fälle können parallel zum Erlernen des Stoffes gelöst werden (im Text ist jeweils angegeben, ab wann welcher Fall bearbeitet werden kann) oder später zur gezielten Klausurvorbereitung.

Falls Sie einzelne Kapitel **vertiefen** wollen, greifen Sie am besten zu einschlägigen **Handbüchern.** Geht es um die **Lösung eines konkreten Rechtsproblems,** über das Sie sich bereits Gedanken gemacht haben, können Sie – auf der Grundlage Ihrer erworbenen Fähigkeiten und Kenntnisse – durchaus den Griff zum **Kommentar** wagen. Kaufen müssen Sie sich derlei Werke allerdings nicht. Eine zur Klausurvorbereitung sinnvolle Anschaffung ist hingegen möglicherweise – je nachdem, wie intensiv die Falllösung im Unterricht geübt wird – ein Büchlein mit Fällen und Lösungen.

Gelegentlich – vor allem bei aktuellen Fragen wie etwa Gesetzesänderungen – kann es auch durchaus angebracht sein, sich anhand eines in einer **juristischen Fachzeitschrift** veröffentlichten Aufsatzes zu informieren. Die Fachzeitschriften finden Sie in den juristischen Bibliotheken der Hochschulen und der Landgerichte.

Für **Juristen** wichtig ist auch das Lesen von (in den Fachzeitschriften veröffentlichten) **Gerichtsentscheidungen**. Da die Gerichte jedoch stets Einzelfälle entscheiden und die Urteile nicht der systematischen Darstellung von Rechtsfragen dienen, bietet sich solche Lektüre für Nichtjuristen weniger an. Die wesentlichen Entscheidungen werden ohnehin in Aufsätzen aufgegriffen und in die Kommentare und Handbücher eingearbeitet. Lohnenswert ist allerdings die Lektüre von in den Fachzeitschriften veröffentlichten Urteilsanmerkungen/Praxishinweisen, da hier die aktuellen Entscheidungen erläutert und in den Zusammenhang gestellt werden.

1.2 Literaturtipps

Die folgenden Literaturangaben sind eine Auswahl von Werken, die sich zur Vertiefung der im vorliegenden Buch vermittelten Materie besonders eignen bzw. bei Spezialproblemen zu Rate gezogen werden können. Dabei wurde auf Aktualität und auf Verwendbarkeit für Betriebswirte besonderes Gewicht gelegt. Selbstverständlich gibt es eine Vielzahl weiterer guter juristischer Bücher und Aufsätze (vgl. Literaturverzeichnis – und das enthält nicht annähernd alle einschlägigen Werke, sondern nur die benutzten)!

1.2.1 Kommentare

1.2.1.1 Bürgerliches Recht

▶ *Erman*, BGB, 13. Aufl. 2011 (2-bändiger Handkommentar, gut lesbar)

▶ *Herberger/Martinek/Rüssmann*, juris Praxiskommentar BGB, 5. Aufl. 2010 ff (6-bändiger Kommentar, wird im Internet aktualisiert)

▶ *Kropholler*, Studienkommentar BGB, 13. Aufl. 2011 (für Jurastudenten geschriebener preisgünstiger Kurzkommentar)

▶ *Palandt*, Bürgerliches Gesetzbuch, 71. Aufl. 2012 (inhaltsreicher, aktueller, knapp geschriebener Praktiker-Standardkommentar, der – wegen der zahlreichen Abkürzungen – gewöhnungsbedürftig ist)

▶ *Prütting/Wegen/Weinreich*, BGB-Kommentar, 7. Aufl. 2011 (praxisnaher Kommentar in einem Band)

▶ *Rebmann/Rixecker/Säcker* (Hrsg.), Münchener Kommentar zum Bürgerlichen Gesetzbuch, 5. Aufl. im Erscheinen (11-bändiger Großkommentar)

▶ *Schulze u. a.*, BGB-Handkommentar, 7. Aufl. 2011 (Kurzkommentar, v. a. für Jurastudenten geschrieben, wird im Internet aktualisiert)

▶ *Soergel*, Bürgerliches Gesetzbuch, 13. Aufl. 1999 ff. (auf ca. 27 Bände angelegter Großkommentar, von dem einige Bände schon erschienen sind)

▶ *Ulmer/Brandner/Hensen*, AGB-Recht, 11. Aufl. 2011 (praxisnaher, inhaltsreicher Kommentar)

1.2.1.2 Handels-, Gesellschafts- und Insolvenzrecht

▶ *Baumbach/Hopt*, HGB, 35. Aufl. 2012 (Praktiker-Kurzkommentar)
▶ *Braun*, InsO, 5. Aufl. 2012
▶ *Bürger/Körber*, Aktiengesetz, 2. Aufl. 2011
▶ *Ebenroth/Boujong/Joost/Strohn*, HGB-Kommentar, 2. Aufl. 2008/09 (2 Bde.)
▶ *Gehrlein/Ekkenga/Simon*, GmbH-Gesetz, 2012
▶ *Graf-Schlicker*, Kommentar zur Insolvenzordnung, 3. Aufl. 2012
▶ *Heybrock*, Praxiskommentar zum GmbH-Recht, 2. Aufl. 2010
▶ *Röhricht/v. Westphalen*, HGB-Kommentar, 3. Aufl. 2008 (enthält auch Kommentierungen nicht im HGB geregelter Vertragstypen des kaufmännischen Rechtsverkehrs)
▶ *Roth/Altmeppen*, GmbH-Gesetz, 7. Aufl. 2012
▶ *Saenger/Inhester*, GmbH-Gesetz, Handkommentar, 2011
▶ *Wimmer*, Frankfurter Kommentar zur Insolvenzordnung, 6. Aufl. 2011

1.2.2 Handbücher

1.2.2.1 Bürgerliches Recht

▶ *Eckert/Maifeld/Matthiesen*, Handbuch des Kaufrechts, 2007
▶ *Fischer/Klanten*, Bankrecht, 4. Aufl. 2010
▶ *Härtling*, Internetrecht, 4. Aufl. 2010
▶ *Hoeren*, Internet- und Kommunikationsrecht, 2. Aufl. 2012
▶ *Kümpel*, Bank- und Kapitalmarktrecht, 4. Aufl. 2010
▶ *Reinicke/Tiedtke*, Kaufrecht, 8. Aufl. 2009
▶ *Skusa*, Praxishandbuch Leasing, 2012
▶ *Werner/Pastor*, BauProzess, 12. Aufl. 2008 (der Buchtitel ist etwas irreführend; behandelt wird hauptsächlich das – materielle – private Baurecht)
▶ *Wietersheim/Korbion*, Basiswissen Privates Baurecht, 2. Aufl. 2012
▶ *Wolf/Eckert/Ball*, Handbuch des gewerblichen Miet-, Pacht- und Leasingrechts, 10. Aufl. 2009

1.2.2.2 Handels-, Gesellschafts- und Insolvenzrecht

▶ *Breithaupt/Ottersbach*, Kompendium Gesellschaftsrecht, 2010
▶ *Küstner/Thume*, Handbuch des gesamten Vertriebsrechts, Bd. 1 (Recht des Handelsvertreters), 4. Aufl. 2011
▶ Münchener Handbuch des Gesellschaftsrechts, 4. Aufl. im Erscheinen (5-bändig)
▶ *Paschke/Furnell*, Transportrecht, 2011
▶ *Schwerdtner/Hamm*, Maklerrecht, 6. Aufl. 2011
▶ *Smid*, Handbuch Insolvenzrecht, 6. Aufl. 2012
▶ *Vallender/Undritz*, Praxis des Insolvenzrechts, 2012

1.2.3 Falllösungsliteratur

▶ *Benning/Oberrath*, Bürgerliches Recht, 5. Aufl. 2011

▶ *Eisenmann/Quittnat/Tavakoli*, Rechtsfälle aus dem Wirtschaftsprivatrecht, 9. Aufl. 2011

▶ *Eltzschig/Wenzel*, Die Anfängerklausur im BGB, 3. Aufl. 2008

▶ *Enders/Hesse*, Gesellschafts- und Handelsrecht, 3. Aufl. 2010

▶ *Führich/Werdan*, Wirtschaftsprivatrecht in Fällen und Fragen, 5. Aufl. 2010

▶ *Hoffmann*, Technik der Fallbearbeitung im Wirtschaftsprivatrecht, 3. Aufl. 2009

▶ *Klunzinger*, Übungen im Privatrecht, 10. Aufl. 2011

▶ *Metzler-Müller*, Wie löse ich einen Privatrechtsfall?, 6. Aufl. 2011

▶ *Strauß/Büßer*, Fälle zum Wirtschaftsprivatrecht, 2010

▶ *Wörlen*, Anleitung zur Lösung von Zivilrechtsfällen, 9. Aufl. 2009

1.2.4 Fachzeitschriften

▶ Betriebsberater (BB) (für Wissenschaft und Praxis; wirtschaftsrechtlicher Schwerpunkt, daneben auch Arbeitsrecht, Steuerrecht)

▶ Der Betrieb (DB) (dem BB vergleichbar, allerdings weniger wirtschaftsrechtlich ausgerichtet)

▶ Juristische Arbeitsblätter (JA) (für Jurastudenten und Referendare geschrieben; alle Rechtsgebiete umfassend)

▶ Juristische Ausbildung (Jura) (der JA vergleichbar)

▶ Juristische Schulung (JuS) (wendet sich an Jurastudenten und Referendare; alle Rechtsgebiete umfassend; um hohes Niveau bemüht)

▶ Monatsschrift für Deutsches Recht (MDR) (v. a. für Praktiker geschrieben; zivilrechtlich ausgerichtet)

▶ Neue Juristische Wochenschrift (NJW) (für Wissenschaft und Praxis; zivilrechtlicher Schwerpunkt, aber auch Strafrecht und öffentl. Recht)

▶ Unternehmenssteuern und Bilanzen (StuB) (geschrieben v. a. für Steuerberater und Praktiker in Unternehmen; steuer- und bilanzrechtlicher Schwerpunkt; enthält aber auch allgemeinwirtschaftsrechtliche Themen)

▶ Zeitschrift für das gesamte Insolvenzrecht (ZInsO) (praxisnah; fast ausschließlich insolvenzrechtlich orientiert)

▶ Zeitschrift für Wirtschaftsrecht (ZIP) (für Wissenschaft und Praxis; wirtschaftsrechtlich ausgerichtet)

2. BGB – Allgemeiner Teil

2.1 Einführung

2.1.1 Das BGB als Teil des Privatrechts

Das BGB regelt umfassend die Rechtsbeziehungen zwischen den Bürgern. Es ist am 1. 1. 1900 in Kraft getreten und seitdem in seinen Kernbereichen, insbesondere auch im Allgemeinen Teil, fast unverändert geblieben. Verändert hat sich die Rechtslage im Laufe der Zeit vor allem durch zusätzliche, neben dem BGB anwendbare Gesetze, die ebenfalls zum Bürgerlichen Recht gehören, z. B. das Produkthaftungsgesetz (von 1989) und einige mietrechtliche Gesetze.

Zum Privatrecht gehören neben dem Bürgerlichen Recht (Zivilrecht) noch weitere Rechtsgebiete, insbesondere das Handelsrecht, das (teilweise im BGB geregelte) Gesellschaftsrecht und das Arbeitsrecht. Hiervon betroffen sind – anders als vom BGB – nicht die Normalbürger im Alltagsleben, sondern vor allem Kaufleute, Unternehmer und Arbeitgeber/Arbeitnehmer. Auch für diese Rechtsgebiete ist das BGB die Grundlage. Sie bauen nämlich auf dem BGB auf, und oft muss man auch bei der Lösung von Fällen aus diesen Bereichen auf das BGB zurückgreifen. Außerdem ist auch für das Verständnis von Handelsrecht, Gesellschaftsrecht und Arbeitsrecht die Beherrschung der Grundzüge des BGB fast unverzichtbar.

Aus dem BGB lässt sich (nur) entnehmen, wer welche Rechte hat. Um diese Rechte durchzusetzen, muss sich der Bürger im Streitfall an die Gerichte wenden, und zwar in erster Instanz an das jeweils zuständige Amtsgericht bzw. Landgericht. Wie ein Prozess geführt wird und welches Gericht zuständig ist, ergibt sich aus dem Prozessrecht, d. h. der Zivilprozessordnung und dem Gerichtsverfassungsgesetz.

2.1.2 Grundsätze, Aufbau und Inhalt des BGB

Dem BGB liegen bestimmte Prinzipien zugrunde. Es geht von der **Privatautonomie** aus, d. h. jeder Bürger soll grundsätzlich seine Rechtsbeziehungen zu anderen Bürgern selbst regeln können. Das (durch Art. 14 Abs. 1 Grundgesetz geschützte) **Eigentumsrecht**, d. h. die freie Verfügung über das eigene Vermögen, und die **Vertragsfreiheit** sind für das BGB unverzichtbar. Das BGB entspricht damit der marktwirtschaftlichen Ordnung und bietet Raum für ein freies Unternehmertum. Bei der Anwendung des BGB auf einen Sachverhalt bedeutet dies: Der übereinstimmende Wille der Beteiligten hat normalerweise Vorrang; nur ausnahmsweise schreibt das BGB den Bürgern gegen ihren Willen etwas vor.

Allerdings hat der Gesetzgeber in den vergangenen Jahren Vertragsfreiheit und Privatautonomie verschiedenen Einschränkungen unterworfen. Diese Einschränkungen beruhen teilweise auf der Idee des Verbraucherschutzes (s. unten 3.5). Hinzu kommt das im Sommer 2006 verabschiedete Allgemeine Gleichbehandlungsgesetz (AGG). Das sehr umstrittene AGG, ursprünglich Antidiskriminierungsgesetz, schränkt die Möglichkeit ein, den Vertragspartner auszuwählen (s. unten 3.6).

Das BGB ist in 5 Bücher untergliedert: Allgemeiner Teil, Schuldrecht, Sachenrecht, Familienrecht und Erbrecht. Für das Wirtschaftsleben ist vor allem das Schuldrecht (wegen der darin enthaltenen Bestimmungen für Verträge), daneben auch das Sachenrecht von Bedeutung. Der Allgemeine Teil stellt Regelungen zur Verfügung, die für alle anderen Bücher des BGB gelten; hier wurde also sozusagen etwas „vor die Klammer gezogen". Der im Allgemeinen Teil enthaltene Abschnitt über die Personen (§§ 1-89) ist weniger relevant; der Rest des Allgemeinen Teils, vor allem der Abschnitt über die Rechtsgeschäfte (§§ 104-185) stellt aber den Kern des deutschen Privatrechts dar.

ABB. 1:	Der Aufbau des deutschen Privatrechts		
Arbeitsrecht	Handelsrecht		Gesellschaftsrecht
als Spezialmaterien des Privatrechts neben dem Zivilrecht und zugleich auf ihm aufbauend (v. a. auf BGB-AT und BGB-Schuldrecht)			
BGB-Schuldrecht	BGB-Sachenrecht	BGB-Familienrecht	BGB-Erbrecht
BGB-Allgemeiner Teil: Grundlage des gesamten Privatrechts			

2.1.3 Die privatrechtliche Fallbearbeitung: Anspruchsaufbau

Typisch für Lebenssachverhalte (= Fälle), auf die das BGB oder überhaupt Privatrecht anzuwenden ist, ist, dass ein Bürger vom anderen etwas verlangt.

Wer einen privatrechtlichen Fall zu lösen hat, muss sich zunächst darüber klar werden,

► **wer** etwas will

► **was** er will (bzw. sinnvollerweise wollen könnte)

► und **von wem** er es will

Derjenige, der etwas will, macht einen **Anspruch** gegen den anderen geltend. Ein Anspruch ist nach § 194 BGB das Recht, von einem anderen ein Tun oder Unterlassen zu verlangen. Ein solches Recht kann sich – ohne dass man (streng genommen) das Gesetz bemühen muss – unmittelbar aus einem zwischen beiden Beteiligten geschlossenen Vertrag ergeben.

BEISPIEL: ► Klaus bestellt beim Autohändler einen Neuwagen zum Preis von 22.000 €, d. h. er schließt mit dem Händler einen Kaufvertrag. Der Händler hat nun gegen den Klaus einen Anspruch auf Zahlung von 22.000 € aus dem Kaufvertrag.

Auch für diese Fälle, erst recht aber für jene, in denen kein Vertrag besteht oder der Vertragstext keine umfassende Regelung trifft, stellt das BGB **Anspruchsgrundlagen** zur Verfügung. Anspruchsgrundlage ist eine Norm (ein Paragraph – bzw. mehrere Paragraphen in Verbindung zueinander – oder ein anerkannter, aber nicht im Gesetz enthaltener Rechtssatz), aus der sich ergibt, dass bei Vorliegen der Voraussetzungen ein Bürger gegen den anderen einen Anspruch hat.

Nach § 433 Abs. 2 BGB ist der Käufer – im obigen Fall also Klaus – verpflichtet, dem Verkäufer den vereinbarten Kaufpreis zu zahlen.

Eine Anspruchsgrundlage besteht immer aus **Anspruchsvoraussetzungen** und **Rechtsfolge**.

Zunächst gilt es, Normen zu finden, aus denen sich die gewünschte Rechtsfolge ergibt. Nur wenn eine Norm überhaupt zum angestrebten Ziel führen kann, lohnt es sich, ihre Voraussetzungen zu prüfen.

§ 433 Abs. 2 interessiert bei der Fallbearbeitung also dann, wenn einer von einem anderen Kaufpreiszahlung begehrt. Ist hingegen Schadensersatz verlangt, kann § 433 Abs. 2 nicht Anspruchsgrundlage sein.

Um die Anspruchsvoraussetzungen vollständig zu erfassen, ist oft ein Blick auf vorausgehende Paragraphen nötig oder auf solche Paragraphen, auf die in der Anspruchsnorm lediglich verwiesen wird.

BEISPIEL: ▶ Im Beispiel ist Anspruchsvoraussetzung, dass Käufer und Verkäufer vorhanden sein müssen. Wann dies der Fall ist, steht nicht ausdrücklich in § 433 Abs. 2 BGB. Wie sich aber aus § 433 Abs. 1 entnehmen lässt, muss ein Kaufvertrag abgeschlossen worden sein.

Bei der Fallbearbeitung ist also i. d. R. – gedanklich – zu fragen:

Wer will was von wem woraus (d. h. aus welcher Anspruchsgrundlage)?

Das Thema „Fallbearbeitung" wollen wir später noch vertiefen.

2.2 Das Rechtsgeschäft – Grundlagen

Die §§ 104-185 sind allgemeine Regeln für Rechtsgeschäfte.

Rechtsgeschäft (RG) ist eine Handlung mindestens einer Person, die aus mindestens einer Willenserklärung besteht und allein durch diese Willenserklärung oder in Verbindung mit anderen Willenserklärungen oder sonstigen Tatsachen eine gewollte Rechtsfolge herbeiführt (diese Definition muss nicht auswendig gelernt werden!).

BEISPIELE: ▶

▶ Student Peter sagt zum Vermieter des von ihm als Untermieter bewohnten Zimmers: „Ich kündige!"

Damit ist durch eine einzige Willenserklärung die Rechtsfolge eingetreten, dass das Mietverhältnis mit Ablauf der Kündigungsfrist beendet ist.

▶ Student Peter erklärt beim Autohändler, nachdem er sich einen Wagen ausgesucht hat: „Ich möchte diesen Wagen für 2.900 € kaufen". Der Autohändler sagt: „Einverstanden".

Damit ist durch zwei Willenserklärungen die Rechtsfolge eingetreten, nämlich ein Kaufvertrag zwischen Peter und dem Autohändler mit den daraus resultierenden Verpflichtungen.

▶ Der Autohändler sagt zu Peter: „Der Wagen ist jetzt Ihrer" und übergibt Peter den Wagen mit Schlüsseln und Kfz-Brief. Peter sagt „Prima!" und fährt mit dem Auto los.

Hier führen zwei Willenserklärungen und eine tatsächliche Handlung (die Übergabe des Autos) zu der Rechtsfolge, dass Peter Eigentümer des Wagens wird, § 929 BGB.

2.3 Willenserklärung

Kern jedes RGs ist (mindestens) eine Willenserklärung (WE). Im BGB sind die §§ 116 ff. mit „Willenserklärung" überschrieben; was eine Willenserklärung ist, definiert das Gesetz allerdings nicht. Wie sich schon aus dem Wort ergibt, braucht es zwei Dinge für eine WE: einen Willen und eine Erklärung. Willenserklärung ist eine auf einen rechtlichen Erfolg gerichtete Erklärung.

2.3.1 Der Wille

Zunächst einmal bedarf es, damit eine WE vorliegt, überhaupt irgendeines Willens zu handeln („Handlungswille").

Wer im Schlaf oder unter Hypnose etwas murmelt, tut dies nicht willentlich, kann also dadurch keine Willenserklärung abgeben.

Als Bestandteile einer perfekten WE sind außerdem noch das Bewusstsein, eine rechtlich relevante Erklärung abzugeben („Erklärungsbewusstsein"), und der Wille, ein bestimmtes Geschäft zustande zu bringen („Geschäftswille"), vonnöten. Fehlt es daran, kann allerdings trotzdem eine WE vorliegen.

2.3.2 Die Erklärung

Entscheidend ist nicht der Wille, sondern die Erklärung. Die Erklärung ist nämlich das, was nach außen hin erkennbar wird. Eine Erklärung liegt vor, wenn ein Außenstehender aus dem Verhalten des Erklärenden auf einen Geschäftswillen schließen darf. Will man wissen, ob eine – und was für eine – Willenserklärung vorliegt, muss man sich quasi in einen **objektiven Betrachter** hineinversetzen und aus dieser Perspektive den Erklärenden beobachten. Sofern dieser objektive Betrachter wegen des Verhaltens des Erklärenden annehmen würde, der Erklärende wolle ein bestimmtes Geschäft, dann hat der Erklärende eine entsprechende Erklärung auch abgegeben – unabhängig vom wirklichen Willen des Erklärenden!! (Ausnahmen: Keine Willenserklärung liegt vor bei Fehlen des Handlungswillens; auch bei Fehlen des Erklärungsbewusstseins liegt keine Willenserklärung vor, sofern der Erklärende nicht erkennen konnte, dass seine Handlung als WE aufgefasst würde).

BEISPIEL: ▶ Bei einer Versteigerung fragt der Auktionator: „Wer bietet 300 €?" Der zwischen den Bietern stehende Bömmel hebt in diesem Moment seine Hand, weil er gerade einen Bekannten entdeckt hat und diesem zuwinken möchte. Bömmel hat damit – für einen objektiven Betrachter, der ja nicht ahnen kann, dass Bömmel nur einem Freund zuwinken möchte – erklärt: „Ich biete 300 €."

Eine **Willenserklärung bedarf** i. d. R. **keiner besonderen Form**. Der Erklärende muss noch nicht einmal etwas sagen. Es genügt vielmehr „schlüssiges" (oder auch „konkludentes") Verhalten (Beispiele: bejahendes Kopfnicken, Handaufheben bei einer Versteigerung, Legen von Ware auf das Kassenband im Supermarkt). Schriftlich muss eine WE nur ganz ausnahmsweise abgegeben werden; dies ergibt sich jeweils aus dem Gesetz (Beispiel: Kündigungserklärung bei Wohnraummietverträgen, § 568 BGB) oder einem Vertrag. Ganz ausnahmsweise ist sogar notarielle Beurkundung erforderlich (z. B. für den Grundstückserwerb, § 311b). Bloßes **Schweigen ist keine Willenserklärung**; Ausnahmen zu diesem Grundsatz gibt es nur im Handelsrecht.

2.3.3 Der rechtliche Erfolg

WE ist eine Erklärung nur dann, wenn sie auf einen rechtlichen Erfolg gerichtet ist, also auf eine Rechtsfolge. Nicht jede Erklärung eines Willens zielt auf einen rechtlichen Erfolg.

BEISPIEL: Wenn ich morgens (allein oder zu zweit) im Bett liege und müde murmele, dass ich noch keine Lust zum Aufstehen habe, äußere ich zwar meinen Willen, doch ist das rechtlich völlig bedeutungslos.

Problematisch ist die Abgrenzung zwischen einer auf ein Rechtsverhältnis und einer auf eine Gefälligkeit zielenden Erklärung. Bei einer Gefälligkeit soll keine rechtliche Bindung bestehen; dies ist nach objektiven Maßstäben zu beurteilen. Sofern es gesellschaftlich üblich ist, einem anderen die Gefälligkeit zu erweisen, und solange dabei keine großen Vermögenswerte auf dem Spiel stehen, kann man von einer Gefälligkeit ausgehen.

BEISPIELE: Ich lade jemanden zum Abendessen ein; ich lasse einen Bekannten, der zu Besuch ist, von meinem Telefon aus ein kurzes Gespräch führen.

2.3.4 Abgabe und Zugang der Willenserklärung

2.3.4.1 Abgabe

Damit rechtlich eine Willenserklärung vorliegt, muss sie abgegeben werden, d. h. sie muss nach außen hin, für einen objektiven, allwissenden Betrachter, sichtbar werden. Das ist normalerweise kein Problem. Schwierig wird es allerdings in den Fällen, in denen die Willensbildung noch nicht abgeschlossen, aber schon äußerlich sichtbar ist.

BEISPIEL: Geschäftsmann Soft erwartet Geschäftspartner Hard, dem er den Abschluss eines Computerwartungsvertrages anbieten möchte. Soft hat den Vertrag schon auf seinem PC vorformuliert, ist sich allerdings noch nicht sicher, wie viel Geld er für seine Leistung von Hard verlangen will. Vorläufig hat er erst einmal als Phantasiezahl 1 € in den Text auf seinem PC eingetippt, aber noch nichts ausgedruckt. Als Hard mit Verfrühung eintrifft, ist Soft gerade noch wegen einer anderen Angelegenheit unterwegs. Die Sekretärin des Soft lässt den als guten Kunden bekannten Hard schon einmal in das Büro des Soft. Dort fällt der Blick des Hard auf den Bildschirm des PC. Hard liest sich den vorformulierten Vertragstext durch. Als Soft wiederkommt, sagt Hard: „Wir brauchen gar nicht mehr lange zu verhandeln. Ich nehme Ihr günstiges Angebot gleich an." Soft meint, er habe noch gar kein Angebot abgegeben.

Abwandlung:

Soft hat den vorformulierten Vertrag schon probeweise ausgedruckt und auf seinem Schreibtisch liegen lassen, wo die Sekretärin ihn vorfindet und Hard in die Hand drückt, damit er ihn sich schon einmal durchlesen kann.

Weitere Abwandlung:

Soft hat nicht den Vertrag, sondern sein – niemandem bekanntes – unterschriebenes Testament, das er gerade zugunsten seiner neuen Freundin ändern wollte, auf dem Schreibtisch liegen lassen. Soft stirbt bei einem Autounfall. Die Sekretärin findet das Testament auf dem Schreibtisch und freut sich, denn sie bekommt auch etwas vom Erbe.

Für die Frage, ob eine WE abgegeben ist, kommt es darauf an, ob sie einer anderen Person gegenüber abzugeben ist (empfangsbedürftige WE) oder nicht.

Normalerweise sind Willenserklärungen empfangsbedürftig, denn sie dienen ja gerade dazu, Rechtsbeziehungen zu anderen zu gestalten. Empfangsbedürftige WE sind abgegeben, sobald der Erklärende das seinerseits Erforderliche getan hat, damit die WE bei ungestörtem Geschehensablauf ihren Adressaten (= Empfänger) erreicht.

Dafür genügt im Beispielsfall weder das Eintippen des Vertrages in den PC noch das Liegenlassen des ausgedruckten Vertrages auf dem Schreibtisch, denn beides genügt – eigentlich – nicht, damit Hard vom Vertragstext Kenntnis erhält.

Ausnahmsweise sind WE aber nicht empfangsbedürftig. Nicht empfangsbedürftige WE sind bereits mit ihrer Formulierung abgegeben.

So ist das Testament eine nicht empfangsbedürftige WE.

> Im Beispielsfall ist das von der Sekretärin vorgefundene Testament eine wirksame WE.

Nicht empfangsbedürftig ist auch die Annahmeerklärung im Fall des § 151; dazu später mehr.

2.3.4.2 Zugang

Empfangsbedürftige Willenserklärungen werden erst wirksam mit dem Zugang bei demjenigen, für den sie bestimmt sind. Das gilt nach § 130 Abs. 1 Satz 1 für gegenüber Abwesenden abgegebene WE, aber ebenso für gegenüber Anwesenden abgegebene WE (im letzteren Fall ist es allerdings viel unwahrscheinlicher, dass die WE abgegeben wird, ohne dass der Empfänger sie auch erhält).

Die gegenüber einem **Anwesenden** (oder auch telefonisch) abgegebene Erklärung ist zugegangen, sofern der Empfänger sie versteht oder aber zumindest der Erklärende davon ausgehen kann, dass die Erklärung verstanden ist.

Zugegangen ist eine gegenüber einem **Abwesenden** abgegebene WE, sobald sie so in den Bereich des Empfängers gelangt ist, dass dieser unter normalen Umständen die Möglichkeit hat, von ihrem Inhalt Kenntnis zu nehmen.

> **BEISPIEL:** ▶ Der Brief, der im Briefkasten des Empfängers liegt; die Nachricht auf dem Anrufbeantworter des Empfängers.

Es genügt, dass die Erklärung einer zum Empfang geeigneten und dafür bestimmten Person auf Empfängerseite („Empfangsbote") zugeht, also etwa einem erwachsenem Familienmitglied, der Sekretärin oder einem kaufmännischen Angestellten. Ist die Erklärung einer solchen Person zugegangen, so gilt sie als dem eigentlichen Adressaten zugegangen.

Darauf, ob der Empfänger die WE auch tatsächlich zur Kenntnis nimmt, kommt es (bei einer gegenüber einem Abwesenden abgegebenen Erklärung) nicht an! Zugang liegt schon vor, wenn er unter normalen Umständen die Möglichkeit dazu hatte.

> **BEISPIEL:** ▶ Ein um 21.00 Uhr abends in den Hausbriefkasten geworfener Brief ist erst am folgenden Vormittag zugegangen, wenn nämlich der Empfänger normalerweise mit Post rechnen konnte und dementsprechend in seinen Briefkasten schauen sollte. Ist der Brief in der Nacht gestohlen worden, so ist er nicht zugegangen. Ist der Brief dagegen am Vormittag noch im Briefkasten, aber nicht mehr am späten Nachmittag, als der Empfänger erstmals am Tag im Briefkasten nachschaut, so gilt der Brief als am Vormittag zugegangen.

Die WE wird nach § 130 Abs. 1 Satz 2 nicht wirksam, wenn dem Empfänger früher oder gleichzeitig ein Widerruf zugeht.

2.3.5 Die Auslegung der Willenserklärung

Willenserklärungen sind manchmal ganz eindeutig und sofort verständlich, manchmal aber auch nicht.

BEISPIEL: Mäxchen geht zum Zeitungskiosk und sagt: „Mein Papa schickt mich. Ich möchte für meinen Papa eine Zeitung kaufen". Ob Mäxchen nun die „FAZ", die „Welt", die „Bild", eine Lokalzeitung oder vielleicht den „Playboy" kaufen will, geht aus seinen Worten nicht unmittelbar hervor.

Willenserklärungen müssen wegen ihrer möglichen Unklarheit und Mehrdeutigkeit ausgelegt werden. Für die Auslegung stellt das Gesetz Regeln zur Verfügung, in erster Linie § 133. Auch § 157, der nach seinem Wortlaut nur für Verträge gilt, ist heranzuziehen. Es kommt also in erster Linie auf den wirklichen Willen des Erklärenden an, in zweiter Linie darauf, wie seine Erklärung objektiv zu verstehen ist. Abgesehen vom Testament (das ja nicht empfangsbedürftig ist) ist dabei auf die Sicht dessen abzustellen, für den die WE bestimmt ist. Man sagt: **Willenserklärungen sind vom Empfängerhorizont auszulegen**. Es kommt also darauf an, was der Empfänger für den Willen des Erklärenden halten musste.

Zunächst einmal muss man sich den **Wortlaut** der Erklärung anschauen.

Dabei ist allerdings gemäß § 133 keine rein buchstäbliche Auslegung vorzunehmen.

Im Beispielsfall kann man zwar argumentieren, dass der „Playboy" ja keine Zeitung, sondern ein Magazin ist, und deswegen schon nicht gemeint sein kann. Doch muss man andererseits berücksichtigen, dass Mäxchen diesen Unterschied vielleicht noch nicht kennt, so dass er vielleicht doch den „Playboy" kaufen will.

Weiter sind die **Begleitumstände** zu berücksichtigen.

So spricht im Beispielsfall gegen den „Playboy", dass ein Vater wahrscheinlich nicht schon seinen kleinen Sohn Einblick darein nehmen lassen wird. Wenn Mäxchen dem Zeitungshändler 60 Cent hinhält, so wird der Zeitungshändler daraus auf die „Bild" als gewünschte Zeitung schließen, denn andere Zeitungen sind nicht so billig erhältlich.

2.4 Vertrag

2.4.1 Der Regelfall des Vertragsabschlusses

Ein Vertrag ist die von zwei oder mehr Personen getroffene Willensübereinstimmung über die Herbeiführung eines bestimmten rechtlichen Erfolges. Der Vertrag ist der Hauptfall des RGs.

Das BGB beschäftigt sich in den §§ 145-157 mit den Verträgen im Allgemeinen. Was es im Einzelnen für Verträge gibt, ist vor allem im Besonderen Teil des Schuldrechts (§§ 433 ff.) geregelt. Es gibt aber noch weitere Verträge in den anderen Bereichen des Privatrechts.

Verträge kommen durch Angebot und Annahme zustande. Angebot und Annahme sind mit Bezug aufeinander abgegebene, inhaltlich übereinstimmend auf den Abschluss desselben Vertrages gerichtete Willenserklärungen von zwei oder mehr Personen. Ein Vertrag liegt dementsprechend nur vor, wenn sich die Vertragspartner über alle wesentlichen Punkte des Vertrages einig geworden sind.

Die zeitlich erste WE ist das **Angebot**, vom Gesetz „Antrag" genannt. Es muss so bestimmt (genau) sein, dass der potenzielle Vertragspartner durch einfache Einverständniserklärung annehmen und auf diese Weise einen Vertrag zustande bringen kann.

Von einem Angebot zu unterscheiden ist die so genannte **invitatio ad offerendum** (Aufforderung zum Angebot). Dabei handelt es sich um eine vorbereitende Mitteilung einer Person, die signalisiert, sie wolle im Prinzip zu bestimmten Konditionen einen Vertrag abschließen.

BEISPIEL: ▶ Ausstellen eines PKW im Autohaus, auch wenn an diesem bereits ein Preisschild angebracht ist; Übersenden eines Katalogs.

In diese Kategorie fallen auch so genannte „freibleibende" oder „unverbindliche" Angebote.

In all diesen Fällen möchte derjenige, der die invitatio ad offerendum abgibt, noch keine bindende Erklärung (Angebot) abgeben, denn sonst würde er möglicherweise Vertragspartner erhalten, die nicht zahlungsfähig sind, oder es würden so viele Kunden die Sache haben wollen, dass nicht genug für alle vorhanden wäre, mit der Folge einer Verpflichtung zum Schadensersatz.

Wer wirksam **ein Angebot abgegeben hat, ist gemäß § 145 daran gebunden.** Das Angebot kann nicht nachträglich widerrufen werden.

Die Bindung an das **Angebot erlischt nach § 146**, wenn der ausersehene Vertragspartner das Angebot **ablehnt.** Ist das Angebot erst einmal abgelehnt, so kann es nicht im Nachhinein doch noch angenommen werden; es steht nun wieder im Belieben des ursprünglichen Anbieters, den Vertrag wie vorgeschlagen abzuschließen oder nicht.

Das **Angebot erlischt nach einer gewissen Zeit** auch dann, wenn es nicht abgelehnt wird.

Hier differenziert das BGB zwischen Angeboten, die an Anwesende gerichtet werden, und Angeboten an Abwesende.

Das einem Anwesenden gemachte Angebot kann dieser gemäß § 147 Abs. 1 nur sofort annehmen; andernfalls erlischt es.

Ein einem Abwesenden gemachtes Angebot kann dieser nur so lange annehmen, wie der Anbieter unter normalen Umständen damit rechnen kann, § 147 Abs. 2. Dabei hat der Empfänger des Angebots immer etwas Zeit zum Überlegen. Wie lange er dazu Zeit hat und welcher Art der Übermittlung er sich für seine Annahmeerklärung bedienen darf, hängt dabei unter anderem davon ab, auf welchem Weg ihn das Angebot erreicht hat. Ein per Fax zugegangenes Angebot muss schneller beantwortet werden als ein per einfachen Brief eingetroffenes. Außerdem kommt es auf die Art des Geschäfts und die Kompliziertheit des in Aussicht genommenen Vertrages an.

BEISPIEL: ▶ Wer ein Aktienpaket zu einem bestimmten Preis angeboten bekommt, muss natürlich schneller reagieren als der potenzielle Käufer eines Hauskomplexes.

Eine allgemeine Regel, wie viele Tage der Erklärungsempfänger Zeit zum Überlegen hat, gibt es nicht; viel mehr als eine Woche wird man aber selten ansetzen können.

Dem Anbieter steht es frei, durch Bestimmen einer **Annahmefrist** exakt festzulegen, wie lange sein Angebot gelten soll, § 148. So kann ein Anwesender Zeit zum Überlegen eingeräumt bekommen und auch umgekehrt ein Abwesender zu schneller Entscheidung gezwungen werden.

Als Annahme wirkt nur eine Erklärung, die rechtzeitig und uneingeschränkt das Einverständnis mit dem Angebot zum Ausdruck bringt.

Wer die Annahme zu spät erklärt, also nachdem das Angebot schon erloschen ist, oder sie mit Einschränkungen oder sonstigen Änderungen versieht, gibt nach § 150 BGB seinerseits ein neues Angebot ab. Dieses neue Angebot führt nur zu einem Vertragsschluss, sofern der ursprüngliche Anbieter nun seinerseits die Annahme erklärt.

Einen **Vertragsschluss ohne Annahmeerklärung gibt es nicht!** § 151 Satz 1 wird insofern manchmal missverstanden. Nach dieser Vorschrift ist unter bestimmten Umständen der Zugang der Annahmeerklärung verzichtbar, nicht aber die Annahmeerklärung selbst.

BEISPIEL: Wer schriftlich um Reservierung eines Hotelzimmers für eine Nacht bittet, erwartet (außer vielleicht in der Hochsaison oder zu Messezeiten), dass ein Zimmer für ihn freigehalten wird, sofern er nichts Gegenteiliges hört. Tut der Hotelier nun auf den Reservierungswunsch hin überhaupt nichts, so ist kein Vertrag zustande gekommen, denn Schweigen gilt nicht als WE. Trägt der Hotelier aber den Besteller der Reservierung für die besagte Nacht als Gast ein, so erklärt er dadurch die Annahme, und der Vertrag kommt zustande, ohne dass dies dem Gast noch bestätigt werden müsste.

Für die Auslegung von Verträgen gelten die gleichen Grundsätze wie für die Auslegung von Willenserklärungen (vgl. oben 2.3.5).

Gelegentlich helfen der Wortlaut und selbst die Begleitumstände nicht weiter. Lassen sich bei einem Vertrag wirklich keine hinreichenden Anhaltpunkte finden, was die Beteiligten gewollt haben, muss man eine ergänzende Auslegung vornehmen. Dabei fragt man: Welche Regelung hätten die Beteiligten getroffen, wenn sie daran gedacht hätten, eine Regelung zu treffen?

BEISPIEL: Hauseigentümer Fischer verkauft und übergibt sein Haus an Neumann. Fischer hatte für das Haus eine Versicherung gegen Feuer- und Leitungswasserschäden abgeschlossen. Beim Verkauf des Hauses einigen sich Fischer und Neumann auf folgende Regelung: Wenn es zu einem Feuerschaden kommt und die Versicherungssumme durch die Versicherung noch an Fischer ausgezahlt wird, leitet Fischer den Betrag an Neumann weiter. An Leitungswasserschäden haben beide bei Vertragsschluss nicht gedacht. Nun kommt es zu einem Leitungswasserschaden, und die Versicherung zahlt an Fischer. Ist Fischer verpflichtet, die Versicherungssumme an Neumann weiterzuleiten? Ja, denn die ergänzende Auslegung führt zu dem Ergebnis, dass beide Parteien – hätten sie an Leitungswasserschäden gedacht – hierfür die gleiche Regelung getroffen hätten wie für Feuerschäden.

Jetzt können Sie den Fall 1 (Kapitel Klausurtechnik und Fallbearbeitung) lösen!

2.4.2 Vertragsabschluss im Rahmen einer Versteigerung und Internet-Versteigerung

Das BGB regelt die Versteigerung in § 156. Bei einer traditionellen Versteigerung hat der Bieter keinen Anspruch auf den Zuschlag. Der Zuschlag ist die Annahmeerklärung des Anbieters. Es ergeben sich also keine wesentlichen Besonderheiten gegenüber dem üblichen Vertragsschluss mit Angebot und Annahme.

In den letzten Jahren enorm an Bedeutung gewonnen haben allerdings Internet-Versteigerungen: V. a. über eBay werden millionenfach Geschäfte getätigt. **Internet-Versteigerungen sind keine Versteigerungen im Sinne des BGB.** Der grundsätzliche Unterschied zum Regelfall des Vertragsabschlusses liegt darin, dass ein Vertrag zum Höchstgebot ohne Zuschlag zustande kommt, selbst wenn dieses Höchstgebot eigentlich aus Sicht des Verkäufers zu niedrig ist. Hiergegen kann er sich grundsätzlich nur durch Angabe eines Mindestgebots schützen. Auch wenn der Anbieter sein Angebot „löscht", kommt ein Vertrag mit demjenigen Bieter zustande, der vor der „Löschung" das höchste Angebot abgegeben hat.

2.5 Probleme bei Willenserklärung und Vertragschluss

Vorbemerkung: In den – nachfolgend zu behandelnden – problematischen Fällen ist der Vertrag oftmals nichtig. Das bedeutet aber nicht unbedingt, dass die Vertragspartner überhaupt keine Ansprüche gegeneinander haben. Wer aufgrund eines nichtigen Vertrages schon Leistungen erbracht hat, kann hierfür einen Ausgleich nach den Vorschriften über die ungerechtfertigte Bereicherung (§§ 812 ff. BGB) verlangen. Das gehört allerdings thematisch ins Schuldrecht.

Problem	Rechtsfolge
Geheimer Vorbehalt, § 116	Rechtsgeschäft gültig, sofern nicht der Geschäftspartner den Vorbehalt kennt (dann nichtig)
Scheingeschäft, § 117	RG nichtig
Scherzerklärung, § 118	RG nichtig
Irrtum, § 119	RG gültig, aber anfechtbar
Falschübermittlung, § 120	RG gültig, aber anfechtbar
Arglistige Täuschung, § 123	RG gültig, aber anfechtbar
Widerrechtl. Drohung, § 123	RG gültig, aber anfechtbar
Formmangel, § 125	RG nichtig
Verstoß gg. gesetzl. Verbot, § 134	RG nichtig
Sittenwidrigkeit, § 138	RG nichtig
Geschäftsunfähigkeit, §§ 104-105	RG nichtig
Beschränkte Geschäftsfähigkeit, §§ 106-109	RG schwebend unwirksam, kann durch Genehmigung wirksam werden (Ausnahmen §§ 110-113)
Vertretung ohne Vertretungsmacht, §§ 164 ff., 177	RG schwebend unwirksam, kann durch Genehmigung wirksam werden

2.5.1 Bewusste Abweichung des Erklärten vom Gewollten

Die §§ 116-118 regeln jene Fälle, in denen jemand **bewusst** etwas anderes erklärt, als er eigentlich will. Das Gesetz unterscheidet danach, ob der Erklärende damit rechnet, dass der Erklärungsempfänger dies merkt, und ob der Erklärungsempfänger tatsächlich die Abweichung zwischen Gewolltem und Erklärtem bemerkt.

a) § 116 Satz 1 befasst sich mit folgender Konstellation:

Nur der Erklärende selbst weiß, dass Wille und Erklärung voneinander abweichen, und er rechnet auch nicht damit, dass der Erklärungsempfänger den **„geheimen Vorbehalt"** bemerkt.

BEISPIEL: ▶ Der militante Vegetarier Hirsch bestellt im Restaurant anhand der Karte ein Steak. Er will aber das Steak gar nicht haben und auch keinen Vertrag abschließen, sondern nur das Restaurant schädigen und sich davonmachen, während das Steak gebraten wird.

Nach dem Gesetz spielt der geheime Vorbehalt i. d. R. keine Rolle; die Erklärung ist gemäß § 116 Satz 1 nicht nichtig, d. h. sie ist wirksam.

Der Gastwirt kann also von Hirsch die Zahlung des sich aus der Karte ergebenden vertragsgemäßen Preises verlangen.

b) § 116 Satz 2 betrifft einen anderen Fall:

Der Erklärende und auch der Erklärungsempfänger wissen (zum Zeitpunkt der Erklärung!), dass die Erklärung nicht ernst gemeint ist. Woher der Erklärungsempfänger das weiß, ist gleichgültig; er kann es von dem Erklärenden, aber auch von einem Dritten erfahren haben. Gleichgültig ist auch, ob der Erklärende damit rechnet, dass der Erklärungsempfänger die mangelnde Ernstlichkeit kennt.

> **BEISPIEL:** Im obigen Fall hat der Gastwirt schon von Kollegen den Hirsch beschrieben bekommen und weiß, dass dieser militanter Vegetarier ist und immer in Restaurants geht, dort Fleischgerichte bestellt und dann verschwindet. Dem Gastwirt ist deshalb klar, dass Hirsch in Wirklichkeit gar kein Steak will.

Kennt der Erklärungsempfänger den geheimen Vorbehalt, so ist die Willenserklärung nichtig, d. h. sie hat keine Auswirkungen.

> Hirsch braucht also in dieser Konstellation nicht zu zahlen.

c) Noch etwas anders ist die Fallkonstellation des § 118 („Scherzerklärung"):

Der Erklärende rechnet damit, dass der Erklärungsempfänger die fehlende Ernstlichkeit bemerkt. In diesem Fall kommt es nicht darauf an, ob der Erklärungsempfänger tatsächlich auf die Idee kommt, die Erklärung könnte vielleicht gar nicht so gemeint sein.

> **BEISPIEL:** Am 11.11. betreten die Narren das Rathaus einer Kleinstadt im Rheinland. Der Karnevalsprinz erklärt übermütig: „Bisher haben wir das Rathaus immer gestürmt, aber wir wissen ja, wie arm die Stadt ist, und kaufen deshalb das Rathaus für 10 Mio. €." Der erst im Sommer gewählte Bürgermeister, der aus Schleswig-Holstein stammt und von Karneval bisher noch nicht viel gehört hat, freut sich, die Stadtfinanzen sanieren zu können, und erklärt ganz ernsthaft die Annahme des Angebots.

Auch in solchen Fällen ist die WE nichtig.

> Es gibt hier also gar kein Angebot, das der Bürgermeister annehmen könnte.

d) Praktisch besonders bedeutsam ist die Regelung des § 117 („Scheingeschäft"):

§ 117 Abs. 1 bezieht sich zunächst auf die Konstellation, in der Erklärender und Erklärungsempfänger sich darüber einig sind, dass die Erklärung nicht ernst gemeint ist.

Eine derartige WE ist nichtig.

Soll allerdings durch das Scheingeschäft ein anderes RG nur verdeckt werden, so ist das verdeckte RG nach § 117 Abs. 2 gültig.

> **BEISPIEL:** Um Mehrwertsteuer zu sparen, setzen ein Juwelier und sein Kunde einen Kaufvertrag auf, nach dem der Juwelier dem Kunden einen Diamantring für 200 € verkauft. Beide haben aber vereinbart, dass der Kunde in Wirklichkeit 2.000 € zahlen soll. Der Kunde kann sich nun nicht auf den – gemäß § 117 Abs. 1 nichtigen – schriftlichen Kaufvertrag berufen, sondern muss 2.000 € bezahlen.

2.5.2 Mangelnde Übereinstimmung zwischen Angebot und Annahme (Dissens)

Die §§ 154 und 155 beschäftigen sich mit Einigungsmängeln. Ein Einigungsmangel (Dissens) liegt vor, wenn Angebot und Annahme inhaltlich nicht übereinstimmen.

Zu unterscheiden ist zwischen offenen und verdeckten Einigungsmängeln.

Für den **offenen Einigungsmangel** stellt § 154 Abs. 1 eine Auslegungsregel zur Verfügung: Der Vertrag ist „im Zweifel" nicht geschlossen, solange die Parteien noch bewusst Punkte offen gelassen haben.

> **BEISPIEL:** Das Ehepaar Groß stellt Frau Klein stundenweise als Haushaltshilfe ein. Frau Klein soll insgesamt 310 € verdienen. Wie viele Stunden Frau Klein arbeiten soll, will man später noch festlegen.

Hier ist mangels Einigung über den Umfang der zu erbringenden Arbeitsleistung noch kein Vertrag zustande gekommen.

§ 154 Abs. 1 ist lediglich eine **Auslegungsregel**. Aus dem Vertrag kann sich durchaus ergeben, dass der Vertrag trotz fehlender Einigung über einzelne Punkte bindend sein soll, insbesondere dann, wenn nur über nebensächliche Punkte keine Einigung erzielt worden ist.

> Hätten im obigen Beispiel das Ehepaar Groß und Frau Klein sich auch über die Stundenzahl geeinigt, jedoch den Punkt Fahrtkosten zwar angesprochen, doch nicht geregelt, und wären letztlich so verblieben, dass Frau Klein auf jeden Fall in der kommenden Woche mit der Arbeit anfangen soll, so wäre ein bindender Vertragsschluss wohl zu bejahen.

Auch § 155 ist eine Auslegungsregel, und zwar zum **versteckten Einigungsmangel**.

> **BEISPIEL:** für einen versteckten Einigungsmangel
>
> Der schottische Kapitän MacGeiz bietet dem deutschen Irlandurlauber Necker an, ihn für 20 Pfund für einen Tag nach Schottland mitzunehmen. Necker ist einverstanden. Necker geht nach 2 Wochen Irland ganz selbstverständlich davon aus, dass irische Pfund gemeint sind (das Beispiel spielt in der Zeit vor der Euro-Einführung 2002), während MacGeiz (höher im Kurs stehende) britische Pfund meint und nicht auf die Idee kommt, dass jemand glauben könnte, ein Schotte werde ihm nur 20 irische Pfund für einen Tagesausflug abnehmen. Meist werden derartige Tagesausflüge von Irland nach Schottland in britischen Pfund bezahlt.

Nach § 155 ist der Vertrag gültig, sofern anzunehmen ist, dass der Vertrag auch ohne Einigung über den offenen Punkt geschlossen worden sein würde. Man muss den **hypothetischen Parteiwillen** zugrunde legen. Die Frage ist: Hätten die Parteien den Vertrag gewollt, auch wenn ihnen klar gewesen wäre, dass sie sich nicht über alle Punkte einig sind? Dieser hypothetische Parteiwille ist unter Einbeziehung aller Umstände beim Vertragsschluss zu ermitteln.

> Im Beispielsfall könnte man argumentieren, dass es Necker als deutschem Touristen vor allem auf den Tagesanflug ankommt und es ihm wohl nicht so wichtig ist, ob er irische oder britische Pfund bezahlt, da der Unterschied im Kurs recht gering ist und man im Urlaub nicht so aufs Geld schaut. Der Vertrag wäre dann zustande gekommen, und Necker müsste britische Pfund zahlen.

Lässt sich ein hypothetischer Parteiwille nicht ermitteln, so ist – im Umkehrschluss aus § 155 – der Vertrag nicht geschlossen.

Kein Einigungsmangel liegt vor, wenn die Parteien übereinstimmend das Gleiche gewollt haben, aber eine Partei oder sogar beide sich versehentlich falsch ausgedrückt haben (Juristen sagen: „**Falsa demonstratio non nocet.**").

> **BEISPIEL:** Der mexikanische Autohändler Gonzales bietet dem deutschen Autohändler Hoffmann die Lieferung einer Ladung „Mexiko-Käfer" an und nennt einen Preis in Pesos. Hoffmann erklärt, er nehme das Angebot an, wobei er nicht Pesos, sondern Pesetas schreibt. Hoffmann meint – ebenso wie Gonzales – die mexikanische Währung, geht aber irrtümlich davon aus, dass die mexikanische Währung „Peseta"

heißt, während in Wirklichkeit die Pesete Spaniens Währung vor der Euro-Einführung war. Der Vertrag ist – mit Pesos – zustande gekommen.

2.5.3 Sittenwidrigkeit und Verstoß gegen ein gesetzliches Verbot

Selbst wenn die Parteien sich einig sind, kann ein RG nichtig sein, nämlich nach § 134 wegen Verstoßes gegen ein gesetzliches Verbot oder nach § 138 wegen Verstoßes gegen die guten Sitten, insbesondere wegen Wuchers. Das kommt in der Praxis selten vor; wesentlich häufiger berufen sich allerdings Prozessparteien, die zu unterliegen drohen, zu Unrecht auf diese Vorschriften.

Nichtigkeit nach § 134 ist gegeben, wenn jemand gegen ein Gesetz verstößt, das gerade die Vornahme derartiger RGe verhindern soll.

BEISPIELE: Schwarzarbeit, Verstoß gegen Strafgesetze.

Problematischer ist § 138. Sittenwidrig ist ein RG, das gegen das „Anstandsgefühl aller billig und gerecht Denkenden" verstößt. Es ist auf die durchschnittlichen Moralvorstellungen in der Gesellschaft abzustellen. Sittenwidrig kann das RGs wegen seines Inhalts sein, aber auch wegen des Verhaltens des einen Beteiligten gegenüber dem anderen. Wucher ist anzunehmen (grobe Faustformel), wenn ein Vertragspartner unter Ausnützung der ungünstigen Lage des anderen sich eine Gegenleistung versprechen lässt, die den marktüblichen Preis um mehr als 100 % übersteigt; es kommt immer auf den Einzelfall an.

2.5.4 Formmangel

Normalerweise bedürfen RGe keiner besonderen Form. Willenserklärungen können nach Belieben schriftlich, mündlich oder durch schlüssiges Handeln abgegeben werden. Ausnahmsweise ist aber im Gesetz **Schriftform** (vgl. § 126), **Textform** (§ 126 b) oder sogar **notarielle Beurkundung** (§ 128) oder **öffentliche Beglaubigung** der Unterschrift (§ 129) vorgeschrieben.

Schriftform sieht das Gesetz etwa vor für die Bürgschaft (§ 766) und die Kündigung eines Wohnraummietvertrages (§ 568); vgl. auch die Vorschriften über das Testament, insbesondere § 2247.

Notariell beurkundet werden müssen beispielsweise Grundstückskaufverträge (§ 311b); auch Eheverträge (§ 1410) und Erbverträge (§ 2276) müssen notariell beurkundet werden, wobei hier – über § 128 hinaus – auch die gleichzeitige Anwesenheit beider Parteien vorgeschrieben ist.

Schreibt das Gesetz keine Form vor, so steht es den Parteien frei, vertraglich die Einhaltung einer bestimmten Form zu vereinbaren; sie können z. B. auch, wo Schriftform vorgeschrieben ist, die strengere Form der öffentlichen Beglaubigung oder notariellen Beurkundung wählen.

Nach § 125 Satz 1 ist ein RG nichtig, das nicht den gesetzlichen Formvorschriften entspricht.

„Im Zweifel" tritt die Nichtigkeit auch bei Verstoß gegen die rechtsgeschäftlich bestimmte Form ein, § 125 Satz 2. Wer einen Vertrag schließen will, kann sich ja vorher verbindlich über eine Form einigen, in der dies geschehen soll. Ebenso können die Parteien bestimmen, dass einseitige RGe im Rahmen ihres Vertragsverhältnisses einer bestimmten Form bedürfen (Beispiel: In einem Leasingvertrag einigen sich die Beteiligen darauf, dass eine Kündigung nur schriftlich erfolgen kann). Wird nun die Form nicht eingehalten (kündigt also im Beispiel der Leasingnehmer mündlich), so muss **zunächst** versucht werden, anhand des geschlossenen Vertrages zu ermitteln, ob dieser Formmangel zur Nichtigkeit führen soll (ob also z. B. die Kündigung unwirksam ist). Lässt sich diese Frage aus dem Vertrag heraus nicht mit Sicherheit beantworten, greift § 125 Satz 2 als Auslegungsregel ein – mit dem Ergebnis, dass Nichtigkeit zu bejahen ist.

2.5.5 Teilnichtigkeit und Umdeutung

Ist – aus irgendeinem Grunde, insbesondere wegen Abweichung des Erklärten vom Gewollten (oben 2.5.1) oder nach §§ 134, 138 (oben 2.5.3) – ein Teil eines RGes nichtig, so ist nach der Auslegungsregel des § 139 normalerweise das ganze RG nichtig. Anders ist es nur dann, wenn anzunehmen ist, dass die Parteien das Geschäft auch ohne den nichtigen Teil abgeschlossen hätten.

Einheitlich ist ein RG, wenn nach dem Willen der Parteien die einzelnen Bestandteile zusammengehören sollen.

> **BEISPIEL:** ➤ Witwe Bolte, die Geld für die Trauerfeier braucht, vermietet nach dem Tod ihres Mannes ein Zimmer ihrer Wohnung an den Studienanfänger Justus und verkauft ihm zugleich die Möbel in dem Zimmer; sie hat Justus gesagt, er müsse die Möbel kaufen, sonst wolle sie ihm das Zimmer nicht vermieten. Die Miete soll 150 € pro Monat betragen, was in der Stadt nicht ungewöhnlich ist. Für die wertlosen Möbel verlangt Witwe Bolte von Justus 1.000 €, die Justus auch zu zahlen bereit ist, da er dringend ein Zimmer benötigt.
>
> Hier liegt ein einheitliches RG vor. Der Möbelverkauf ist allerdings nach § 138 wegen Wuchers nichtig. Damit ist das Geschäft insgesamt nichtig, denn ohne den Möbelverkauf hätte Witwe Bolte das Zimmer nicht an Justus vermietet.

Ein nichtiges RG kann eventuell nach § 140 in ein anderes, wirksames RG umgedeutet werden.

> **BEISPIEL:** ➤ Eine – mangels Grund zur fristlosen Kündigung – unwirksame fristlose Kündigung eines Mietverhältnisses kann oft als wirksame ordentliche Kündigung zu verstehen sein.

2.5.6 Vertragsschluss und Allgemeine Geschäftsbedingungen (AGB)

2.5.6.1 Einführung

Eine große Rolle im Wirtschaftsleben spielen die Allgemeinen Geschäftsbedingungen (AGB). Praktisch jedes mittlere und größere Unternehmen benutzt im Kundengeschäft AGB, meist identisch mit dem „Kleingedruckten" auf Vertragsformularen. Allgemeine Geschäftsbedingungen sind nach der gesetzlichen Definition in § 305 BGB „für eine Vielzahl von Verträgen vorformulierte Vertragsbedingungen, die eine Partei (Verwender) der anderen Partei bei Abschluss eines Vertrages stellt" und über die die Vertragsparteien nicht im Einzelnen verhandelt haben. AGB haben für den Verwender den Vorteil, dass nicht mit jedem Kunden über die Vertragsbedingungen im Einzelnen verhandelt werden muss, und werden außerdem auch dazu benutzt, die Rechtsstellung des Verwenders im Vergleich zur gesetzlichen Regelung zu verbessern, d. h. umgekehrt die Rechtsstellung des Kunden zu verschlechtern.

Die – früher im AGB-Gesetz enthaltenen, zum 1. 1. 2002 ins BGB eingefügten – Regelungen zu den Allgemeinen Geschäftsbedingungen (§§ 305 ff. BGB) sind **Verbraucherschutzvorschriften**, die Nachteile für den Kunden verhindern sollen.

2.5.6.2 Voraussetzungen für das Vorliegen von AGB

AGB sind gemäß § 305 Abs. 1 BGB **Vertragsbedingungen** („Klauseln"). Nur Regelungen, die Vertragsbestandteil werden sollen, gehören dazu.

Sie sind **vorformuliert.** Sie müssen vor dem Vertragsschluss aufgezeichnet gewesen sein; in welcher Form dies geschehen ist und ob die AGB in einer Vertragsurkunde enthalten oder auf einem besonderen Blatt oder sonst wo aufgezeichnet sind, ist gleichgültig. Es kommt auch nicht darauf an, ob der vorformulierte Text mit „Allgemeine Geschäftsbedingungen" überschrieben ist. Schließlich ist auch gleichgültig, ob der Verwender den Text selbst formuliert hat oder sich eines von dritter Seite bezogenen Vordrucks bedient (beispielsweise verwenden Vermieter oft von Haus- und Grundbesitzer-Vereinen ausgearbeitete Vertragsvordrucke).

Die vorformulierten Vertragsbedingungen müssen **für eine Vielzahl von Verträgen** aufgestellt worden sein. Das ist der Fall, wenn der Verwender die Absicht hat, die AGB in mindestens drei bis fünf Verträge einzubeziehen, aber auch dann, wenn der Verwender die AGB nur einmal verwenden will, sich aber eines von Dritten für eine Vielzahl von Verträgen ausgearbeiteten Formulars bedient (z. B. VOB, Mietvertragsformular).

Schließlich muss der Verwender dem anderen Vertragspartner die Bedingungen „**stellen**". Das ist zu bejahen, wenn der Verwender die Einbeziehung der vorformulierten Bedingungen in den Vertrag verlangt und erreicht, dass der andere Vertragspartner die AGB akzeptiert. Auch wenn der Verwender seine Bereitschaft bekundet, über den Inhalt der AGB zu verhandeln, oder wenn sich aus dem Text der AGB die Aufforderung zu Änderungen ergibt, „stellt" der Verwender Bedingungen. Kein Bedingungen-Stellen ist i. d. R. gegeben, sofern ein unbeteiligter Dritter – insbesondere ein Notar – den vorformulierten Text vorschlägt.

Nach § 305 Abs. 1 Satz 3 BGB liegen **keine AGB** vor, wenn die Parteien die Vertragsbedingungen im Einzelnen **aushandeln.** Nimmt also der Kunde in den ihm vom Verwender vorgelegten AGB Änderungen vor, die der Verwender akzeptiert, so ist das AGB-Gesetz nicht anwendbar. Ausnahmsweise kann ein Aushandeln sogar bei unveränderter Übernahme der von einer Partei vorgeschlagenen vorformulierten Regelung gegeben sein, aber nur, sofern es der einen Partei tatsächlich gelungen ist, durch gründliche Erörterung die andere Partei von der Sachgerechtigkeit der vorformulierten Regelung zu überzeugen.

Werden nur einzelne Klauseln aus einem längeren vorformulierten Text mit zahlreichen Klauseln ausgehandelt, so bleiben die nicht-ausgehandelten Klauseln AGB!

Dass ein Aushandeln stattgefunden hat, muss im Streitfall der Verwender beweisen.

2.5.6.3 Einbeziehung von AGB in den Vertrag

Nach § 305 Abs. 2 BGB werden AGB nur Vertragsinhalt, sofern die folgenden Voraussetzungen sämtlich erfüllt sind:

a) Der Verwender weist bei Vertragsabschluss auf die AGB hin.

b) Der Verwender gibt dem Kunden die Möglichkeit, in zumutbarer Weise vom Inhalt der AGB Kenntnis zu nehmen; insbesondere müssen die AGB für den Kunden verständlich sein!

Wird etwa ein Vertrag in der Wohnung des Kunden geschlossen, kann der AGB-Verwender nicht einfach dem Kunden anbieten, die AGB doch im Büro des Verwenders durchzulesen. Das würde zur Einbeziehung der AGB in den Vertrag nicht ausreichen. Der Verwender müsste dem Kunden zumindest anbieten, ihm die AGB an Ort und Stelle – d.h. in Wohnung des Kunden – auszuhändigen.

c) Der Kunde ist mit der Geltung der AGB einverstanden; dieses Einverständnis erklärt der Kunde in schlüssiger Form, indem er nach Hinweis auf die AGB und Möglichkeit der Kenntnisnahme den Vertrag abschließt. Hier gelten die gleichen Regeln wie sonst auch bei Willenserklärungen. Übersendet der Verwender erst nach Vertragsschluss die AGB, so werden diese nicht etwa ergänzender Vertragsbestandteil, sofern der Kunde nicht widerspricht – Schweigen ist keine WE!

Übrigens ist gemäß § 310 Abs. 1 BGB bei Verwendung von AGB gegenüber Gewerbetreibenden und anderen Selbständigen (Unternehmern) § 305 Abs. 2 BGB nicht anwendbar, d.h. in einen Vertrag mit einem Unternehmer lassen sich AGB leichter einbeziehen.

Auch wenn die AGB an sich gemäß § 305 Abs. 2 BGB in den Vertrag einbezogen worden sind, werden nach § 305c BGB **„überraschende Klauseln" nicht Vertragsbestandteil**. „Überraschende Klauseln" sind Bestimmungen, die so ungewöhnlich sind, dass der Kunde mit ihnen nicht rechnen muss. § 305c BGB schützt nur vor Klauseln mit einem starken Überraschungsmoment. Überraschend im Sinne von § 305c BGB ist eine Klausel, die extrem vom gesetzlichen oder geschäftsüblichen Leitbild des geschlossenen Vertrages abweicht.

BEISPIELE: ► Vereinbarung der Anwendung ausländischen Rechts; Zusicherung des Kunden, er sei Kaufmann; Verzinsung des Kaufpreises seit einem vor Vertragsschluss liegenden Zeitpunkt; Verpflichtung zur Zahlung einer Bearbeitungsgebühr bei Nichtzustandekommen eines Vertrages.

Individuelle Vertragsabreden haben nach § 305b BGB immer Vorrang vor den AGB.

2.5.6.4 Inhaltskontrolle

§§ 307-309 BGB treffen Bestimmungen zur – im Streitfall vom Gericht vorzunehmenden – inhaltlichen Kontrolle der in den Vertrag einbezogenen AGB. Diese Paragraphen sind die zentralen Vorschriften des Rechts der Allgemeinen Geschäftsbedingungen. Grundsätzlich gilt nach § 307 Abs. 1 BGB: **Bestimmungen in AGB, die den Kunden unangemessen benachteiligen, sind unwirksam**. Wann dies im Einzelnen der Fall ist, muss man zunächst § 308 und § 309 BGB entnehmen. Soweit keine der dort genannten zahlreichen Konstellationen gegeben ist, bleibt nur die Anwendung des § 307 BGB. Es kommt dann hauptsächlich darauf an, ob in den AGB zum Nachteil des Kunden von wesentlichen Grundgedanken der gesetzlich vorgesehenen Regelung abgewichen worden ist. Zudem kann nach § 307 Abs. 1 Satz 2 auch eine unklare oder unverständliche Fassung des AGB-Textes zur Unwirksamkeit führen.

Hier empfiehlt sich der Blick in einen Kommentar zum BGB oder AGB-Gesetz, da zu den zahlreichen denkbaren Klauseln oft schon Gerichtsentscheidungen vorliegen.

Sind die AGB gegenüber einem Unternehmer verwendet worden, so gelten gemäß § 310 Abs. 1 BGB die §§ 308 und 309 nicht, wohl aber § 307.

2.5.6.5 Auswirkung von Nichteinbeziehung von Klauseln, unwirksamen Klauseln und Unklarheiten in den AGB

Gemäß § 305 Abs. 2 BGB können die AGB insgesamt nicht Vertragsbestandteil geworden sein. Aus § 305c oder §§ 307-309 kann sich ergeben, dass einzelne Klauseln nicht wirksam in den Vertrag einbezogen sind.

Sind die AGB oder einzelne Klauseln nicht wirksam in den Vertrag einbezogen, so **bleibt der Vertrag nach § 306 BGB grundsätzlich wirksam**, nur eben ohne die nicht wirksam einbezogenen AGB-Klauseln (jene Klauseln, die der Kontrolle standgehalten haben, sind dann auch Vertragsbestandteil!). Anstelle der nicht wirksam einbezogenen AGB-Klauseln gilt gemäß § 306 Abs. 2 die gesetzliche Regelung.

Es kommt allerdings vor, dass es an einer gesetzlichen Regelung fehlt. In solchen Fällen ist eine ergänzende Vertragsauslegung vorzunehmen, d. h. es ist zu prüfen, ob sich den Umständen entnehmen lässt, welche Regelung die Parteien anstelle der nicht wirksam einbezogenen AGB-Klausel getroffen hätten. Lässt sich dies nicht feststellen, so liegt ein versteckter Einigungsmangel vor und ist § 155 BGB anwendbar (vgl. oben 2.5.1 und 2.5.5).

Unklarheiten – soweit sie nicht ohnehin gemäß § 307 Abs. 1 Satz 2 zur Unwirksamkeit führen – gehen nach § 305c Abs. 2 **zu Lasten des Verwenders** der AGB. Eine Unklarheit liegt vor, wenn sich eine Klausel – im Zusammenhang mit den übrigen Klauseln und dem Vertragsinhalt insgesamt – zumindest auf zweierlei Weise auslegen lässt. Dass dies zu Lasten des Verwenders geht, bedeutet: Die Klausel ist insgesamt unwirksam, wenn sie bei **kundenfeindlichster Auslegung** nach § 305c oder §§ 307 ff. BGB unwirksam ist. Ist die Klausel auch bei kundenfeindlichster Auslegung noch wirksam, so muss die **kundenfreundlichste Auslegung** gewählt werden.

2.5.6.6 Prüfungsschema für AGB

Zunächst sollte man den AGB-Text als Einheit der Prüfung zugrundelegen:

a) Liegen nach § 305 Abs. 1 BGB Allgemeine Geschäftsbedingungen vor? Wenn ja,

b) sind die AGB nach § 305 Abs. 2 Vertragsbestandteil geworden? (Hier kann u.U. zwischen den einzelnen Klauseln zu differenzieren sein, wenn nämlich manche verständlich, andere dagegen unverständlich sind; außerdem ist § 310 zu beachten, wenn der Kunde Unternehmer ist!)

Hat man diese Fragen bejaht, so beschäftigt man sich nun mit den einzelnen Klauseln:

c) Existiert eine vorrangige Individualvereinbarung, § 305b BGB? Wenn nein,

d) handelt es sich um eine überraschende Klausel, § 305c BGB? Wenn nein,

e) ist die Klausel nach § 308 oder § 309 BGB unwirksam? (Nicht prüfen, wenn der Kunde Unternehmer ist!) Wenn nein,

f) ist die Klausel nach § 307 BGB unwirksam? Wenn nein,

dann ist die jeweilige AGB-Klausel wirksamer Vertragsbestandteil geworden.

Bei der Beantwortung der Fragen b) bis f) ist die Unklarheitenregel des § 305c BGB zu berücksichtigen.

2.5.7 Anfechtbare Willenserklärungen

2.5.7.1 Die Problematik

Nicht immer stimmt bei der Abgabe einer Willenserklärung das Erklärte mit dem Willen des Erklärenden überein.

Grundsätzlich sind solche Willenserklärungen wirksam, abgesehen von den in §§ 116-118 geregelten Ausnahmefällen (vgl. oben 2.5.1).

In bestimmten Fällen des Irrtums (§ 119), der Falschübermittlung (§ 120) sowie bei Täuschung oder Drohung (§ 123) gewährt das Gesetz dem Erklärenden allerdings die Möglichkeit der **Anfechtung**. Die Anfechtung selbst ist eine WE, die darauf gerichtet ist, ein RG unwirksam zu machen. Eine berechtigte Anfechtung hat nach § 142 Abs. 1 i. d. R. die Wirkung, dass das – auf der anfechtbaren WE beruhende – RG als von Anfang an nichtig anzusehen ist. Zunächst einmal ist das RG aber gültig, auch wenn ein Anfechtungsgrund vorliegt. Die Anfechtung zerstört das zunächst abgeschlossene RG rückwirkend!

Damit die Wirkungen einer Anfechtung eintreten, ist immer zweierlei nötig:

► Anfechtungserklärung sowie

► Anfechtungsgrund

2.5.7.2 Die Anfechtungserklärung

Die Anfechtungserklärung ist nach § 143 Abs. 1 eine empfangsbedürftige WE. Sie muss gemäß § 143 Abs. 2, 3 demjenigen zugehen, der auch Empfänger der nun angefochtenen WE war (in der Praxis unbedeutende Ausnahmen regeln § 143 Abs. 2 2. Halbsatz sowie § 143 Abs. 4). Aus der Erklärung muss sich unmissverständlich ergeben, dass der Erklärende das zunächst wirksame RG wegen eines Willensmangels nicht gelten lassen will. Der Anfechtende braucht dabei nicht unbedingt das Wort „Anfechtung" zu benutzen. Er muss aber sagen, auf welche Tatsachen er seine Anfechtung stützt.

Mit der Anfechtungserklärung gilt es bei der Fallbearbeitung vorsichtig umzugehen; möglicherweise liegt stattdessen ein Rücktritt, ein Widerruf oder eine Kündigung vor!

2.5.7.3 Die Anfechtung wegen Irrtums oder falscher Übermittlung und ihre Rechtsfolgen

§ 119 unterscheidet drei rechtlich bedeutsame Irrtümer: den Inhaltsirrtum (§ 119 Abs. 1 1. Alt.), den Erklärungsirrtum (§ 119 Abs. 1 2. Alt.) und den Eigenschaftsirrtum (§ 119 Abs. 2). In § 120 ist die dem Erklärungsirrtum ähnliche Falschübermittlung geregelt. In all diesen Fällen sind die Rechtsfolgen gleich.

Irrtum ist stets nur die **unbewusste Unkenntnis** vom wirklichen Sachverhalt; wer ein Papier ungelesen unterschreibt, kann sich demnach nur dann irren, wenn er sich vom Inhalt des Papiers eine bestimmte Vorstellung macht!

a) Inhaltsirrtum

Ein **Inhaltsirrtum** liegt nach § 119 Abs. 1 1. Alt. vor, wenn der Erklärende bei der Abgabe einer WE „über deren Inhalt im Irrtum war". D. h.: Der Erklärende erklärt **aus seiner Sicht** genau das, was er will, und glaubt fälschlich, seine Erklärung habe den von ihm gewollten Inhalt. Da Willenserklärungen aus der Sicht eines objektiven Dritten und normalerweise vom Empfängerhorizont auszulegen sind, versteht der Erklärende u. U. seine eigene Erklärung falsch.

> **BEISPIELE:** Ein Bauherr beauftragt den unzuverlässigen Elektromeister Schwarz, dessen Telefonnummer er in den Gelben Seiten gefunden hat, mit der Elektroinstallation für sein Haus; eigentlich wollte der Bauherr einen ihm empfohlenen zuverlässigen Elektromeister gleichen Namens beauftragen.
>
> Ali bestellt für seinen Krämerladen 25 Gros Rollen Toilettenpapier. Er meint damit 25 große Rollen. Tatsächlich ist aber „Gros" eine Maßeinheit (12 x 12); Ali hat mit seiner Erklärung 3.600 Rollen bestellt.

Ein bloßer **Rechtsfolgenirrtum ist kein Inhaltsirrtum** im Sinne des § 119 Abs. 1 und berechtigt nicht zur Anfechtung!

> **BEISPIEL:** Ein Angestellter schließt mit seinem Arbeitgeber einen neuen, befristeten Arbeitsvertrag ab. Damit endet kraft Gesetzes das vorher bestehende unbefristete Arbeitsverhältnis. Der Angestellte kann nicht anfechten mit der Begründung, das habe er nicht gewusst.

b) Erklärungsirrtum

Ein **Erklärungsirrtum** ist nach § 119 Abs. 1 2. Alt. gegeben, wenn der Erklärende „eine Erklärung dieses Inhalts überhaupt nicht abgeben wollte", d. h. wenn er sich verspricht, verschreibt o. ä. Der Fall der **Falschübermittlung** (§ 120) ist ganz ähnlich.

> **BEISPIEL:** Sorglos will einem Bekannten ein Notebook für 1.000 € verkaufen, schreibt aber in seinem Brief versehentlich 100 €.

Der Unterschied zum Inhaltsirrtum liegt darin, dass beim Erklärungsirrtum der Erklärende den Fehler von selbst bemerken würde, wenn er an der Stelle des objektiven Beobachters wäre.

> Hätte Sorglos sich seinen Brief noch einmal durchgelesen, so hätte er sicherlich die 100 € in 1.000 € korrigiert. Anders der Bauherr und Ali in den Fällen oben: Sie benötigen die Hilfe eines Dritten, um ihren Fehler zu bemerken.

Manchmal sind Inhalts- und Erklärungsirrtum schwer zu unterscheiden.

> **BEISPIEL:** Touristin Ludmilla möchte im Cafe einen Pharisäer (Kaffee) bestellen. Sie sagt aber nicht „Pharisäer", sondern „Pariser". Der Kellner fragt, ob sie außerdem auch etwas trinken möchte.
>
> Hier läge ein Inhaltsirrtum vor, wenn Ludmilla wirklich der Meinung wäre, dass sich das Wort „Pharisäer" wie „Pariser" ausspricht. Hat sie das Wort dagegen nur undeutlich ausgesprochen, so ist ein Erklärungsirrtum gegeben.

Letztlich ist das allerdings nicht von großer Bedeutung, denn die rechtliche Behandlung von Inhalts- und Erklärungsirrtum ist ja gleich.

c) Eigenschaftsirrtum

Der von § 119 Abs. 2 erfasste **Eigenschaftsirrtum** ist ein Unterfall des Motivirrtums.

Ein **Motivirrtum** ist normalerweise **rechtlich bedeutungslos**! Welche Beweggründe der Erklärende bei der Abgabe seiner Erklärung hatte, spielt normalerweise keine Rolle. Irrt er sich bei den Überlegungen, die ihn zur Abgabe der WE bewegen, so kann er i. d. R. nicht anfechten („unbeachtlicher Motivirrtum").

Unbeachtlicher Motivirrtum ist insbesondere der Berechnungsirrtum (Kalkulationsirrtum).

> **BEISPIEL:** ▶ Elektromeister Schwarz will dem Bauherrn insgesamt 30 Steckdosen zu je 50 € einbauen. Er verrechnet sich aber und bietet dem Bauherrn die 30 Steckdosen zu „insgesamt 1.300 €" an.

Unbeachtlich ist auch ein Irrtum über den Wert oder den Eigentümer der Sache!

Ausnahmsweise, nämlich im Fall des Eigenschaftsirrtums gemäß § 119 Abs. 2, berechtigt ein Motivirrtum doch zur Anfechtung. **Eigenschaftsirrtum** ist ein Irrtum über verkehrswesentliche Eigenschaften; dazu gehören Stoff, Größe, Herkunft, Alter und Zustand der Sache, bei Kunstwerken auch ihre Echtheit, bei Grundstücken ihre Lage und Bebaubarkeit.

> **BEISPIEL:** ▶ Die Autofahrer Schnell und Clever stoßen mit ihren Autos an einer Kreuzung zusammen. Beide sind der Meinung, Schnell sei schuld am Unfall, da Clever von rechts kam. Dabei übersehen sie völlig, dass Clever aufgrund des Verkehrszeichens „Vorfahrt gewähren" wartepflichtig war. Da zum Glück beide gebremst haben und nur die Stoßstangen leicht angekratzt sind, einigen sich beide, dass Schnell an Clever 200 € zahlen soll und die Sache damit erledigt ist. Kann Schnell anfechten, nachdem er das Vorfahrtsschild entdeckt hat?
>
> Hier wird man sagen können, dass das Vorhanden- oder Nichtvorhandensein eines Vorfahrtsschildes für die Frage, wer am Unfall schuld ist, wesentlich ist, und der getroffenen Regelung das Fehlen eines Vorfahrtsschildes zugrunde liegt. Schnell kann somit anfechten.

d) Anfechtungsfrist

Sofern ein Irrtum im Sinne der §§ 119, 120 vorliegt, ist der Erklärende zur Anfechtung berechtigt. **Ob er anficht, steht ihm frei.** Will er anfechten, so muss er dies allerdings nach § 121 Abs. 1 Satz 1 **unverzüglich** tun, d. h. „ohne schuldhaftes Zögern". Wer nicht rechtzeitig die Anfechtung erklärt, kann nicht mehr anfechten. Die Ausschlussfrist beginnt mit dem Zeitpunkt, in dem der Anfechtende den Irrtum bemerkt (nicht etwa mit dem Zeitpunkt, in dem er den Irrtum eigentlich bemerken müsste!). Der Anfechtende hat dann eine angemessene Überlegungsfrist, die je nach den Umständen unterschiedlich sein kann, jedoch in aller Regel maximal 2 Wochen beträgt.

e) Rechtsfolgen der Irrtumsanfechtung

Ist der Anfechtende nach §§ 119, 120 zur Anfechtung berechtigt und hat er dies unverzüglich getan, so ist nach § 142 Abs. 1 die angefochtene WE als von Anfang an nichtig anzusehen. Die **Wirkung des RGes**, dessen Bestandteil die WE war, **fällt damit rückwirkend weg**. Die Anfechtung ist ein **Gestaltungsrecht**, d. h. der Anfechtende erzielt durch seine einseitige WE (nämlich die Anfechtung) eine rechtliche Wirkung.

Der Anfechtende kann nun allerdings nach § 122 Abs. 1 zum **Schadensersatz** verpflichtet sein. Der Anfechtende, der ja quasi durch seinen Irrtum Probleme geschaffen hat, soll nun auch dafür haften. Zu ersetzen ist nach § 122 Abs. 1 der Vertrauensschaden. Das heißt: Der Anfechtende muss den anderen so stellen, wie dieser wirtschaftlich stünde, wenn der Anfechtende seine anfechtbare WE nicht abgegeben hätte. Praktisch fallen darunter vor allem die aufgewendeten Kosten und die Nachteile, die sich daraus ergeben, dass der andere ein mögliches anderes Geschäft nicht abgeschlossen hat.

BEISPIEL: Kulp verkauft seinen Gebrauchtwagen an Dämlich. Kulp hatte noch einen anderen Interessenten namens Pause, der ihm genauso viel wie Dämlich gezahlt hätte. Dämlich ficht wegen Irrtums an. Inzwischen hat Pause ein anderes Auto gekauft, und Kulp findet nun nur noch einen Käufer, der ihm 300 € weniger zahlt als Dämlich. Dämlich muss gemäß § 122 Abs. 1 Kulp die 300 € ersetzen.

Maximal muss der Anfechtende aber den **Erfüllungsschaden** ersetzen, d. h. der Anfechtende muss den anderen nicht besser stellen, als dieser ohne die Anfechtung stünde.

Angenommen, nach dem Verkauf des Wagens an Dämlich, aber vor der Anfechtung, bietet Görting, der von der Verkaufsabsicht des Kulp gehört hat, dem Kulp sogar 200 € mehr als den von Dämlich gezahlten Preis. Kulp kann dem Görting nur mitteilen, der Wagen sei leider schon verkauft, worauf Görting ein anderes Fahrzeug erwirbt. In diesem Fall liegt der Vertrauensschaden sogar bei 500 €, der Differenz zwischen dem Angebot des Görting und dem Preis, den Kulp schließlich nach der Anfechtung erzielt. Auch hier muss Dämlich aber nur 300 € zahlen, denn wenn Dämlich nicht angefochten hätte, hätte Kulp ja die 200 € mehr auch nicht bekommen.

2.5.7.4 Die Anfechtung wegen Drohung oder arglistiger Täuschung und ihre Wirkungen

a) Die arglistige Täuschung

§ 123 Abs. 1 1. Alt. lässt eine Anfechtung bei arglistiger Täuschung zu. Täuschung ist das Erregen eines Irrtums. Irrtum in diesem Sinne ist jeder Irrtum über **Tatsachen**, auch ein – bei der Irrtumsanfechtung unbeachtlicher – Motivirrtum. Eine Täuschung kann auch durch Verschweigen eines Umstandes verübt werden, wenn nämlich den Täuschenden eine Aufklärungspflicht traf.

BEISPIELE: Jemand schließt einen Vertrag ab, obwohl er ihn gar nicht erfüllen will; der Verkäufer eines Gebrauchtwagens teilt dem potenziellen Käufer nicht mit, dass der Wagen einen schweren Unfall hatte; der Verkäufer eines Hauses teilt dem potenziellen Käufer erhebliche Feuchtigkeitsschäden nicht mit.

Arglistig ist die Täuschung, wenn der Täuschende die Unrichtigkeit seiner Angaben kennt bzw. wenn ihm klar ist, dass er eigentlich den anderen über die verschwiegenen Tatsachen aufklären müsste.

b) Die widerrechtliche Drohung (§ 123 Abs. 1 2. Alt.)

Drohung ist das In-Aussicht-Stellen eines erheblichen Nachteils, wodurch der Bedrohte in eine Zwangslage versetzt wird. Ihre Widerrechtlichkeit kann sich aus dem angedrohten Nachteil, dem erstrebten Zweck oder der Verbindung von angedrohtem Nachteil und erstrebtem Zweck ergeben.

c) Anfechtungsfrist und Rechtsfolgen der Anfechtung bei Täuschung oder Drohung

Für die Anfechtung nach § 123 Abs. 1 gilt nicht die Anfechtungsfrist nach § 121 Abs. 1, sondern ausschließlich die Jahresfrist gemäß § 124 Abs. 1. Wegen arglistiger Täuschung braucht man also nicht unverzüglich anzufechten.

Auch muss, wer nach § 123 Abs. 1 anficht, **keinen Schadensersatz** leisten. Umgekehrt kommt hier eventuell ein Schadensersatzanspruch des Anfechtenden gegen den Täuschenden oder Drohenden (aus c.i.c. oder nach §§ 823, 826) in Frage.

Im Übrigen ist die Wirkung dieselbe wie bei der Irrtumsanfechtung, d. h. das RG gilt nach § 142 Abs. 1 als nichtig.

2.5.7.5   Ausschluss der Anfechtung nach § 144

Wer ein – aus welchem Grunde auch immer – anfechtbares RG in Kenntnis oder trotz Kennen-müssens der Umstände, die es anfechtbar machen, bestätigt, kann nach § 144 nicht anfechten. **Bestätigung** ist ein Verhalten, aus dem sich ergibt, dass der Anfechtungsberechtigte trotz der Anfechtbarkeit an seiner WE festhalten will. Insbesondere ist dies der Fall, wenn der Anfech-tungsberechtigte seine eigene Verpflichtung freiwillig erfüllt oder die Gegenleistung entgegen-nimmt.

Die Möglichkeit der Bestätigung besteht übrigens auch bei von vornherein nichtigen Rechts-geschäften, § 141.

TAB. 1: Anfechtung/Irrtümer	
Anfechtungsgründe:	**nicht zur Anfechtung berechtigen:**
Inhaltsirrtum, § 119 I 1. Alt.	Rechtsfolgenirrtum
Erklärungsirrtum, § 119 I 2. Alt.	
Falschübermittlung, § 120	
Eigenschaftsirrtum, § 119 II	Motivirrtum
Arglistige Täuschung, § 123 I 1. Alt.	
Widerrechtl. Drohung, § 123 I 2. Alt.	

Nun kann der Fall 2 (Kapitel Klausurtechnik und Fallbearbeitung) gelöst werden!

2.6   Störung der Geschäftsgrundlage

2.6.1   Die Problemstellung

Wenn zwei Personen einen Vertrag schließen, machen sie sich oft bestimmte Vorstellungen von Umständen, die zwar nicht ausdrücklich im Vertrag geregelt werden, aber bei deren Verände-rung der Vertrag seinen Sinn zumindest für eine der Parteien – mindestens teilweise – verlieren würde.

> **BEISPIEL:** Wer im Reisebüro eine Pauschalreise in ein Strandhotel in Tunesien bucht, geht davon aus, dass das Baden im Mittelmeer erlaubt ist.

Ändern sich nun die Umstände, so können sich Probleme ergeben.

> Kommen plötzlich und unerwartet in Tunesien durch einen Putsch die Fundamentalisten an die Macht und verbieten das Baden im Mittelmeer wie auch in Hotelschwimmbecken, dann verliert die gebuchte Reise natürlich an Attraktivität.

Solange nur eine der beiden Vertragsparteien sich eine solche Vorstellung macht, hilft dieser Partei normalerweise nur die Anfechtung wegen Eigenschaftsirrtums nach § 119 Abs. 2; oft wird sogar lediglich ein unbeachtlicher Motivirrtum vorliegen. Anders liegen die Dinge, wenn beide Seiten übereinstimmend etwas vorausgesetzt haben, was sich dann ändert; in solchen Fällen sollte das Risiko nicht unbedingt von einer Partei allein getragen werden.

Im Beispielsfall ist natürlich nicht nur der Kunde, sondern auch der Reiseveranstalter von ungehindertem Baden an der tunesischen Mittelmeerküste ausgegangen.

Andernfalls wäre an arglistige Täuschung zu denken.

Zur Lösung solcher und ähnlicher Problemfälle hat die Rechtsprechung die Lehre vom **Wegfall der Geschäftsgrundlage** entwickelt. Die Störung bzw. der Wegfall der Geschäftsgrundlage ist (seit dem 1.1.2002) in § 313 BGB geregelt.

§ 313 BGB ist grundsätzlich nur anwendbar, sofern die Vorstellungen sich nicht im Vertragstext wiederfinden. Finden sie sich hingegen im Vertrag wieder, ist nicht § 313 einschlägig, doch führt dann ergänzende Vertragsauslegung (vgl. oben 2.4) praktisch zum gleichen Ergebnis.

2.6.2 Die Geschäftsgrundlage

Geschäftsgrundlage sind gemeinsame Vorstellungen beider Vertragsparteien von dem Vorhandensein oder dem künftigen Eintritt bestimmter Umstände, auf denen der Geschäftswille der Parteien aufbaut. Es genügt auch die einseitige Vorstellung einer Partei, die bei Abschluss des Vertrages für die andere Partei erkennbar geworden und von ihr nicht beanstandet worden ist.

BEISPIELE:

► Bei einem längerfristigen Kredit zu 5 % Zinsen rechnen Bank und Kunde mit einer im üblichen Rahmen bleibenden Inflation

► Die Hotelkette Marisol kauft in einer touristisch unbedeutenden Kleinstadt dem Meyer sein Grundstück ab, weil der Geschäftsführer der Hotelkette die Information erhalten hat, in der Stadt solle ein großes Kongresszentrum errichtet werden. Die Hotelkette will deswegen in der Stadt ein Hotel errichten. Dies hat der Geschäftsführer der Hotelkette dem Meyer bei den Verhandlungen über den Grundstücksverkauf auch gesagt. Meyer hat das hingenommen; von dem geplanten Kongresszentrum hatte er allerdings noch nichts gehört, und es ist ihm auch völlig egal

2.6.3 Rechtsfolgen der Störung der Geschäftsgrundlage

Die Störung hat gemäß § 313 Abs.1 BGB i.d.R. zur Folge, dass das Geschäft den veränderten Umständen angepasst wird. Nur falls dies nicht möglich oder einer der Vertragsparteien nicht zumutbar ist, darf die benachteiligte Partei vom Vertrag zurücktreten, so dass die vertraglichen Verpflichtungen ganz entfallen, § 313 Abs. 3 BGB.

Im Tunesienfall käme nach Erlass des Badeverbots eine deutliche Verbilligung der Reise in Frage. Man kann aber auch sagen, dass die Reise für den Kunden ihren Wert ohne Bademöglichkeit völlig verloren hat, so dass der Kunde zurücktreten kann.

Tritt im Kreditfall nun eine ungewöhnlich starke Inflation auf, so wäre der Zinssatz entsprechend anzupassen.

Wird im Hotelfall doch kein Kongresszentrum gebaut, so bleibt wohl als Lösung nur der Wegfall der vertraglichen Verpflichtungen: Meyer behält sein Grundstück, und die Hotelkette Marisol muss nichts bezahlen.

2.6.4 Prüfung der Störung der Geschäftsgrundlage

Bei der Anwendung der Grundsätze über die Störung der Geschäftsgrundlage ist Vorsicht geboten, denn in der Praxis wird selten eine Gerichtsentscheidung hierauf gestützt.

Die Rechtsfolgen der Störung der Geschäftsgrundlage treten nur unter folgenden Voraussetzungen ein:

a) Bestimmte Umstände sind Geschäftsgrundlage.

b) **Wesentliche** Änderung der Umstände (z. B. im Kreditfall eine plötzlich von 2 % auf 15 % ansteigende Inflation; 4 % würden wohl keine wesentliche Änderung bedeuten).

c) Risikotragung durch eine Partei allein wäre unbillig.

d) Unvorhersehbarkeit der Änderung (z. B. könnte sich der Kreditgeber nicht auf Unvorhersehbarkeit berufen, wenn die höhere Inflation auf bereits länger bekannten wirtschafts-/währungspolitischen Weichenstellung beruht).

Erst wenn all diese Voraussetzungen erfüllt sind, darf man sich mit der Frage auseinander setzen, ob nun der Vertrag den veränderten Umständen angepasst werden kann oder die vertraglichen Verpflichtungen ganz wegfallen.

2.7 Bedingung, Befristung und Fristberechnung

2.7.1 Bedingung

Bei der Vornahme eines RGes kann dieses von einem **ungewissen zukünftigen Ereignis** abhängig gemacht werden, also von einer Bedingung.

BEISPIEL: Hinz hat an Kunz für 2 Jahre eine Wohnung vermietet. Kunz entschließt sich nach 8 Monaten, in eine andere Stadt zu ziehen. Hinz und Kunz einigen sich nun darauf, dass der Mietvertrag aufgehoben wird, sobald Kunz einen für Hinz akzeptablen Nachmieter stellt.

Keine „Bedingungen" in diesem Sinne sind die vertraglichen Bestimmungen, auch wenn diese als „Vertragsbedingungen" oder „Allgemeine Geschäftsbedingungen" bezeichnet werden.

Es gibt zwei Arten von Bedingungen, aufschiebende und auflösende. Mit beiden beschäftigt sich § 158.

§ 158 Abs. 1 behandelt die **aufschiebende Bedingung**. Bei der aufschiebenden Bedingung sollen die Wirkungen des RGs erst dann eintreten, wenn die Bedingung eintritt.

BEISPIEL: Ein Vater verspricht seiner Tochter, ihr ein Auto zu schenken, wenn sie das Abitur besteht (mit der Frage der Formgültigkeit eines solchen Schenkungsversprechens wollen wir uns hier nicht beschäftigen; vgl. § 518).

Der Eintritt einer auflösenden Bedingung gemäß § 158 Abs. 2 lässt das RG enden; das RG soll also nur so lange fortbestehen, wie die auflösende Bedingung nicht eintritt.

BEISPIEL: Ein berufstätiges Ehepaar stellt eine Haushaltshilfe ein; deren Beschäftigung soll enden, wenn einer der Ehepartner arbeitslos wird und sich dementsprechend selbst um den Haushalt kümmern kann.

§§ 159-162 regeln einige mit der Bedingung zusammenhängende Fragen. Von Bedeutung sind vor allem §§ 161 und 162.

2.7.2 Befristung und Fristberechnung

2.7.2.1 Befristung im Unterschied zur Bedingung

Der Bedingung ähnlich ist die Befristung, wobei man hier in der Praxis meist eine größere Planungssicherheit hat und es seltener zu Streitigkeiten kommt. Eine Befristung liegt allerdings nicht nur vor, wenn auf einen bestimmten Tag (z. B. 1. 1. 2001) oder einen bestimmten Zeitraum (z. B. drei Wochen) abgestellt wird, sondern auch, wenn es auf ein zu einem unbestimmten Zeitpunkt bestimmt eintretendes Ereignis ankommen soll (z. B. Tod eines Beteiligten).

Bedingung und Befristung sind gelegentlich schwer zu unterscheiden.

> Wären z. B. die nächsten freien Wahlen in Afghanistan ein bestimmt eintretendes oder ungewisses Ereignis?

Es kommt darauf an, ob die Parteien das künftige Ereignis subjektiv als gewiss oder ungewiss angesehen haben.

Letztlich kann es aber gleichgültig sein, ob eine Bedingung oder Befristung vorliegt, da gemäß § 163 Vorschriften über die Bedingung auch auf die Befristung (= Zeitbestimmung) Anwendung finden.

2.7.2.2 Fristberechnung

In der Praxis bedeutsam sind die Vorschriften über die Fristberechnung, §§ 186 ff. Sie finden nach § 186 nicht nur Anwendung, wenn durch RG eine Befristung vorgenommen worden ist, sondern auch auf sonstige Fristbestimmungen. **Vor allem im Prozess ist die Einhaltung von Fristen sehr wichtig.** § 222 der Zivilprozessordnung (ZPO) bestimmt ausdrücklich, dass für die Berechnung der Fristen im Zivilprozess die Vorschriften des BGB anwendbar sind, d. h. §§ 187 ff.

Nach § 187 Abs. 1 beginnt die Frist, wenn ihr Lauf vom Eintritt eines bestimmten Ereignisses abhängt, mit dem folgenden Tag zu laufen. Es wird also – solange nicht gerade eine Frist nach Stunden oder noch kürzer bestimmt ist – **in ganzen Tagen** gerechnet.

> **BEISPIEL:** Hausmann kauft von Biele eine Waschmaschine. Nach dem Vertrag ist Hausmann verpflichtet, binnen 14 Tagen nach Lieferung die Waschmaschine zu bezahlen. Die Waschmaschine wird am Samstag, 13. 12., geliefert. Die 14-Tages-Frist beginnt gemäß § 187 Abs. 1 am Sonntag, 14. 12., zu laufen.

§ 187 Abs. 2 enthält eine Abweichung von der Regel des § 187 Abs. 1.

> **BEISPIEL:** Jemand wird als Aushilfskraft eingestellt für „14 Tage vom 1. 12. an". Hier zählt der 1. 12. mit.

Eine nach Tagen berechnete Frist endet gemäß § 188 Abs. 1 mit dem Ablauf des letzten Tages der Frist.

> Im Waschmaschinenfall würde hiernach die Frist mit Ablauf des 27. 12. enden.

Ist die Frist nach Wochen, Monaten oder noch längeren Zeiträumen bemessen, so gilt die etwas kompliziertere Regelung des § 188 Abs. 2. Diese lässt sich am besten anhand von Beispielen verdeutlichen:

> **BEISPIEL:** Eine zweimonatige Frist hat gemäß § 187 Abs. 1 am 11. 12. zu laufen begonnen, d. h. das maßgebliche Ereignis fand am 10. 12. statt. Fristende ist der 10. 2.
> Im Aushilfskraftbeispiel endet die Frist am 14. 12., auch wenn es im Vertrag „zwei Wochen" heißt und nicht „14 Tage".

Noch schwieriger wird es, sobald die Frist eigentlich an einem Samstag, Sonntag oder Feiertag ablaufen würde und innerhalb der Frist eine WE abzugeben oder eine Leistung zu bewirken ist. In solchen Konstellationen greift § 193 ein. Die **Frist läuft** dann **nicht an dem Samstag, Sonntag oder Feiertag ab, sondern erst am darauf folgenden Werktag.**

> Im Waschmaschinenfall würde die Frist eigentlich am 27. 12. enden. Der 27. 12. ist jedoch ein Sonntag. Dementsprechend hat Hausmann noch bis Montag, 28. 12., Zeit, die Waschmaschine zu bezahlen.

2.8   Die Geschäftsfähigkeit

2.8.1   Einführung

Das BGB geht davon aus, dass ein Mensch normalerweise in der Lage ist, die Tragweite seines rechtsgeschäftlichen Handelns zu erkennen; er muss dann dafür auch einstehen und insbesondere die von ihm abgeschlossenen Verträge erfüllen. Anders ausgedrückt: **I. d. R. ist ein Mensch geschäftsfähig.**

Geschäftsfähigkeit ist die Fähigkeit, RGe wirksam vorzunehmen.

Es gibt Menschen, denen das Gesetz derartige Fähigkeiten nicht zutraut, nämlich nach § 104 Kinder unter 7 Jahren sowie Geisteskranke. Für Kinder und Jugendliche im Alter von 7-17 Jahren hat das BGB quasi einen Mittelweg gewählt: Sie sind beschränkt geschäftsfähig, §§ 106 ff.

Mit der Frage der Geschäftsfähigkeit muss man sich bei der Lösung eines Falles nur auseinander setzen, wenn Anlass zu Zweifeln an der Geschäftsfähigkeit besteht.

2.8.2   Geschäftsunfähigkeit und ihre Folgen

Geschäftsunfähig sind nach § 104 Kinder unter 7 Jahren sowie dauerhaft Geisteskranke. Ihre Willenserklärungen sind gemäß § 105 Abs. 1 nichtig.

Sie können dennoch Rechte und Pflichten erwerben, nur muss für sie ihr gesetzlicher Vertreter handeln, bei Kindern also i. d. R. die Eltern (vgl. § 1629).

Ebenfalls nichtig ist nach § 105 Abs. 2 die WE eines Bewusstlosen oder vorübergehend in der Geistestätigkeit Gestörten; in diese Kategorie gehören vor allem Volltrunkene. Voraussetzung ist allerdings sowohl bei den vorübergehend Geistesgestörten als auch bei den dauerhaft Geisteskranken, dass die Störung die freie Willensbestimmung ausschließt.

> Einfache Trunkenheit reicht also nicht, vielmehr müssen nach Auffassung des BGH (Bundesgerichtshof) i. d. R. 3,0 Promille vorliegen, damit § 105 Abs. 2 eingreift.

Ob der Erklärungsempfänger die Geistesstörung bemerkt oder sie für einen objektiven Dritten erkennbar war, spielt keine Rolle!

2.8.3   Die beschränkte Geschäftsfähigkeit

Beschränkt geschäftsfähig sind nach § 106 Kinder und Jugendliche (Minderjährige) ab 7 Jahren bis zum Erreichen der Volljährigkeit, die gemäß § 2 mit 18 Jahren eintritt.

Für **beschränkt Geschäftsfähige** gilt nach §§ 107, 108 Abs. 1 i. d. R.: Ihre **WE sind unwirksam**, au-ßer wenn der gesetzliche Vertreter zustimmt. Das Gesetz sieht aber von dieser Regel mehrere Ausnahmen vor.

2.8.3.1 Der Regelfall: Wirksamer Vertragsschluss nur mit Zustimmung des gesetzlichen Vertreters

Aus § 108 Abs. 1 sind drei mögliche Konstellationen erkennbar:

a) Der Minderjährige gibt eine WE ab, ohne dass der gesetzliche Vertreter sich damit vorher oder hinterher einverstanden erklärt. Rechtsfolge: Die WE des Minderjährigen ist unwirksam.

b) Der gesetzliche Vertreter erklärt sein Einverständnis, bevor der Minderjährige eine WE abgibt **(Einwilligung)**. Rechtsfolge: Die WE des Minderjährigen ist wirksam.

c) Der Minderjährige gibt eine WE ab, und der gesetzliche Vertreter erklärt sich damit einver-standen **(Genehmigung)**. Rechtsfolge: Die WE des Minderjährigen ist wirksam.

In der Zeit **zwischen** einem seitens des Minderjährigen eigenwillig abgeschlossenen **Vertrag und der Genehmigung** durch den gesetzlichen Vertreter ist das Geschäft „**schwebend unwirk-sam**". Es steht eben noch nicht fest, ob der Vertrag wirksam wird oder nicht. Wirksam kann er nur durch die Genehmigung werden. Auch der potenzielle Vertragspartner des Minderjährigen kann sich in dieser Zeit der „schwebenden Unwirksamkeit" noch gemäß § 109 Abs. 1 vom Ver-trag lösen und dessen Wirksamwerden durch **Widerruf** verhindern; das gilt allerdings nach § 109 Abs. 2 nicht, wenn er die Minderjährigkeit gekannt hat, außer wenn der Minderjährige ihm vorgelogen hat, der gesetzliche Vertreter habe eingewilligt.

Die Einwilligung oder Genehmigung (Oberbegriff: Zustimmung) kann gemäß § 182 grundsätz-lich wahlweise gegenüber dem Minderjährigen oder dessen potenziellem Geschäftspartner er-klärt werden. § 108 Abs. 2 macht davon eine Ausnahme und ermöglicht dem potenziellen Ge-schäftspartner, sicherzugehen – nur wenn er sich vom gesetzlichen Vertreter bestätigen lässt, dass dieser mit dem Geschäft einverstanden ist, kann er sich letztlich auf die Wirksamkeit des Geschäfts verlassen.

2.8.3.2 Rechtlich vorteilhafte Geschäfte

Nicht für jede WE braucht der Minderjährige die Zustimmung des gesetzlichen Vertreters.

Die erste Ausnahme ergibt sich bereits aus § 107: Erlangt der Minderjährige durch die WE ledig-lich einen rechtlichen Vorteil, so ist seine WE – auch ohne Zustimmung des gesetzlichen Vertre-ters – wirksam. Es kommt allein auf die **unmittelbaren rechtlichen Folgen** an. Ein wirtschaftlich günstiges Geschäft reicht nicht aus.

BEISPIEL: ▶ Der schlaue 7-jährige Jens kauft auf dem Flohmarkt eine echte Perlenkette, die der Händler für ein wertloses Imitat hält, für 20 €. Jens hat zwar nicht so viel Geld, er will es sich aber von seinen Eltern geben lassen und dann wiederkommen. Dieses Geschäft ist zwar für Jens wirtschaftlich sehr vorteilhaft, doch kann er von dem Flohmarkthändler nicht die Kette verlangen, solange die Eltern das Geschäft nicht genehmigt haben. Denn rechtlich bringt das Geschäft Jens ja auch einen Nachteil: Er ist zur Zahlung von 20 € verpflichtet. Hat Jens zu Hause nur die Putzfrau angetroffen, die ihm aus ihrem Portemonnaie 20 €

gegeben hat, und kommt er nun damit wieder zu dem Händler, so kann der Händler sich weigern, Jens dafür die Kette zu geben, solange seine Eltern nicht einverstanden sind.

Ausschließlich rechtlichen Vorteil bieten dem Minderjährigen der Schenkungsvertrag (sofern der Minderjährige der Beschenkte ist) und die Übertragung von Rechten auf ihn, z. B. der Eigentumserwerb.

2.8.3.3 Der „Taschengeldparagraph"

Nach § 110 sind vom Minderjährigen geschlossene Verträge auch dann wirksam, wenn

▶ er die vertragsmäßige Leistung, zu der er selbst verpflichtet ist (z. B. Bezahlung des Kaufpreises), mit Mitteln bewirkt (d. h. z. B. den Kaufpreis bezahlt),

▶ die ihm zu diesem Zweck oder zur freien Verfügung

▶ von seinen gesetzlichen Vertretern (oder von Dritten, z. B. Verwandten) überlassen worden sind

Solange der Minderjährige seine eigene Leistung noch nicht erbracht hat (also z. B. den Kaufpreis noch nicht bezahlt hat), gelten §§ 107, 108 Abs. 1!

2.8.3.4 Minderjährige als Selbständige und Arbeitnehmer

Die §§ 112 bzw. 113 lassen es zu, dass Minderjährige, denen ihre gesetzlichen Vertreter das selbständige Betreiben eines Erwerbsgeschäftes bzw. die Aufnahme einer unselbständigen Arbeit gestattet haben, dann **in diesem Rahmen** voll geschäftsfähig sind.

BEISPIEL: ▶ So kann z. B. der Minderjährige, der mit Einwilligung seiner Eltern Kaufmannsgehilfe geworden ist, ohne Zustimmung seiner Eltern die Stelle kündigen oder einer Gewerkschaft beitreten.

2.9 Die Stellvertretung

2.9.1 Einführung

Nicht immer kann derjenige, der ein RG vornehmen möchte, die dazu notwendige WE persönlich abgeben. Es wird dann ein **Stellvertreter** benötigt. Für Minderjährige handelt im Regelfall ihr gesetzlicher Vertreter. Aber auch voll Geschäftsfähige haben gelegentlich das Bedürfnis, sich vertreten zu lassen. Dieses Bedürfnis spielt im Wirtschaftsleben sogar eine sehr große Rolle. Der Inhaber eines mittleren oder größeren Unternehmens kann sich natürlich nicht um jede Kleinigkeit selbst kümmern. Und die so genannten juristischen Personen, z. B. GmbH und Aktiengesellschaft, sind überhaupt nur dadurch handlungsfähig, dass ein Mensch sie im Rechtsverkehr vertritt.

Anders ausgedrückt: Die Stellvertretung hat das Ziel, jemanden zum Berechtigten und Verpflichteten eines RGs zu machen, ohne dass dieser persönlich eine WE abgeben muss; hierdurch wird es erleichtert, Geschäfte abzuschließen.

Geregelt ist die Stellvertretung in §§ 164 ff. Die beteiligten Personen heißen im Gesetz „Vertreter" (das ist der Stellvertreter) und „Vertretener". Der Vertretene – juristisch auch „Geschäftsherr" – ist mit dem in einigen Paragraphen genannten „Vollmachtgeber" identisch, der Stellvertreter mit dem „Bevollmächtigten".

Die Grundvoraussetzungen der Stellvertretung sind:

► Abgabe einer eigenen WE durch den Stellvertreter

► Abgabe dieser WE im Namen des Vertretenen

► Bestehen von Vertretungsmacht

Nach § 164 Abs. 3 BGB ebenfalls möglich ist Stellvertretung beim Empfang einer WE; der **Empfangsvertreter** nimmt die WE eines Geschäftspartners entgegen, und diese WE wirkt dann gegenüber dem Vertretenen. Der Unterschied zur „aktiven" Stellvertretung liegt lediglich darin, dass statt „Abgabe" hier „Empfang" einer WE Voraussetzung ist.

2.9.2 Die Voraussetzungen der Stellvertretung im Einzelnen

2.9.2.1 Abgabe einer eigenen WE durch den Stellvertreter

Der Stellvertreter gibt eine **eigene** WE ab. Dies ist der Fall, wenn – aus der Sicht des Erklärungsempfängers – nur der Stellvertreter, nicht aber der Vertretene alle Einzelheiten des Geschäfts kennt. Normalerweise hat dabei der Stellvertreter auch einen Entscheidungsspielraum. Ein Stellvertreter kann allerdings durchaus bis ins Detail gehende Weisungen des Vertretenen erhalten haben.

Stellvertreter kann nur sein, wer zumindest beschränkt geschäftsfähig ist, vgl. § 165.

Vom Stellvertreter zu unterscheiden ist der Bote. Der Bote gibt keine eigene WE ab, sondern übermittelt lediglich eine fremde WE. Er hat keinen Entscheidungsspielraum und nimmt quasi die gleiche Funktion wie ein Brief wahr. Ob jemand Stellvertreter oder Bote ist, richtet sich nach seinem Auftreten aus der Sicht des Erklärungsempfängers, unabhängig von den Weisungen, die er vom Geschäftsherrn erhalten hat.

Bote kann auch ein Geschäftsunfähiger sein.

BEISPIEL: ► Nehmen wir das Beispiel mit Mäxchen, der eine Zeitung kaufen soll (oben 2.3.5), und gehen wir davon aus, dass Mäxchen 6 Jahre alt ist. Aus seinem Auftreten dürfen wir schließen, dass er lediglich als Bote seines Vaters die „Bild" kauft, denn durch die ihm mitgegebenen 60 Cent steht ja eindeutig fest, welche Zeitung er mitzubringen hat. Somit kommt ein Vertrag zwischen dem Zeitungshändler und Mäxchens Vater zustande, wenn der Zeitungshändler Mäxchen nun für die 60 Cent eine „Bild" gibt.

Hätte der Vater dagegen Mäxchen gesagt, er solle eine schöne Zeitung aussuchen – vielleicht kann Mäxchen ja sogar schon ein wenig lesen –, und ihm entsprechend mehr Geld mitgegeben, so wäre kein Vertrag zustande gekommen, wenn Mäxchen dies dem Händler erzählt und dort eine Zeitung ausgesucht hätte. In dieser Variante tritt Mäxchen als Stellvertreter auf, nicht bloß als Bote. Als Geschäftsunfähiger kann Mäxchen aber weder Stellvertreter sein (§§ 105 Abs. 1, 104 Nr. 1, 165), noch selbst Verträge abschließen.

2.9.2.2 Handeln im Namen des Vertretenen

Stellvertretung setzt nach § 164 Abs. 1 voraus, dass der Stellvertreter seine Erklärung im Namen des Vertretenen abgibt. Ob er dies ausdrücklich tut oder es sich lediglich aus den Umständen ergibt, spielt gemäß § 164 Abs. 1 Satz 2 keine Rolle.

Ein in der Praxis bedeutsamer Fall einer sich bloß aus den Umständen ergebenden Stellvertretung ist das **unternehmensbezogene Geschäft**. Wird ein Vertrag mit Bezug auf ein Unternehmen geschlossen, so ist der Unternehmensinhaber Vertragspartner. Das gilt auch, wenn der Handelnde selbst wie ein Unternehmensinhaber auftritt, obgleich das Unternehmen einen anderen Inhaber hat.

> **BEISPIEL:** Gerd Müller bestellt bei einem Sportartikelhersteller eine Ladung Fußbälle und gibt dabei als Anschrift „Sporthaus Müller" an. Inhaber des Sporthauses Müller ist nicht Gerd Müller, sondern Berti Vogts. Der Sportartikelhersteller kann – sofern Gerd Müller Vertretungsmacht für Berti Vogts hatte – eine Bezahlung der Fußbälle nur von Berti Vogts verlangen, nicht aber von Gerd Müller.

Ist allerdings für einen Außenstehenden nicht erkennbar, dass der Stellvertreter im Namen einer anderen Person handelt, so wird der Stellvertreter durch seine WE selbst berechtigt und verpflichtet. Gemäß § 164 Abs. 2 kann der Stellvertreter noch nicht einmal mit der Begründung, er habe doch zum Ausdruck bringen wollen, dass er einen anderen vertritt, seine WE anfechten.

Ausnahme von dieser Regel ist das „Geschäft für den, den es angeht". Bei Bargeschäften des täglichen Lebens ist es dem Geschäftspartner i. d. R. gleichgültig, mit wem er den Vertrag abschließt. In solchen Fällen wirkt die WE des Stellvertreters auch dann für und gegen den Vertretenen, wenn der Stellvertreter nicht offenbart hat, dass er nur als Stellvertreter handelt; allerdings muss dabei der Stellvertreter mit dem Willen handeln, den Geschäftsherrn zu vertreten.

> **BEISPIEL:** BWL-Studentin Katja bittet die Jurastudentin Anne, für sie doch ein brauchbares Handelsrechts-Lehrbuch zu kaufen. Anne geht daraufhin in eine Buchhandlung, sucht ein geeignetes Buch aus, legt es an der Kasse wortlos vor, bezahlt es und nimmt es mit. Vertragspartnerin der Buchhandlung ist Katja; Anne war lediglich Stellvertreterin, auch wenn das in der Buchhandlung niemand gemerkt hat.

Anders zu beurteilen ist der Fall der **mittelbaren Stellvertretung**, d. h. des Tätigwerdens eines „Strohmanns". Der „mittelbare Stellvertreter" wird im Interesse und für Rechnung eines Geschäftsherrn tätig, doch gibt er dies nicht zu erkennen. Im Unterschied zum „Geschäft für den, den es angeht" geht es hier nicht um Bargeschäfte des täglichen Lebens. **Beim „mittelbaren Stellvertreter" sind die Vorschriften über die Stellvertretung nicht anzuwenden!** Berechtigt und verpflichtet wird der „mittelbare Stellvertreter", nicht der Geschäftsherr. Nur indirekt, aufgrund einer entsprechenden Vereinbarung zwischen dem Geschäftsherrn und dem „mittelbaren Stellvertreter", gehen die Vor- und Nachteile des Geschäfts auf den Geschäftsherrn über. Der Geschäftsherr kann auf diese Weise nach außen hin unerkannt bleiben.

> **BEISPIEL:** Der gesuchte Terrorist Blutig vereinbart mit dem Jungrevolutionär Harmlos, dass dieser in einem Hochhaus eine Wohnung anmieten soll, die Blutig dann eine Zeitlang bewohnen will. Harmlos schließt mit dem Vermieter einen Mietvertrag ab – natürlich ohne dabei den Blutig zu erwähnen – und wird damit Vertragspartei. Blutig kann jetzt nicht von dem Vermieter Übergabe der Wohnungsschlüssel verlangen; dieses Recht steht nur Harmlos zu. Wohl hat Blutig Harmlos gegenüber das Recht, die Schlüssel zu verlangen.

Noch anders ist die Konstellation **„Handeln unter fremdem Namen"** zu bewerten. Dabei verwendet der Erklärende bei Abgabe seiner Erklärung den Namen einer anderen Person (oder einen Phantasienamen). Dies kann mündlich oder schriftlich geschehen.

Es kommt nun darauf an, wie der Geschäftspartner das Verhalten des Handelnden verstehen durfte:

Durfte der Geschäftspartner annehmen, er schließe gerade mit dem Namensträger ein Geschäft ab, so sind die Vorschriften über die Stellvertretung (analog, d. h. entsprechend; Analogie setzt eine Regelungslücke im Gesetz sowie eine vergleichbare Interessenlage voraus) anwendbar.

BEISPIEL: Der Hochstapler Werner Billig meldet sich mit dem Namen des bekannten Künstlers Kai Bizarr telefonisch bei der Organisationsleitung und bestellt eine der begehrten Logenkarten für den Presseball.

Dementsprechend treten die Wirkungen der Stellvertretung auch ein, wenn ein Stellvertreter einen Brief nicht mit „i. V." und seinem eigenen Namen, sondern gleich mit dem Namen des Vertretenen unterzeichnet.

Musste der Geschäftspartner hingegen davon ausgehen, der Handelnde – welchen Namen dieser auch immer führen mag – sei sein Vertragspartner, so treffen die Wirkungen des Geschäfts nur den Handelnden.

BEISPIEL: Der pressescheue Kai Bizarr quartiert sich mit seiner neuen Flamme unter dem Namen „Billig" für eine Nacht im Hotel ein. Hier wird nur Kai Bizarr Vertragspartner.

2.9.2.3 Vertretungsmacht/Vollmacht

Damit der Stellvertreter mit Wirkung für den Vertretenen handeln kann, benötigt er Vertretungsmacht. Vertretungsmacht ist die Befugnis, einen anderen wirksam zu vertreten.

a) Die gesetzliche Vertretungsmacht

Die Vertretungsmacht kann sich bereits aus gesetzlichen Vorschriften ergeben, etwa die Vertretungsmacht der Eltern für ihre Kinder aus §§ 1626 Abs. 1, 1629 Abs. 1 BGB, oder die Vertretungsmacht des GmbH-Geschäftsführers für die GmbH, § 35 Abs. 1 GmbH-Gesetz.

b) Entstehung, Arten und Umfang der Vollmacht

Vertretungsmacht kann dem Vertreter durch RG eingeräumt werden, nämlich durch Erteilung einer Vollmacht, vgl. § 166 Abs. 2 Satz 1.

Die Vollmacht wird durch eine einseitige empfangsbedürftige WE erteilt. Dies kann nach § 167 Abs. 2 grundsätzlich formlos geschehen, sogar durch schlüssiges Verhalten (konkludent).

Den **Umfang der Vollmacht** bestimmt derjenige, der die Vollmacht erteilt. Der Vollmachtgeber (d. h. der Vertretene) kann beispielsweise die Vollmacht nur für ein bestimmtes, einzelnes Geschäft erteilen, für eine bestimmte Art von Geschäften oder für Geschäfte aller Art. Sie kann befristet erteilt werden. Der Vollmachtgeber kann dem Stellvertreter auch Weisungen erteilen und so dessen Spielraum mehr oder weniger einschränken.

Eine gesetzliche Einschränkung ergibt sich aus § 181: Der Stellvertreter kann i. d. R. nicht wirksam ein Geschäft zwischen sich selbst und dem Vollmachtgeber oder zwischen zwei Personen, die ihn beide bevollmächtigt haben, abschließen. Allerdings kann der Vollmachtgeber dem Stellvertreter dies gestatten und damit auch derartige „Insichgeschäfte" möglich machen. § 181 gilt übrigens für alle Stellvertreter, d. h. auch für Personen, die gesetzliche Vertretungsmacht haben. Mit dieser Vorschrift soll verhindert werden, dass der Stellvertreter seine Position zum eigenen Vorteil zu Lasten des Vertretenen ausnutzt.

Die Vollmachterteilung kann der Vollmachtgeber gegenüber dem Bevollmächtigten (Stellvertreter) erklären (man spricht dann von einer **Innenvollmacht**). Gemäß § 167 Abs. 1 ist es aber auch möglich, die Vollmachterteilung gegenüber demjenigen zu erklären, mit dem der Stellvertreter dann ein Geschäft abschließen soll (so genannte **Außenvollmacht**).

> **BEISPIEL:** ► für eine Außenvollmacht
>
> Bauherr Baum ruft beim Elektromeister Strom an, um mit ihm noch zusätzliche Wünsche für die Elektroinstallation zu besprechen. Strom ist gerade auf einer anderen Baustelle tätig und sagt deswegen zu Baum, er solle die Vereinbarungen über die Sonderwünsche mit dem gerade auf der Baustelle des Baum arbeitenden Gesellen des Strom treffen. Damit hat Strom dem Gesellen Außenvollmacht erteilt.

Abgesehen von der „normalen", durch eine WE erteilten Vollmacht gibt es noch weitere Vollmachtsarten, die Duldungsvollmacht und die Anscheinsvollmacht.

Duldungsvollmacht liegt vor, wenn jemand es wissentlich geschehen lässt, dass ein anderer für ihn als Stellvertreter auftritt, und der Geschäftspartner den Eindruck haben darf, eine Vollmacht sei erteilt.

> **BEISPIEL:** ► Geschäftsmann Dröge hat eine tüchtige Sekretärin, die ab und zu für ihn am Telefon günstige Geschäfte abschließt, ohne dass Dröge ihr jemals eine Vollmacht erteilt hätte. Dröge merkt das und tut nichts dagegen.

Anscheinsvollmacht ist gegeben, wenn jemand nicht bemerkt, dass ein anderer für ihn als Stellvertreter auftritt, es aber unter Anwendung der nötigen Sorgfalt hätte bemerken und verhindern können, und der Geschäftspartner den Eindruck haben darf, eine Vollmacht sei erteilt.

> **BEISPIEL:** ► Geschäftsmann Dröge bemerkt das eigenmächtige Abschließen von Geschäften durch seine Sekretärin noch nicht einmal. Die Geschäfte werden durch Dröge alle ausgeführt, weil er stets glaubt, er selbst habe das Geschäft am Telefon abgeschlossen.

c) Erlöschen und Fortbestehen der Vollmacht

Die Vollmacht erlischt, wenn sie widerrufen wird. Der Widerruf ist eine einseitige, empfangsbedürftige WE, in der zum Ausdruck kommt, dass nun keine Vollmacht mehr bestehen soll. Ein Widerruf ist gemäß § 168 Satz 2 jederzeit möglich.

Wie die Vollmacht selbst, so kann auch der Widerruf wahlweise gegenüber dem Bevollmächtigten (= Stellvertreter) oder gegenüber dem (potenziellen) Geschäftspartner erklärt werden. Wird eine Außenvollmacht nicht durch Erklärung gegenüber dem Geschäftspartner, sondern gegenüber dem Bevollmächtigten widerrufen, greift zugunsten des Geschäftspartners § 170 ein.

Die **Vollmacht erlischt** gemäß § 168 Satz 1 – ohne Widerruf –, **wenn das ihr zugrunde liegende RG endet**. Um dies zu verstehen, muss man sich Folgendes klarmachen: Eine Vollmacht kann zwar völlig unabhängig von sonstigen Rechtsbeziehungen zwischen Vollmachtgeber und Bevollmächtigtem erteilt werden. Normalerweise wird aber niemand aus heiterem Himmel einen anderen bevollmächtigen. Beide werden sich vielmehr – zumindest konkludent – darüber einigen, dass und auf welche Weise der Bevollmächtigte als Stellvertreter des Vollmachtgebers tätig werden soll. Soll dies unentgeltlich geschehen, so liegt damit ein Auftrag vor, § 662 BGB. Im Wirtschaftsleben ist der Bevollmächtigte natürlich meist entgeltlich tätig, etwa im Rahmen eines Dienst- (Arbeits-) Vertrages. Dieser Vertrag liegt dann der Vollmacht zugrunde. Hört er zu bestehen auf, so erlischt auch die Vollmacht.

Schließlich kann die Vollmacht – was nicht ausdrücklich im Gesetz steht – auch dadurch erlöschen, dass der Bevollmächtigte stirbt oder geschäftsunfähig wird.

Unter bestimmten Umständen kann die Vollmacht, obwohl eigentlich die Voraussetzungen für ihr Erlöschen erfüllt sind, fortbestehen.

Hier ist zunächst § 170 zu nennen: **War eine Außenvollmacht erteilt, so bleibt diese wirksam, bis der Geschäftspartner über das Erlöschen informiert wird.**

Noch wichtiger ist § 172: Oft erhält ja der Bevollmächtigte eine **Vollmachtsurkunde,** d. h. einfach ein vom Vollmachtgeber unterzeichnetes Schriftstück, auf dem steht, dass der Bevollmächtigte berechtigt ist, den Vollmachtgeber zu vertreten. Tritt der Bevollmächtigte nun als Stellvertreter auf und legt die Vollmachtsurkunde vor, so gilt er damit nach §§ 172, 171 Abs. 1 als bevollmächtigt – auch dann, wenn die Vollmacht längst erloschen ist. Nur wenn der Geschäftspartner weiß oder wissen muss, dass die Vollmacht erloschen ist, kann trotz Vollmachtsurkunde keine wirksame Stellvertretung stattfinden, § 173.

Wer dem Bevollmächtigten eine Vollmachtsurkunde ausgehändigt hat und nun die Vollmacht widerruft bzw. das zugrundeliegende Rechtsverhältnis (z. B. Arbeitsvertrag) mit dem Bevollmächtigten beendet, sollte sich also schleunigst darum kümmern, die Vollmachtsurkunde gemäß § 175 zurückzubekommen; ansonsten kann er weiter wirksam von dem früheren Bevollmächtigten vertreten werden!

2.9.3 Folgen wirksamer Stellvertretung

Liegen die Voraussetzungen der Stellvertretung vor, so ist **ausschließlich der Vertretene aus dem vom Stellvertreter abgeschlossenen Geschäft berechtigt und verpflichtet.** Der Vertretene steht genauso da, als hätte er die WE selbst abgegeben und nicht bloß sein Stellvertreter.

Für den Stellvertreter hat das Geschäft dagegen grundsätzlich keine Rechtsfolgen. Je nach den bestehenden Vereinbarungen/Rechtsverhältnissen zwischen Vertretenem und Stellvertreter können allerdings für den Stellvertreter durchaus Rechtsfolgen eintreten: Er mag sich eventuell eine Provision verdient haben oder sich durch Abschluss eines für den Vertretenen ungünstigen Geschäftes schadensersatzpflichtig gemacht haben.

Die Person des Stellvertreters spielt allerdings insofern eine Rolle, als nach § 166 Abs. 1 Willensmängel im Sinne von §§ 116 ff. nur dann Rechtsfolgen haben, wenn sie beim Stellvertreter vorgelegen haben. Der Vertretene kann also z. B. nicht mit der Begründung anfechten, er selbst habe sich geirrt, sondern nur mit der Begründung, der Stellvertreter sei einem Irrtum erlegen.

Gleiches gilt nach § 166 Abs. 1 für das Kennen oder Kennenmüssen bestimmter Umstände; auch hier ist die Kenntnis oder Unkenntnis des Vertreters entscheidend.

BEISPIEL: Der 17-jährige Armin schließt ohne Einverständnis seiner Eltern beim Autohändler Versen einen Kaufvertrag über einen neuen Ford Ka ab. Er spricht dabei nicht mit dem Autohändler Versen selbst, sondern mit dem vertretungsberechtigten Angestellten Stell. Der Angestellte Stell weiß nicht, dass Armin erst 17 ist; wohl aber weiß dies der Versen. Der Autohändler Versen kann den Vertrag nach § 109 Abs. 1 Satz 1 widerrufen; hätte er selbst mit Armin gesprochen, könnte er dies nach § 109 Abs. 2 nicht.

§ 166 Abs. 2 verhindert, dass sich jemand eines arglosen Vertreters bedient, um ein Geschäft abzuschließen, dessen Rechtsfolgen er selbst sich wegen der Kenntnis bestimmter Umstände nicht zunutze machen könnte.

2.9.4   Folgen fehlender Vertretungsmacht

2.9.4.1   Vorliegen einer Vertretung ohne Vertretungsmacht

§§ 177 ff. regeln die Rechtsfolgen für die Fälle, in denen jemand als Stellvertreter eine WE abgibt, ohne für die Abgabe dieser WE Vertretungsmacht zu haben.

Zunächst ist stets zu prüfen, ob aufgrund irgendeines Tatbestandes (vgl. oben 2.9.2) Vertretungsmacht vorliegt; Vertretungsmacht kann gemäß §§ 170 ff. durchaus gegen den Willen des Vertretenen bestehen.

Ohne Vertretungsmacht handelt der bevollmächtigte Stellvertreter, wenn er den ihm durch die Vollmacht gesetzten Rahmen überschreitet.

BEISPIEL: ➤ Herr Schwab schickt seine Haushaltshilfe los, um in seinem Namen einen neuen Staubsauger für maximal 50 € zu kaufen. Die Haushaltshilfe kauft im Namen des Schwab den billigsten Staubsauger, den sie bekommen kann, für 79 €. Sie handelt damit als Vertreterin ohne Vertretungsmacht.

2.9.4.2   Genehmigung des Vertrages durch den Vertretenen

Nach § 177 Abs. 1 steht es dem beim Vertragsabschluss von einem Stellvertreter ohne Vertretungsmacht Vertretenen frei, zu genehmigen. Der Vertrag zwischen dem Vertretenen und dem Geschäftspartner ist bis zur Genehmigung durch den Vertretenen **„schwebend unwirksam"**. Genehmigt der Vertretene, wird der Vertrag gemäß § 184 Abs. 1 rückwirkend wirksam.

Gemäß §§ 177 Abs. 2, 178 hat der Geschäftspartner die Möglichkeit, bis zur Genehmigung seinerseits zu widerrufen oder den Vertretenen zur Entscheidung zu zwingen.

Die Regelungen in §§ 177, 178 entsprechen übrigens fast wörtlich den Regelungen für einen vom Minderjährigen ohne Einwilligung des gesetzlichen Vertreters geschlossenen Vertrag (§§ 108, 109).

2.9.4.3   Haftung des Vertreters ohne Vertretungsmacht

Genehmigt der Vertretene nicht, so haben der Vertretene und der Geschäftspartner gegeneinander keine Rechte und Pflichten.

Dafür **haftet der Stellvertreter dem Geschäftspartner** nach § 179 BGB.

In der Praxis wichtig ist der in § 179 Abs. 1 enthaltene Passus „sofern er nicht seine Vertretungsmacht nachweist". Der Geschäftspartner kann also gegen den Stellvertreter Klage erheben und muss nun nicht etwa beweisen, dass die Vertretungsmacht fehlte; will der Stellvertreter sich seiner Haftung entziehen, muss er vielmehr seinerseits nachweisen, dass Vertretungsmacht bestand.

Der Geschäftspartner kann sich gemäß § 179 Abs. 1 BGB aussuchen, ob er von dem Vertreter ohne Vertretungsmacht Erfüllung des geschlossenen Vertrages oder Schadensersatz wegen Nichterfüllung verlangt.

Verlangt der Geschäftspartner **Erfüllung**, so hat der Stellvertreter im Wesentlichen die Rechte und Pflichten einer Vertragspartei. Praktisch ist die Lage dann die gleiche, als wenn der Stellvertreter gar nicht als Stellvertreter aufgetreten wäre, sondern den Vertrag im eigenen Namen abgeschlossen hätte.

Nur von theoretischer Bedeutung ist, dass auch nach dem Erfüllungsverlangen gemäß § 179 Abs. 1 ein Vertrag zwischen dem Stellvertreter und dem Geschäftspartner nicht besteht und der Stellvertreter keinen eigenen Erfüllungsanspruch hat. Denn wenn der Geschäftspartner Erfüllung verlangt, kann – bei einem gegenseitigen Vertrag – der Stellvertreter gemäß § 320 BGB die Erfüllung verweigern, wenn der Geschäftspartner nicht auch seinerseits erfüllt.

Verlangt der Geschäftspartner **Schadensersatz** (= Schadensersatz wegen Nichterfüllung), so muss der Stellvertreter ihn wirtschaftlich so stellen, als hätte der Vertretene den Vertrag erfüllt (d.h. den Erfüllungsschaden ersetzen). Wusste der Stellvertreter allerdings selbst nichts vom Fehlen der Vertretungsmacht, so hat er gemäß § 179 Abs. 2 nur den Vertrauensschaden zu ersetzen (zum Erfüllungs- und Vertrauensschaden s.s. oben 2.5.7 und unten 3.2.4).

Ausgeschlossen ist jegliche Haftung des Vertreters ohne Vertretungsmacht, sofern der Geschäftspartner wusste oder wissen musste, dass keine Vertretungsmacht bestand, § 179 Abs. 3 Satz 1. Ebenso ausgeschlossen ist die Haftung eines beschränkt geschäftsfähigen (d.h. 7-17 Jahre alten) Vertreters, § 179 Abs. 3 Satz 2. In diesen Fällen hat der Geschäftspartner weder Ansprüche gegen den angeblich Vertretenen noch gegen den Vertreter ohne Vertretungsmacht.

TAB. 2:	Übersicht zur Stellvertretung

I. Anspruch gegen den Geschäftsherrn

Anspruchsgrundlage: Geschlossener Vertrag (z. B. § 433 II BGB), nicht etwa § 164 BGB

1. eigene WE des Stellvertreters	- abzugrenzen vom Boten (nur bei entsprechenden Anhaltspunkten)

2. Handeln im Namen des Vertretenen:
- unternehmensbezogenes Geschäft
- Geschäft für den, den es angeht
- Handeln unter fremdem Namen
  (sofern es auf den Namensträger ankommt)
	keine Fälle der Stellvertretung:
	- mittelbare Stellv. (Strohmann)
	- Handeln unter fremdem Namen
	  (sofern es auf den Namensträger nicht
	  ankommt)

3. Vertretungsmacht

      a) Gesetzliche Vertretungsmacht

      b) Vollmacht

            aa) Innenvollmacht

                 Außenvollmacht

            bb) ausdrücklich erteilt

                 konkludent erteilt

                 Duldungsvollmacht

                 Anscheinsvollmacht

            cc) bei Erlöschen:

                 Fortwirken nach §§ 170-172 BGB?

4. Falls Vertretungsmacht fehlt:
   Genehmigung, § 177 I BGB?

Rechtsfolge: Geschäftsherr muss den Vertrag erfüllen.

II. Anspruch gegen den Stellvertreter

Anspruchsgrundlage: § 179 I BGB i. V. m. dem geschlossenen Vertrag (z. B. § 433 II BGB)

1. Auftreten wie ein Stellvertreter, d. h. Voraussetzungen oben 1. und 2. müssen erfüllt sein
   (oder Auftreten wie ein Bote, hier entsprechende Anwendung)

2. Keine wirksame Stellvertretung, d. h. weder Vertretungsmacht (oben 3.) noch Genehmigung
   (oben 4.) liegen vor

3. Ausnahmetatbestände gem. § 179 III BGB greifen nicht ein
   (muss nur bei entsprechenden Anhaltspunkten geprüft werden)

Rechtsfolge: Stellvertreter muss den Vertrag erfüllen oder Schadensersatz leisten
(Vertragspartner kann wählen)

Nun können der Fall 3 und der Fall 4 (Kapitel Klausurtechnik und Fallbearbeitung) gelöst werden!

2.10 Verjährung und Verwirkung

2.10.1 Die Verjährung

Nach § 194 Abs. 1 unterliegen Ansprüche der Verjährung. Im Interesse des Rechtsfriedens sollen Ansprüche nicht zeitlich unbegrenzt geltend gemacht werden können. Je länger ein Ereignis zurückliegt, desto schwerer lässt sich ja meist im Prozess feststellen, welche Partei im Recht ist, und desto größer wird die Gefahr, dass die Partei, die eigentlich im Recht ist, den Prozess verliert. Die Verjährung bietet demjenigen Schutz, der erst nach langer Zeit − gleichgültig ob zu Recht oder Unrecht − in Anspruch genommen wird. **Verjährung ist der Zeitablauf, der für den in Anspruch genommenen das Recht begründet, die Leistung zu verweigern.**

Verjähren können nur **Ansprüche**; die so genannten absoluten Rechte (v. a. Eigentum) bleiben dagegen im Prinzip zeitlich unbegrenzt bestehen.

2.10.1.1 Wirkung der Verjährung

Gemäß § 214 Abs. 1 ist nach Eintritt der Verjährung der zur Leistung Verpflichtete berechtigt, die Leistung zu verweigern.

Natürlich darf sich nach Ablauf der Verjährungsfrist auch auf Verjährung berufen, wer überhaupt nicht zu der Leistung verpflichtet ist; manchmal lässt sich auf diese Weise eine unbegründet erhobene Klage viel leichter abwehren als durch Streiten um die Fragen, ob ein Anspruch zunächst entstanden oder irgendwie untergegangen ist.

Die Verjährung führt nicht zum Erlöschen des Anspruchs, sie gibt vielmehr nur ein Leistungsverweigerungsrecht, eine **Einrede**. Das bedeutet: Wer zur Leistung verpflichtet ist, bleibt auch nach Ablauf der Verjährungsfrist zur Leistung verpflichtet. Die Verjährung tritt nicht „automatisch" ein. Der in Anspruch genommene muss sich vielmehr im Prozess auf Verjährung berufen (anders ausgedrückt: er muss die Einrede der Verjährung erheben), um den Prozess zu gewinnen. Beruft er sich nicht auf Verjährung, so spielt die Verjährung keine Rolle, mag auch noch so viel Zeit vergangen sein.

Die Verjährung hilft nicht, wenn der zur Leistung verpflichtete seine Leistung erbracht − also z. B. schon gezahlt − hat, mag dies auch nach Ablauf der Verjährungsfrist geschehen sein. § 214 Abs. 2 Satz 1 schließt ausdrücklich aus, dass das Geleistete wegen Verjährung zurückgefordert wird.

2.10.1.2 Voraussetzungen der Verjährung/Verjährungsfristen

Im Prinzip einzige Voraussetzung der Verjährung ist der Ablauf einer bestimmten Zeitspanne.

Diese Zeitspanne, die **Verjährungsfrist**, beträgt nach § 195 **i. d. R. 3 Jahre**. Es gibt allerdings einige Ausnahmen:

a) 6 Monate Verjährungsfrist sind in §§ 548, 606, 1057 vorgesehen.

b) In 2 Jahren verjähren gemäß § 438 Nacherfüllungs- und Schadensersatzansprüche beim Verkauf einer beweglichen Sache; gleiches gilt für Arbeiten an einer Sache im Rahmen eines Werkvertrags, § 634a.

c) 5 Jahre Verjährungsfrist gelten gemäß § 634a für Ansprüche wegen Baumängeln.

d) Erst nach 10 Jahren verjähren gemäß § 196 Ansprüche auf Übertragung von Rechten an Grundstücken und auf die hierfür geschuldete Gegenleistung.

e) Sogar 30 Jahre beträgt die Verjährungsfrist für Herausgabeansprüche aus Eigentum sowie familien- und erbrechtliche Ansprüche, § 197 Abs. 1.

Ist das **Bestehen eines Anspruchs gerichtlich festgestellt**, verjährt er gemäß § 197 Abs. 1 Nr. 3 erst in **30 Jahren**, selbst wenn eigentlich eine der kürzeren Verjährungsfristen anwendbar wäre.

Die **Verjährung beginnt** nach § 199 mit dem **Schluss des Jahres**, in dem der **Gläubiger** von den den Anspruch begründenden Umständen **Kenntnis erlangt** oder ohne grobe Fahrlässigkeit erlangen müsste.

> **BEISPIEL:** Kaufmann Lahm hat Windig am 13. 1. 2010 Waren verkauft. Windig zahlt nicht. Wenn Lahm am 2. 2. 2013 Zahlungsklage gegen Windig erhebt, kann Windig sich nicht auf Verjährung berufen, denn die 3 Jahre Verjährungsfrist (§ 195) haben erst Ende 2010 zu laufen begonnen (und nicht schon am 13. 1. 2010).

Da Verjährung nur eintreten kann, wenn der Gläubiger die Umstände kennt (oder kennen müsste), auf die er seinen Anspruch stützt, kann der Schuldner sich u. U. über viele Jahre hinweg nicht in Sicherheit wiegen.

> **BEISPIEL:** Ein Angestellter hat eigenmächtig in seinen Büroschreibtisch ein Geheimfach eingebaut und hierdurch den Schreibtisch beschädigt. Der Arbeitgeber merkt das erst nach 11 Jahren, als der Angestellte aus dem Unternehmen ausscheidet. Die Verjährung würde nach § 199 Abs. 1 jetzt erst zu laufen beginnen, so dass dem Arbeitgeber noch Schadensersatz zustehen würde, ohne dass der Angestellte Verjährung geltend machen könnte.

Hier sieht das Gesetz eine **Höchstgrenze** vor: Nach § 199 Abs. 4 tritt die Verjährung unabhängig von der Kenntnis oder dem Kennenmüssen auf Seiten des Gläubigers spätestens 10 Jahre nach Entstehung des Anspruchs ein, bei Beeinträchtigung höchstpersönlicher Rechtsgüter (Leben, Gesundheit, Freiheit) allerdings erst nach 30 Jahren, § 199 Abs. 2.

Somit könnte sich der Angestellte im obigen Beispiel doch auf Verjährung berufen.

2.10.1.3 Hemmung und Unterbrechung der Verjährung

Der Zeitraum zwischen Entstehung des Anspruchs und Eintritt der Verjährung kann sich durch Hemmung oder Unterbrechung der Verjährung verlängern.

Hemmung bedeutet gemäß § 209, dass ein bestimmter Zeitraum in die Verjährungsfrist nicht eingerechnet wird. In Frage kommt nach § 205 vor allem ein Zeitraum, in dem die Leistung **gestundet** ist: Haben der Anspruchsteller und der zur Leistung Verpflichtete vereinbart, dass die Leistung erst später erfolgen muss als ursprünglich vorgesehen, so schadet dies dem Anspruchsteller nicht.

> **BEISPIEL:** Kaufmann Großmut verkauft dem alten Kunden Klamm eine Maschine. Nach 10 Monaten hat Klamm immer noch nicht gezahlt und bittet um Aufschub. Großmut lässt sich erweichen und erklärt sich bereit, noch zwei weitere Jahre zu warten. Auch diese Jahre vergehen, ohne dass Klamm zahlt. Großmut hält sich noch ein weiteres Jahr zurück und erhebt dann erst Klage. Klamm beruft sich auf Verjäh-

rung, weil ja inzwischen fast vier Jahre vergangen sind. Verjährung ist aber nicht eingetreten, denn die Jahre, in denen der Kaufpreis gestundet war, zählen wegen Hemmung der Verjährung nicht mit.

Zur Hemmung der Verjährung führen auch **Verhandlungen** zwischen Schuldner und Gläubiger, § 203 BGB. Will der Schuldner den Weiterlauf der Verjährungsfrist erreichen, so muss er definitiv und unmissverständlich eine Fortsetzung der Verhandlungen verweigern; selbst dann hat der Gläubiger aber gemäß § 203 Satz 2 noch mindestens 3 Monate Zeit, Klage zu erheben.

Ebenfalls eine Hemmung bewirken **Klageerhebung** bzw. Mahnbescheid (§ 204 Abs. 1 Nr. 1, Nr. 3) sowie zahlreiche weitere, in § 204 aufgezählte Möglichkeiten prozessualen Vorgehens.

Unterbrechung der Verjährung hat zur Folge, dass die Verjährung nach der Unterbrechung wieder ganz von neuem zu laufen beginnt, § 212. Unterbrochen wird die Verjährung durch **Anerkenntnis** des zur Leistung Verpflichteten (§ 212 Abs. 1 Nr. 1) sowie gemäß § 212 Abs. 1 Nr. 2 durch Vollstreckungshandlungen.

2.10.2 Die Verwirkung

Verwirkung ist im Gesetz nicht ausdrücklich geregelt; man muss sich hier auf Treu und Glauben (§ 242) stützen. In der Praxis wird Verwirkung selten bejaht, am ehesten noch im Mietrecht.

Ein Recht ist verwirkt, wenn der Berechtigte es längere Zeit nicht geltend gemacht hat und sich der Verpflichtete aufgrund des Verhaltens des Berechtigten darauf einstellen durfte und auch eingestellt hat, der Berechtigte werde das Recht nicht mehr geltend machen.

Die Verwirkung setzt also ein Zeitmoment und ein Umstandsmoment voraus.

Das **Zeitmoment** lässt sich – anders als bei der Verjährung – nicht exakt vorausberechnen. Es gibt keine „Verwirkungsfrist". Damit zeitlich Verwirkung in Frage kommen kann, braucht zwar nicht so viel Zeit vergangen zu sein wie bei der Verjährung, aber doch ein recht langer Zeitraum.

Das **Umstandsmoment** kann in einem beliebigen Verhalten des Berechtigten liegen, aufgrund dessen der Verpflichtete berechtigterweise annehmen kann, dass das Recht nicht mehr geltend gemacht wird. Reines Nichtstun reicht nicht (andernfalls würde man ja mit der Rechtskonstruktion „Verwirkung" die Verjährungsvorschriften unterlaufen).

BEISPIEL: ▸ Ein Mieter kann dadurch, dass er trotz Mängeln der Wohnung – z. B. Feuchtigkeitsschäden – weiterhin vorbehaltlos die Miete zahlt, sein Recht auf Mietminderung verlieren.

Ein großer Unterschied zur Verjährung liegt darin, dass sich der in Anspruch genommene im Prozess nicht eigens auf Verwirkung zu berufen braucht; das Gericht prüft die Frage der Verwirkung auch, wenn die Parteien nicht auf diese Idee gekommen sind.

3. BGB – Schuldrecht, Allgemeiner Teil

3.1 Schuldrecht und Schuldverhältnis

Das Schuldrecht ist in §§ 241 ff. BGB geregelt. Dabei behandeln die §§ 241-432 allgemeine Regeln, die für alle Schuldverhältnisse gelten ("Allgemeines Schuldrecht"). Die §§ 433-853 regeln Schuldverhältnisse im Einzelnen, z. B. Kauf, Miete, Schadensersatz wegen unerlaubter Handlung ("Besonderes Schuldrecht"). Auch außerhalb des BGB-Schuldrechts gibt es schuldrechtliche Bestimmungen, die zentralen Normen sind aber im Schuldrechtsteil des BGB enthalten.

Ein **Schuldverhältnis besteht, wo eine Person von einer anderen eine Leistung verlangen kann**, § 241 Abs. 1 BGB. Derjenige, der berechtigt ist, eine Leistung zu fordern, heißt **Gläubiger,** der zur Leistung Verpflichtete ist der Schuldner. Im Rahmen eines gegenseitigen Vertrages (z. B. Kaufvertrag) kann jeder der beiden Beteiligten vom anderen eine Leistung verlangen, ist aber umgekehrt auch zu einer Leistung verpflichtet; beide sind also Gläubiger und Schuldner in einer Person.

Nur weil ein Schuldverhältnis besteht, hat der Gläubiger noch kein Recht (insbesondere kein Eigentum!) an dem Gegenstand, den er vom Schuldner fordern kann. Sachenrechtlich bleibt der geforderte Gegenstand so lange dem Schuldner zugeordnet, bis dieser die Forderung erfüllt. D. h. zum Beispiel, dass nach Abschluss eines Kaufvertrages zwar der Käufer (als Gläubiger) vom Verkäufer (Schuldner) die Übergabe der Kaufsache verlangen kann, der Verkäufer jedoch so lange Eigentümer der Kaufsache bleibt, bis der Verkäufer die Kaufsache an den Käufer übergibt und beide sich einig sind, dass nun der Käufer Eigentümer sein soll (vgl. § 929 BGB).

Leistet der Schuldner nicht freiwillig, kann der Gläubiger vor Gericht gegen den Schuldner Klage erheben und, nachdem der Schuldner vom Gericht zur Leistung verurteilt worden ist, die Zwangsvollstreckung gegen den Schuldner betreiben.

Vom Schuldverhältnis zu unterscheiden ist das **Gefälligkeitsverhältnis**. Ein Gefälligkeitsverhältnis unterscheidet sich vom Schuldverhältnis dadurch, dass derjenige, der eine Leistung erbringen soll, sich beim Gefälligkeitsverhältnis **rechtlich nicht binden** will. Dies ist entsprechend den Regeln des Allgemeinen Teils des BGB nach dem Empfängerhorizont zu beurteilen (vgl. oben 2.3.5). Bei einer unentgeltlichen Tätigkeit und gesellschaftlich üblichen Gefallen (z. B. Mitnehmen eines Kommilitonen zum Bahnhof; anders kann allerdings eine regelmäßige Fahrgemeinschaft zu beurteilen sein) wird meist von einem Gefälligkeitsverhältnis auszugehen sein; dagegen spricht ein eigenes wirtschaftliches Interesse des Leistenden und ein hoher Wert der Sache, um die es geht, für ein Schuldverhältnis. Bei einem Gefälligkeitsverhältnis (darunter fällt z. B. auch eine Einladung zum Abendessen) entsteht keine Verpflichtung zur Leistung.

3.2 Die Arten der Schuldverhältnisse

3.2.1 Holschuld – Bringschuld – Schickschuld/Geldschuld

Schuldverhältnisse unterscheiden sich nach dem Ort, an dem der Schuldner erfüllen muss (Leistungsort).

Bei der **Holschuld** (gesetzlicher Regelfall gemäß § 269 Abs. 1 BGB) muss der Schuldner an seinem eigenen Wohn- bzw. Geschäftssitz erfüllen, bei der **Bringschuld** dagegen am Wohn- bzw. Geschäftssitz des Gläubigers.

Die **Schickschuld** (wichtigster Fall ist die Geldschuld, §§ 244, 270 BGB) zeichnet sich dadurch aus, dass der Schuldner (wie bei der Holschuld) an seinem eigenen Sitz leisten muss, aber nicht bloß durch Bereithalten des geschuldeten Gegenstandes, sondern durch Absendung an den Gläubiger. Bei der **Geldschuld** trägt der Schuldner – anders als bei der normalen Schickschuld – die Gefahr des Untergangs auf dem Transportweg, d. h. wenn das Geld nicht ankommt, muss der Schuldner nochmals Geld absenden.

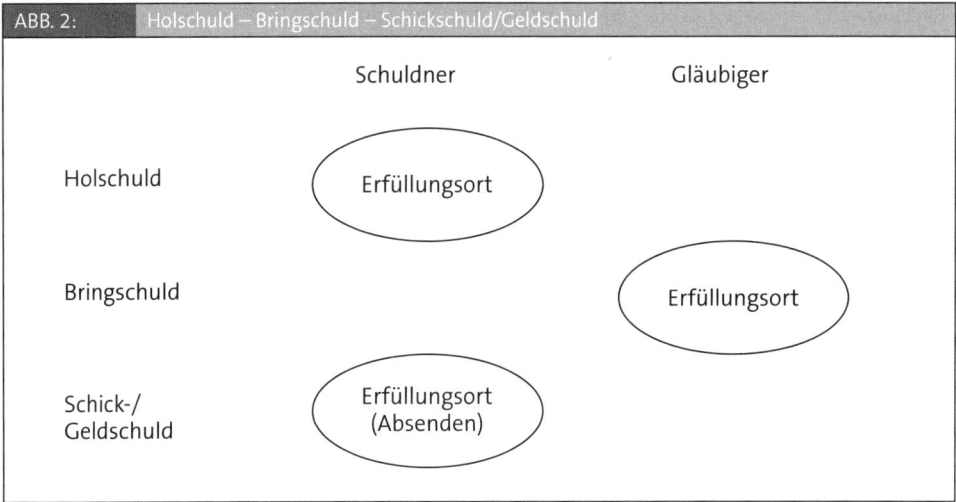

ABB. 2:   Holschuld – Bringschuld – Schickschuld/Geldschuld

3.2.2 Stückschuld – Gattungsschuld

Gesetzlicher Regelfall ist die Stückschuld, bei der der Schuldner einen bestimmten Gegenstand schuldet (z. B. beim Verkauf eines soeben besichtigten Gebrauchtwagens).

Bei der **Gattungsschuld** (§ 243 BGB) ist der zu leistende Gegenstand dagegen nur nach allgemeinen, gattungsmäßigen Merkmalen bestimmt (z. B. ein neuer PKW VW Passat mit bestimmten Ausstattungskriterien gemäß Katalog). Bei der Gattungsschuld steht es dem Gläubiger frei, irgendeine Sache zu leisten, die den bestimmten Kriterien entspricht (der Kfz-Händler darf also seinem Kunden einen beliebigen der baugleich vom Band rollenden VW Passat liefern). Die Gattungsschuld verwandelt sich durch **Konkretisierung** in eine Stückschuld, d. h. dann, wenn der Schuldner das zur Leistung einer Sache von mittlerer Art und Güte seinerseits Erforderliche getan hat, § 243 Abs. 2 BGB (z. B. liegt von dem Moment an eine Stückschuld vor, in dem der Händler den VW Passat auf den Hof stellt und den Kunden benachrichtigt hat, dass der Wagen eingetroffen ist).

3.2.3   Einseitige Verpflichtungen – gegenseitige Verpflichtungen

Oft kann von zwei Personen nur die eine etwas von der anderen verlangen, d. h. es besteht eine **einseitige Verpflichtung**. Typische Fälle sind die Verpflichtung zum Schadensersatz wegen unerlaubter Handlung (z. B. ist natürlich nur der Dieb dem Bestohlenen gegenüber zur Rückgabe bzw. Zahlung verpflichtet, wogegen der Dieb vom Bestohlenen nichts verlangen kann) und die Schenkung.

Aus gegenseitigen Verträgen können **gegenseitige Verpflichtungen** entstehen (z. B. muss beim Kaufvertrag der Verkäufer dem Käufer die gekaufte Sache übergeben und übereignen, und der Käufer muss den Kaufpreis zahlen). Als gegenseitig zählen die Verpflichtungen nur, wenn der eine Vertragspartner sich gerade deshalb verpflichtet hat, weil er seinerseits die Gegenleistung haben möchte. Hingegen liegt keine gegenseitige Verpflichtung vor, wenn beide Parteien sich gegenseitig aus unterschiedlichen Gründen etwas schulden.

BEISPIEL: Ein Kunde bringt den ihm gehörenden Wagen zum Autohändler im Rahmen der Garantie in Reparatur. Nun muss der Autohändler ihm den Wagen reparieren und wieder zurückgeben. Der gleiche Kunde schuldet dem Autohändler noch einen Teil des Kaufpreises für ebendiesen Wagen. Beide Verpflichtungen sind **nicht gegenseitig**, denn Gegenleistung für die Kaufpreiszahlung war ja, dass der Händler dem Kunden das Eigentum an dem Wagen verschafft hat.

3.2.4   Punktuell zur erfüllende Verpflichtungen – Dauerschuldverhältnisse

Die meisten Schuldverhältnisse müssen punktuell erfüllt werden, d. h. durch eine einzige, zeitlich nicht messbare Handlung (so z. B. die Zahlung einer Geldsumme oder die Übereignung der gekauften Sache). Es gibt aber auch Verträge, die auf längere Zeit angelegt sind und die deshalb als Dauerschuldverhältnisse bezeichnet werden. Zu den Dauerschuldverhältnissen gehören v. a. Mietvertrag, Dienstvertrag, Gesellschaft und Verträge über den Dauerbezug von Leistungen (Wasser, Strom, Gas…). Typisch für Dauerschuldverhältnisse ist, dass sie nur mit Wirkung für die Zukunft beendet werden können und beiden Parteien bei Eintritt wichtiger Gründe ein außerordentliches Kündigungsrecht zusteht (§ 314; vgl. etwa § 543; das Recht zur außerordentlichen Kündigung ist unabdingbar, d. h. es kann i. d. R. durch Vertrag nicht im Voraus ausgeschlossen werden).

3.2.5   Schadensersatzverpflichtungen

Schaden im Sinne des BGB ist nur der Schaden am **Vermögen**, sofern das Gesetz nicht ausdrücklich etwas anderes bestimmt, § 253 BGB.

Ob etwas als Vermögensschaden anzusehen ist, bestimmt sich danach, ob die erlittene Einbuße gemeinhin als „geldwert" angesehen wird. Entgangene Gebrauchsvorteile einer Sache können einen Schadensersatzanspruch rechtfertigen, wenn es sich um einen Gegenstand handelt, auf dessen ständige Verfügbarkeit der Geschädigte angewiesen ist (z. B. Kraftfahrzeug, nicht aber z. B. ein Reitpferd).

Wer zum Schadensersatz verpflichtet ist, muss nach § 249 BGB grundsätzlich den vorherigen Zustand wiederherstellen.

Bei vertraglichen Schuldverhältnissen wichtig sind der **Schadensersatz wegen Nichterfüllung** (Erfüllungsschaden, auch „positives Interesse" oder „Schadensersatz statt der Leistung" genannt) und der **Vertrauensschaden** (negatives Interesse). Schadensersatz wegen Nichterfüllung bedeutet, dass der Vertragspartner vermögensmäßig so zu stellen ist, als wäre der Vertrag erfüllt worden. Muss hingegen nur der Vertrauensschaden ersetzt werden (z. B. bei der Anfechtung wegen Irrtums, § 122 BGB), so kann der Geschädigte nur die eigenen aufgewendeten Kosten verlangen sowie eventuell Ersatz dafür, dass ihm ein anderes Geschäft entgangen ist, weil er das Geschäft abgeschlossen hat, aus welchem der Vertragspartner nun zum Schadensersatz verpflichtet ist.

Regelmäßig haftet der Schuldner nur dann, wenn er den Schaden **verschuldet** hat, d. h. nach § 276 Abs. 1 Satz 1 bei Vorsatz und Fahrlässigkeit. Auch das Verschulden seiner Hilfspersonen, der sog. **Erfüllungsgehilfen,** muss sich der Schuldner nach § 278 Satz 1 zurechnen lassen.

3.3 Inhalt und Beendigung des Schuldverhältnisses

3.3.1 Inhalt

Der Schuldner kann zu einem **Unterlassen** (z. B. Nicht-Verkauf einer Sache an einen Dritten, Unterlassen von Wettbewerb) oder **Tun** verpflichtet sein. Dabei kann es sich sowohl um rechtsgeschäftliches Handeln als auch um einfaches Tun oder einen bestimmten Erfolg handeln.

Die Leistung muss **bestimmt** oder zumindest bestimmbar sein. Es muss sich feststellen lassen, wozu genau der Schuldner verpflichtet sein soll.

Aus dem Schuldverhältnis können sich Hauptpflichten und Nebenpflichten ergeben.

Hauptpflicht ist die Pflicht, die geschuldete Leistung zu erbringen (z. B. die Kaufsache zu übergeben und zu übereignen).

Nebenpflichten gibt es z. B. in Form von Mitwirkungspflichten, Schutzpflichten und Aufklärungspflichten. Diese werden aus dem Grundsatz von Treu und Glauben (§ 242 BGB) abgeleitet und sind in § 241 Abs. 2 BGB normiert. Sie sind insofern wichtig, als bei Verletzung derartiger Pflichten durch den einen Teil der andere Schadensersatz verlangen kann, wenn aufgrund der Pflichtverletzung ein Schaden entsteht.

> **BEISPIEL:** ▶ Eine Bank verabredet mit ihrem Kunden eine Umschuldung mit dem Ergebnis einer hohen Belastung für den Kunden, ohne den Kunden darüber aufzuklären, dass es für ihn günstigere Möglichkeiten gäbe. Hier kann die Bank u. U. wegen Verletzung der Aufklärungspflicht zum Schadensersatz verpflichtet sein, d. h. sie muss dem Kunden die Differenz zwischen dem vereinbarten Zinssatz und dem günstigeren Zinssatz erstatten.

Der **Ort,** an dem die Leistung zu erbringen ist, hängt davon ab, ob es sich um eine Holschuld, Bringschuld oder Schickschuld handelt (vgl. oben 3.2.1).

Leistungszeit ist nach § 271 Abs. 1 BGB i. d. R. sofort, d. h. die Leistung ist sofort nach Entstehen des Schuldverhältnisses fällig, wenn sich nicht aus dem Gesetz oder zwischen den Parteien getroffenen Vereinbarungen etwas anderes ergibt. **Fälligkeit** bedeutet, dass der Gläubiger die Leistung verlangen kann. Auch wenn die Leistung noch nicht fällig ist, darf der Schuldner i. d. R. schon erfüllen (§ 271 Abs. 2).

3.3.2 Beendigung des Schuldverhältnisses

Das Schuldverhältnis beenden können:

► Erfüllung

► Erfüllungssurrogate

► Aufrechnung

► Erlass

► Umwandlung des Schuldverhältnisses

► Rücktritt

► Kündigung

Das Schuldverhältnis endet i. d. R. damit, dass der Schuldner die geschuldete Leistung bewirkt, d. h. durch **Erfüllung** (§ 362 BGB). Dazu genügt es normalerweise nicht, dass der Schuldner eine bestimmte Handlung vornimmt (außer wenn er eben nur zu dieser Handlung verpflichtet ist), sondern es muss auch ein Leistungserfolg eintreten (z. B. muss der Käufer Eigentümer der Kaufsache werden).

An die Stelle der Erfüllung kann – sofern die Parteien dies so wollen oder es gesetzlich so geregelt ist – ein **Erfüllungssurrogat** treten: Leistung an Erfüllungs statt (§ 364 BGB), Hinterlegung unter Ausschluss der Rücknahme (§§ 378, 372 ff. BGB).

In der Praxis wichtig ist die **Aufrechnung** (§§ 387 ff. BGB). Aufrechnung ist die wechselseitige Tilgung zweier sich gegenüberstehender Forderungen durch einseitige, empfangsbedürftige Willenserklärung. Die Forderungen müssen nicht gegenseitig (vgl. oben 3.2.3), sondern bloß wechselseitig sein, d. h. es braucht kein gegenseitiger Vertrag vorzuliegen, damit aufgerechnet werden kann! Die Aufrechnung hat das Erlöschen der Forderungen, soweit sie betragsmäßig übereinstimmen, zur Folge (d. h. wenn der Aufrechnende mit einer Forderung von 2.000 € gegen eine Forderung von 1.500 € aufrechnet, bleibt nach der Aufrechnung noch eine Forderung von 500 € zu seinen Gunsten übrig).

Voraussetzungen sind Aufrechnungslage und Aufrechnungserklärung.

Eine **Aufrechnungslage** liegt vor, wenn sich zwei Personen wechselseitig gleichartige, fällige Leistungen schulden. Gleichartig sind alle Geldforderungen (sowie, was in der Praxis kaum eine Rolle spielt, Forderungen auf Leistung gleichartiger Sachen). Dagegen liegt keine Gleichartigkeit vor, wenn auf der einen Seite eine Forderung auf Leistung einer bestimmten Sache oder eines Tuns vorliegt und auf der anderen Seite eine Forderung auf Leistung einer anderen Sache, eines anderen Tuns oder eine Geldforderung, mag auch der Wert beider Forderungen gleich sein. Die Aufrechnung darf auch nicht ausgeschlossen sein; insbesondere kann der Schuldner nur mit einer Forderung aufrechnen, wenn seiner Forderung keine Einrede entgegensteht (§ 390 BGB).

Eine **Aufrechnungserklärung** ist die Erklärung gegenüber dem anderen Teil, dass aufgerechnet wird; sie darf nach § 388 BGB nicht unter einer Bedingung oder Befristung abgegeben werden und ist unwiderruflich.

Außerdem kann das Schuldverhältnis damit enden, dass der Gläubiger dem Schuldner die Schuld **erlässt** (§ 397 BGB) oder beide einverständlich das Schuldverhältnis in ein anderes Schuldverhältnis **umwandeln.**

Von großer Bedeutung sind **Rücktritt** und **Kündigung,** die allerdings unter Umständen zunächst noch bestimmte Pflichten aus dem Schuldverhältnis bestehen lassen. Beide sind einseitige, empfangsbedürftige Willenserklärungen und **nur bei vertraglichen Schuldverhältnissen möglich.** Es kann im Einzelfall schwierig sein, zu unterscheiden, ob Rücktritt, Kündigung oder eventuell sogar eine Anfechtung gemeint ist (so wenn jemand erklärt, er „sehe sich vertraglich nicht mehr gebunden"). Die Unterscheidung ist wichtig, da sich aus Rücktritt und Kündigung oftmals verschiedene Rechtsfolgen ergeben.

Ein **Rücktritt** ist nur möglich, wenn ein Rücktrittsrecht – ausnahmsweise – vertraglich vereinbart ist oder das Gesetz ausdrücklich ein Rücktrittsrecht gewährt. Ziel des Rücktritts ist es, den vor Vertragsschluss bestehenden Zustand wiederherzustellen, d. h. das Schuldverhältnis rückwirkend zu beseitigen. Durch Rücktritt verwandelt sich das Schuldverhältnis in ein **Rückgewährschuldverhältnis** (§ 346 BGB). Soweit die vertraglich ursprünglich geschuldeten Leistungen noch nicht erbracht sind, müssen sie aufgrund des Rücktritts nicht mehr erbracht werden; der Schuldner wird von seiner Leistungspflicht frei. Soweit schon Leistungen erbracht sind, müssen diese zurückgewährt werden.

Durch **Kündigung** können nur bestimmte Vertragsverhältnisse, bei denen dies gesetzlich vorgesehen ist, beendet werden (vor allem Dauerschuldverhältnisse; insbesondere Miete gem. § 542, Dienstvertrag gem. § 620 Abs. 2, Werkvertrag gem. § 649, Auftrag nach § 671, Gesellschaft nach § 723 BGB). Mit der Kündigung endet das Vertragsverhältnis **nur für die Zukunft**; eine Rückgewähr bereits erhaltener Leistungen findet nicht statt.

Aufrechnung, Rücktritt und Kündigung sind (wie die Anfechtung, s. o. 2.5.7.3, und der Widerruf, s. u. 3.5.2) Gestaltungsrechte, d. h. eine Person bewirkt durch ihre einseitige Erklärung eine Änderung der Rechtslage.

3.3.3   Zurückbehaltungsrechte

Zurückbehaltungsrechte nach §§ 273 bzw. 320 BGB beenden das Schuldverhältnis nicht, geben jedoch dem Schuldner die Möglichkeit, die Leistung zu verweigern, solange nicht der Gläubiger seinerseits leistet. So kann sich der Schuldner dagegen absichern, einem nicht leistungsfähigen Gläubiger etwas geben zu müssen.

> **BEISPIEL:** Unternehmer Willig hat sich seinem langjährigen Geschäftspartner Geier gegenüber verpflichtet, ihm mietfrei ein kleines Büro zu überlassen. Geier selbst schuldet dem Willig noch die Bezahlung einer Warenlieferung. Willig erfährt nun, dass Geier in finanziellen Schwierigkeiten steckt. Um Geier zur Bezahlung der Warenlieferung zu bewegen, möchte Willig ihm bis zum Geldeingang das Büro vorenthalten. Darf er das?

3.3.3.1   Zurückbehaltungsrecht nach § 320

Nach § 320 Abs. 1 Satz 1 kann bei einem gegenseitigen Vertrag jeder der beiden Beteiligten die geschuldete Leistung verweigern, solange der Vertragspartner nicht seinerseits leistet.

> So muss z. B. der Käufer den Kaufpreis so lange nicht zahlen, wie ihm nicht vom Verkäufer die gekaufte Sache übergeben wird.

Eine Ausnahme gilt allerdings bei jenen Verträgen, in deren Rahmen eine Seite vorleistungspflichtig ist (z. B. der Werkunternehmer, vgl. unten 4.4.2); wer vorleistungspflichtig ist, kann sich nicht auf § 320 berufen.

Rechtsfolge ist die so genannte **Zug-um-Zug-Leistung**, § 322 Abs. 1 BGB. Wer Leistung verlangt, muss seinerseits den Vertragspartner befriedigen. Ist er dazu nicht bereit oder in der Lage, bekommt er selbst auch nichts.

> Dem Willig im obigen Beispielsfall nützt § 320 nichts, denn die Verpflichtungen zur Überlassung des Büros und zur Bezahlung der Warenlieferung beruhen ja nicht auf einem gegenseitigen Vertrag.

3.3.3.2 Zurückbehaltungsrecht nach § 273

Auch wenn kein gegenseitiger Vertrag besteht, kann der Schuldner u.U. ein Zurückbehaltungsrecht haben. § 273 Abs. 1 verlangt nur, dass wechselseitige Leistungspflichten aus demselben rechtlichen Verhältnis bestehen. Hierfür genügt ein innerer wirtschaftlicher Zusammenhang, der sich etwa aus laufenden Geschäftsbeziehungen ergeben kann.

> Willig darf also unter Berufung auf § 273 Abs. 1 dem Geier zunächst die Nutzung des Büros verweigern.

Rechtsfolge ist wie im Fall des § 320 eine Zug-um-Zug-Leistung, § 274 Abs. 1.

3.4 Leistungsstörungen

Ausnahmsweise kann es zu Störungen im Schuldverhältnis kommen; dies sind allerdings dann die sowohl in der Theorie als auch in der Praxis besonders schwierigen, konfliktträchtigen Fälle.

► Im weiteren Sinn in diese Kategorie gehören

► Verzug (Schuldner- oder Gläubigerverzug)

► Unmöglichkeit

► Störung der Geschäftsgrundlage

► sonstige Pflichtverletzung; Letztere ist sowohl möglich vor Entstehen einer vertraglichen Pflicht (Rechtsinstitut der culpa in contrahendo) als auch später, wenn eine Hauptleistungspflicht bereits besteht (Rechtsinstitut der Positiven Forderungsverletzung, auch Positive Vertragsverletzung = PVV genannt)

§ 280 BGB ist als **Grundtatbestand** Anspruchsgrundlage für **Ansprüche des Gläubigers wegen Leistungsstörungen**. Grundsätzlich kann hiernach der Gläubiger Schadensersatz verlangen, wenn der Schuldner eine Pflicht aus dem Schuldverhältnis verletzt. Je nach Anspruchsziel und Art der Leistungsstörung sind allerdings noch zusätzliche Vorschriften heranzuziehen. Das Gesetz differenziert dabei teilweise zwischen einseitigen Verpflichtungen und Verpflichtungen aus gegenseitigen Verträgen. Das Recht der Leistungsstörungen in seiner aktuellen Fassung beruht auf der „Großen Schuldrechtsreform" vom Herbst 2001 und gilt erst seit dem 1. 1. 2002; Gesetzestexte und Literatur aus der Zeit vor der Schuldrechtsreform sind nur noch eingeschränkt verwendbar.

Dem BGB liegt der Grundsatz „Geld muss man haben" zugrunde. Die Zahlungsunfähigkeit des Schuldners ist kein Fall der Leistungsstörung und ändert nichts an den Rechten und Pflichten beider Parteien.

3.4.1 Verzug des Schuldners

3.4.1.1 Begriff

Schuldnerverzug (oft nur „Verzug" genannt), geregelt in §§ 281, 286 ff. BGB, ist die **schuldhafte Verzögerung der Leistung durch den Schuldner**. Dies ist die in der Praxis wohl weitaus häufigste Form der Leistungsstörung.

3.4.1.2 Voraussetzungen

Schuldnerverzug liegt unter folgenden Voraussetzungen vor:

a) Verpflichtung zur Leistung

b) Nichterfüllung

c) Möglichkeit der Leistung (sonst gelten die Rechtsfolgen der Unmöglichkeit)

d) Fälligkeit

e) Mahnung oder Entbehrlichkeit der Mahnung

Eine **Mahnung** ist eine frühestens bei Eintritt der Fälligkeit ausgesprochene dringliche Aufforderung des Gläubigers an den Schuldner, die geschuldete Leistung zu erbringen. Das bloße Übersenden einer Rechnung genügt hierfür grundsätzlich nicht. Für **Entgeltforderungen** gilt allerdings § 286 Abs. 3 BGB: Spätestens **30 Tage nach Zugang der Rechnung tritt Verzug ein** – ohne Mahnung!

Einer Mahnung bedarf es nach § 286 Abs. 2 Nr. 1 BGB nicht, wenn für die Leistung eine Zeit nach dem Kalender bestimmt ist; einen solchen Termin kann der Gläubiger nicht einseitig bestimmen, sondern er muss vertraglich vereinbart sein.

BEISPIEL: Laut Mietvertrag ist die Miete monatlich im Voraus spätestens bis zum 3. des Monats zu zahlen; zahlt der Mieter nicht, ist er ab dem 4. des Monats im Verzug nach § 286 Abs. 2.

Eine Mahnung ist nach § 286 Abs. 2 Nr. 3 auch entbehrlich, wenn der Schuldner eindeutig erkennen lässt, dass er die Leistung verweigert, oder wenn der Schuldner von sich aus die Leistung zu einem bestimmten Termin fest zusagt.

f) **Verschulden** (§ 286 Abs. 4 BGB)

Was der Schuldner zu vertreten hat, ergibt sich aus §§ 276 ff. BGB; i. d. R. hat man Vorsatz und Fahrlässigkeit zu vertreten.

Allerdings braucht nicht etwa der Gläubiger das Verschulden des Schuldners nachzuweisen, sondern umgekehrt muss der Schuldner beweisen, dass ihn kein Verschulden trifft. Hat der Schuldner keine guten Gründe für die Verspätung, ist von seinem Verschulden auszugehen.

3.4.1.3 Rechtsfolgen

Auch im Verzug bleibt der Schuldner zur Leistung verpflichtet.

Der Gläubiger kann jedoch unter bestimmten Voraussetzungen andere Rechte geltend machen, teilweise neben dem Leistungsverlangen, teilweise stattdessen.

a) Der Gläubiger kann gemäß §§ 280 Abs. 1, Abs. 3, 281 BGB Schadensersatz statt der Leistung verlangen (das sog. positive Interesse, also nicht nur den Vertrauensschaden; der Gläubiger ist so zu stellen, als wenn der Schuldner erfüllt hätte).

Voraussetzungen sind

▶ eine Hauptleistungspflicht (nicht bloß Nebenpflicht)

▶ Fälligkeit; Verzug muss noch nicht eingetreten sein. Ist der Schuldner lediglich mit einem Teil der geschuldeten Leistung im Rückstand, so kann gemäß § 281 Abs. 1 Satz 3 BGB nur ausnahmsweise Schadensersatz statt der Leistung beansprucht werden

▶ Fristsetzung zur Leistung oder Nacherfüllung. Die Fristsetzung kann mit der den Verzug begründenden Mahnung verbunden werden. Gesetzt werden muss eine angemessene Frist; eine zu kurze Frist setzt eine angemessene Frist in Lauf. Allerdings ist die Fristsetzung gemäß § 281 Abs. 2 entbehrlich, wenn der Schuldner die Leistung ernsthaft und endgültig verweigert. Nach § 281 Abs. 3 BGB genügt anstelle der Fristsetzung eine Abmahnung, wenn eine Fristsetzung nicht in Betracht kommt (v. a. bei Ansprüchen auf Unterlassung)

▶ Ablauf der gesetzten Frist

Verlangt der Gläubiger Schadensersatz statt der Leistung, so kann er die Leistung nicht mehr verlangen, § 281 Abs. 4 BGB.

Als Alternative zum Schadensersatz statt der Leistung hat der Gläubiger gemäß § 284 die Möglichkeit, Ersatz vergeblicher Aufwendungen (Vertrauensschaden) zu verlangen.

b) Beim **gegenseitigen Vertrag** gilt zudem § 323 BGB. § 323 gibt dem Gläubiger die Möglichkeit zum **Rücktritt**.

Die Voraussetzungen des § 323 entsprechen – abgesehen davon, dass es hier um einen gegenseitigen Vertrag geht – weitgehend den Voraussetzungen für den Schadensersatz statt der Leistung. Leichter möglich ist der Rücktritt beim Fixgeschäft gemäß § 323 Abs. 2 Nr. 2 (dazu unten 3.4.4.) sowie beim Vorliegen besonderer Umstände (§ 323 Abs. 2 Nr. 3, insbesondere wenn der Gläubiger wegen der Verspätung objektiv kein Interesse mehr an der Leistung hat).

§ 325 erlaubt dem Gläubiger, Schadensersatz und Rücktritt nebeneinander geltend zu machen, d. h. der Gläubiger kann zurücktreten und obendrein noch Schadensersatz statt der Leistung verlangen.

c) Gleichgültig, ob der Gläubiger seine Rechte nach §§ 280, 281, 323 BGB geltend macht, kann er bei Verzug vom Schuldner nach § 280 Abs. 1, Abs. 2 **Ersatz des Verzögerungsschadens** verlangen. Zum Verzögerungsschaden gehören vor allem die Kosten weiterer Mahnungen und die Zinsen für Kredite, die der Gläubiger an seine eigene Bank wegen Ausbleibens der Leistung des Schuldners an zahlen muss. Unter Umständen sind auch die Kosten der Einschaltung eines Rechtsanwalts ein ersatzfähiger Verzögerungsschaden.

In der Praxis wichtig sind die **Verzugszinsen**, eine Art pauschalierter Verzögerungsschaden. Verzugszinsen kann der Gläubiger nach § 288 Abs. 1 Satz 1 BGB mindestens in Höhe von 5 % über dem – von der Bundesbank/EZB bekannt gegebenen – Basiszinssatz verlangen; verlangt er Zinsen gemäß § 288 Abs. 1 Satz 1, braucht der Gläubiger nicht nachzuweisen, dass ihm tatsächlich in dieser Höhe ein Schaden entstanden ist. Für RGe zwischen Unternehmen liegen die Verzugszinsen sogar 8 % über dem Basiszinssatz, § 288 Abs. 2.

3.4.2 Verzug des Gläubigers (Annahmeverzug)

Praktisch weniger wichtig ist der in §§ 293 ff. BGB geregelte Gläubigerverzug. Hier geht es um Fälle, in denen der Schuldner seine Leistung erbringen möchte, dies jedoch an mangelnder Kooperation auf Seiten des Gläubigers scheitert.

BEISPIEL: Der Warenlieferant muss unverrichteter Dinge umkehren und seine Waren wieder mitnehmen, weil er das Ladengeschäft des Bestellers verschlossen vorfindet.

Voraussetzungen sind:

▶ Leistungspflicht des Schuldners

▶ Berechtigung des Schuldners zur Leistung. I. d. R. darf der Schuldner zwar nach § 271 BGB sofort leisten, es kann aber ausnahmsweise vereinbart sein, dass der Schuldner die Leistung erst später erbringen darf

▶ Möglichkeit der Leistung. Nach § 297 BGB muss der Schuldner auch tatsächlich in der Lage sein, die Leistung zu erbringen

▶ Leistungsangebot. Der Schuldner muss nach Maßgabe der §§ 294-296 BGB die Leistung dem Gläubiger anbieten

▶ Nichtannahme der Leistung durch den Gläubiger (§ 293 BGB) bzw. bei gegenseitigen Verträgen fehlendes Angebot des Gläubigers, auch seinerseits zu leisten (§ 298 BGB)

Rechtsfolgen:

Rechtsfolgen des Gläubigerverzugs ergeben sich aus §§ 300 ff., 326 Abs. 2 BGB.

3.4.3 Unmöglichkeit

Die Unmöglichkeit kommt in der Praxis eher selten vor, ist aber ein beliebtes Thema juristischer Literatur und Klausuren.

Zu unterscheiden ist zwischen **anfänglicher** und **nachträglicher Unmöglichkeit**. Anfängliche Unmöglichkeit liegt vor, wenn bereits zum Zeitpunkt des Entstehens einer Leistungspflicht die Leistung unmöglich war; nachträgliche Unmöglichkeit tritt erst später ein.

Zusätzlich kompliziert wird die Materie dadurch, dass zum Teil unterschiedliche Regelungen für gegenseitige Verträge auf der einen und sonstige Schuldverhältnisse auf der anderen Seite bestehen.

Gleichgültig ist gemäß der aktuellen gesetzlichen Regelung (anders war dies nach dem bis Ende 2001 geltenden Schuldrecht), ob es sich um objektive Unmöglichkeit (niemand kann die Leistung erbringen) oder subjektive Unmöglichkeit (auch Unvermögen genannt; der Schuldner kann die – an sich mögliche – Leistung nicht erbringen) handelt.

3.4.3.1 Nachträgliche Unmöglichkeit

Hierfür gelten §§ 275, 283-285 BGB, beim gegenseitigen Vertrag außerdem § 326 BGB.

BEISPIEL: ▶ Ein Briefmarkenhändler verkauft seinem Kunden nach Katalog eine Marke, die es nur noch einmal gibt. Der Briefmarkenhändler lässt sich die Marke von einem anderen Händler, der ebendiese Marke besitzt, per Post schicken. Unterwegs geht das Postauto, das die Marke transportiert, bei einem Verkehrsunfall in Flammen auf, und die Marke verbrennt.

Wenn ihm die Leistung unmöglich ist, braucht der Schuldner nach § 275 Abs. 1 BGB nicht zu leisten. Insoweit ist völlig gleichgültig, wie es zu dem Leistungshindernis gekommen ist und ob es in den Verantwortungsbereich des Gläubigers oder des Schuldners fällt. Der Schuldner kann gemäß § 275 Abs. 2 und Abs. 3 die Leistung auch dann verweigern, wenn sie zwar möglich, dem Schuldner aber – etwa wegen unverhältnismäßig hohen Aufwands – nicht zuzumuten ist.

Nun stellt sich die Frage, ob der Schuldner wenigstens zum Schadensersatz verpflichtet ist. Hierfür ist entscheidend, wer die nachträgliche Unmöglichkeit zu vertreten hat (= verschuldet hat).

a) **Wenn der Schuldner die Unmöglichkeit nicht verschuldet hat**, muss er keinen Schadensersatz leisten. Der Gläubiger kann dann allenfalls nach § 285 Abs. 1 BGB das herausverlangen, was der Schuldner als Ersatz für den untergegangenen Gegenstand erlangt hat, z. B. die Versicherungssumme.

Beim **gegenseitigen Vertrag** gelten folgende Besonderheiten:

Hat keine der beiden Parteien die Unmöglichkeit verschuldet, gilt § 326 BGB. Verlangt der Gläubiger nach § 285 Abs. 1 den Ersatz heraus, bleibt er gemäß § 326 Abs. 3 zur Gegenleistung verpflichtet. Ansonsten werden beide Seiten von ihrer Leistungspflicht frei.

Hat der Gläubiger selbst die Unmöglichkeit verschuldet oder war er zum Zeitpunkt des Eintritts der Unmöglichkeit im Gläubigerverzug (§ 326 Abs. 2), so muss er seine Gegenleistung erbringen, obwohl der Schuldner nicht leisten kann und muss.

b) Hat der **Schuldner die Unmöglichkeit verschuldet**, so kann der Gläubiger wählen: Der Schuldner muss entweder gemäß §§ 280 Abs. 1, 283 BGB **Schadensersatz statt der Leistung** leisten **oder** nach § 284 BGB dem Gläubiger vergebliche Aufwendungen (**Vertrauensschaden**) ersetzen.

Für **den gegenseitigen Vertrag** gilt § 326 Abs. 5 BGB. Danach hat der Gläubiger die gleichen Rechte wie beim Schuldnerverzug (§ 323), d. h. er kann den Rücktritt erklären und zusätzlich Schadensersatz begehren; er kann stattdessen gemäß das als Ersatz erlangte nach § 285 Abs. 1 herausverlangen (dann bleibt er allerdings zur Gegenleistung verpflichtet, § 326 Abs. 3).

3.4.3.2 Anfängliche Unmöglichkeit

Sie ist in §§ 275, 311a BGB geregelt; beim gegenseitigen Vertrag gilt außerdem § 326 BGB.

> **BEISPIEL:** ▶ Wie oben verkauft der Briefmarkenhändler seinem Kunden nach Katalog eine Marke, die es nur noch einmal gibt. Zu dem Zeitpunkt, als der Kunde beim Händler die Marke kauft, ist sie aber bei dem anderen Händler längst verbrannt.

Der Schuldner ist (ebenso wie bei nachträglicher Unmöglichkeit) nach § 275 zur Leistung nicht verpflichtet.

Der Gläubiger hat im Falle der anfänglichen Unmöglichkeit die Wahl zwischen Schadensersatz statt der Leistung und Ersatz vergeblicher Aufwendungen, § 311a Abs. 2 BGB. Warum der Schuldner schon bei Vertragsschluss zur Leistung außerstande war, spielt keine Rolle; Verschulden des Schuldners braucht nicht vorzuliegen! Nur ausnahmsweise entfällt die Schadensersatzpflicht, wenn nämlich der Schuldner die Unmöglichkeit weder kannte noch kennen musste.

Beim gegenseitigen Vertrag steht dem Gläubiger zudem das Rücktrittsrecht nach § 326 Abs. 5 BGB zu.

Nun kann der Fall 5 (Kapitel Klausurtechnik und Fallbearbeitung) gelöst werden!

3.4.4 Besonderheiten beim Fixgeschäft

Ein Fixgeschäft liegt nach § 323 Abs. 2 Nr. 2 BGB vor, wenn die Parteien eines gegenseitigen Vertrages eine bestimmte Leistungszeit vereinbart haben und der Gläubiger den Fortbestand des Vertrages von pünktlicher Leistung abhängig gemacht hat. Den Parteien muss die Einhaltung der Leistungszeit derart wichtig sein, dass mit der zeitgerechten Leistung das Geschäft „stehen und fallen" soll. Der Gläubiger muss dem Schuldner sein besonderes Interesse an pünktlicher Leistung deutlich gemacht haben (hierauf können Vertragsklauseln wie „fix", „genau" etc. hindeuten), oder dies muss sich aus der Natur der Sache ergeben (z. B. Devisen-Termingeschäfte, Aktienoptionsgeschäfte).

Wird beim Fixgeschäft die Leistung nicht zeitgerecht erbracht, so kann der Gläubiger ohne Fristsetzung vom Vertrag zurücktreten. Er braucht den Schuldner nicht erst in Verzug zu setzen; auch auf ein Verschulden des Schuldners kommt es nicht an.

Daneben bleibt dem Gläubiger, wenn die Voraussetzungen von §§ 280 Abs. 1, 281 BGB gegeben sind, der Anspruch auf Schadensersatz statt der Leistung.

Anstelle von Rücktritt und Schadensersatz statt der Leistung kann der Gläubiger auch weiterhin Erfüllung verlangen und, sofern Verzug vorliegt, nach § 280 Abs. 1, Abs. 2 BGB Ersatz des Verspätungsschadens fordern.

Vom in § 323 Abs. 2 Nr. 2 geregelten „eigentlichen" Fixgeschäft zu unterscheiden ist das „absolute" Fixgeschäft. Ein absolutes Fixgeschäft ist gegeben, wenn die Leistungszeit zum notwendigen Leistungsinhalt gehört (Beispiel: Wird ein Zimmer mit Blick auf den Mainzer Rosenmontagszug eben als „Logenplatz" für den Zug vermietet, so muss die Leistung zwangsläufig am Rosenmontag erfolgen). Beim absoluten Fixgeschäft führt die Nichteinhaltung der Leistungszeit zur Unmöglichkeit.

Nun kann der Fall 6 (Kapitel Klausurtechnik und Fallbearbeitung) gelöst werden!

3.4.5 Störung der Geschäftsgrundlage

Die Störung der Geschäftsgrundlage ist bereits im Allgemeinen Teil behandelt worden (vgl. oben 2.6).

3.4.6 Positive Forderungsverletzung/Positive Vertragsverletzung (PVV)

Bei der PVV geht es um einen **Schadensersatzanspruch aufgrund entweder der Schlechterfüllung der Hauptleistungspflicht oder der Verletzung von Nebenpflichten im Schuldverhältnis.**

3.4.6.1 Verletzung von Nebenpflichten

Nebenpflichten sind insbesondere Aufklärungspflichten und Schutzpflichten (vgl. oben 3.3.1). In §§ 241 Abs. 2, 282 BGB geregelt ist die PVV in Gestalt der Nebenpflichtverletzung.

BEISPIEL: Einen Anspruch aus PVV kann z.B. der Bauer gegen einen Rinderzüchter haben, der ihm ein BSE-infiziertes Rind liefert, weswegen dann der Bauer seine ganze Herde notschlachten muss (Verletzung einer Aufklärungspflicht); ebenso der Bezieher von Heizöl, wenn bei unsorgfältiger Heizölumfüllung durch den Lieferanten das Grundwasser verseucht wird und der Bezieher des Heizöls nun behördlicherseits deswegen in Anspruch genommen wird (Verletzung einer Schutzpflicht).

Voraussetzungen der PVV (Nebenpflichtverletzung) sind:

► bestehendes Schuldverhältnis, z. B. ein Vertrag

► Verletzung einer Nebenpflicht, § 241 Abs. 2 BGB

► Rechtswidrigkeit der Pflichtverletzung; eine Pflichtverletzung ist normalerweise rechtswidrig

► Verschulden

► Schaden

► Ursächlichkeit der Pflichtverletzung für den Schaden

Rechtsfolgen:

Der Gläubiger kann weiterhin **Leistung** verlangen, zusätzlich gemäß § 280 Abs. 1 BGB **Schadensersatz.** Schadensersatz statt der Leistung (d. h. der Erfüllungsschaden) steht dem Gläubiger allerdings nach § 280 Abs. 3 nur unter den besonderen Voraussetzungen von § 282 zu:

► wesentliche Pflichtverletzung und außerdem

► Unzumutbarkeit der Leistung für den Gläubiger

Alternativ kann der zum Schadensersatz statt der Leistung berechtigte Gläubiger unter denselben Voraussetzungen auch Ersatz vergeblicher Aufwendungen (Vertrauensschaden) gemäß § 284 BGB verlangen. Beim gegenseitigen Vertrag berechtigt die Nebenpflichtverletzung den Gläubiger zudem unter den Voraussetzungen des § 324 BGB zum Rücktritt.

3.4.6.2 Schlechtleistung

Gar nicht selten sind die Fälle, in denen der Schuldner seine Leistung zwar im Prinzip erbringt, aber nicht in der geschuldeten Qualität. In den meisten Fällen dieser Art greifen spezielle Gewährleistungsvorschriften des jeweiligen Vertragstyps ein (so hat etwa der Käufer nach

§§ 437 ff. BGB das Recht auf Nacherfüllung, Minderung oder Rücktritt). Diese Vorschriften gehen vor. Allgemeine Grundlage für Schadensersatzansprüche wegen Schlechtleistung ist aber § 280 Abs. 1; hierauf muss man zurückgreifen, wenn keine speziellen Gewährleistungsvorschriften einschlägig sind. Auch die Schlechtleistung wird grundsätzlich unter der Rubrik PVV behandelt.

Die Voraussetzungen eines Anspruchs wegen Schlechtleistung entsprechen im Prinzip denen eines Anspruchs wegen Nebenpflichtverletzung (nur dass hier eben keine Nebenpflicht verletzt, sondern eine Hauptpflicht schlecht erfüllt ist). Schadensersatz statt der Leistung (d. h. den Erfüllungsschaden) kann der Gläubiger gemäß §§ 280 Abs. 3, 281 i. d. R. erst nach Setzung einer Frist zur ordnungsgemäßen Erfüllung verlangen. Ihm steht es frei, stattdessen gemäß § 284 den Vertrauensschaden geltend zu machen. Im Rahmen eines gegenseitigen Vertrages hat der Gläubiger bei Schlechtleistung ein Rücktrittsrecht nach § 323.

3.4.7 Culpa in contrahendo (c.i.c. = Verschulden bei Vertragsschluss)

Hierbei handelt es sich streng genommen nicht um eine Leistungsstörung, denn c.i.c. greift bereits ein, wenn noch gar keine Hauptleistungspflicht entstanden ist. Es geht um einen in § 311 Abs. 2, 241 Abs. 2, 280, 282 BGB geregelten, der PVV ähnlichen Schadensersatzanspruch.

BEISPIEL: Vermieter V verspricht dem Studienanfänger A, ihm das besichtigte Zimmer für zwei Tage zu reservieren, weil A sich die Sache noch überlegen möchte und man über die Höhe der Miete noch nicht ganz einig ist. Am nächsten Tag vermietet der Vermieter das Zimmer an den Studenten B. A kommt einen Tag später wieder; er muss eine Nacht im Hotel verbringen, weil er sich auf V verlassen und anderen Vermietern abgesagt hatte. V muss A die Kosten für die Übernachtung ersetzen.

Die **Voraussetzungen entsprechen denen der PVV** mit dem Unterschied, dass **statt einer Nebenpflicht eine vorvertragliche Pflicht verletzt** sein muss. C.i.c. kommt gemäß § 311 Abs. 2 BGB nur in Betracht, wenn die Parteien eine auf einen Vertragsabschluss gerichtete Tätigkeit entfaltet haben.

Rechtsfolge ist – wie bei der PVV (Nebenpflichtverletzung) – Schadensersatz, wobei i. d. R. (mangels Vertragsschlusses) nur **Ersatz des Vertrauensschadens in Betracht kommt**. Der **Erfüllungsschaden** kann **ausnahmsweise** u. a. dann verlangt werden, wenn ohne die Pflichtverletzung des Schuldners ein Vertrag zustande gekommen wäre.

BEISPIEL: Ein Notar verbürgt sich mündlich und erklärt seinem Vertragspartner, da er Notar sei, bedürfe es der sonst für die Bürgschaft in § 766 BGB vorgeschriebenen Schriftform nicht. Der Vertragspartner vertraut auf die Auskunft des Notars und damit auf die mündliche Bürgschaft. Der Notar haftet aus c.i.c. auf Ersatz des Erfüllungsschadens.

TAB. 3:	Leistungsstörungen, geordnet nach der angestrebten Rechtsfolge
Angestrebte Rechtsfolge	**Problem, Anspruchs-/Rechtsgrundlage**
Erfüllung (Schuldner soll regulär leisten)	- Verzug: Schuldner bleibt zur Erfüllung verpflichtet, Anspruchsgrundlage wie beim regulären Erfüllungsanspruch (z. B. § 433, § 823…) - PVV (Schlechtleistung/Verletzung von Nebenpflichten): wie beim Verzug - c.i.c.: grds. kein Anspruch - Unmöglichkeit: Anspruch ausgeschlossen, § 275 I - Störung d. Geschgrundl.: grds. bleibt Anspruch bestehen, aber Vertragsanpassung, § 313 I
Vertragsanpassung an veränderte Umstände	- kommt nur bei Störung d. Geschgrundl. in Betracht, § 313 I
Schadensersatz statt Leistung (Ersatz des Erfüllungsschadens)	- Verzug: §§ 280 I, III, 281 - PVV (Verletzung von Nebenpflichten): §§ 280 I, III, 282, 241 II - c.i.c.: §§ 280 I, III, 282, 241 II, 311 II - PVV (Schlechtleistung): §§ 280 I, III, 281 - nachtr. Unmöglichkeit: §§ 280 I, 283 - anfängl. Unmöglichkeit: § 311a II - Störung d. Geschgrundl.: kein Anspruch
Ersatz des Vertrauensschadens (vergebl. Aufwendungen)	- Verzug: §§ 280 I, III, 284, 281 - PVV (Verletzung von Nebenpflichten): §§ 280 I, III, 284, 282 - c.i.c.: §§ 280 I, III, 284, 282, 241 II, 311 II - PVV (Schlechtleistung): §§ 280 I, III, 284, 281 - nachtr. Unmöglichkeit: §§ 280 I, 284, 283 - anfängl. Unmöglichkeit: § 311a II - Störung d. Geschgrundl.: kein Anspruch
Ersatz des Verzögerungsschadens	- nur bei Verzug: §§ 280 I, II, 286
Ersatz sonstigen (zusätzlichen) Schadens	- kommt nur bei PVV/ c.i.c. in Betracht: § 280 I
Herausgabe dessen, was der Schuldner wegen der Leistungsstörung von dritter Seite als Ersatz erlangt hat (Versicherungssumme o. ä.)	- Unmöglichkeit: § 285 - sonstige Leistungsstörungen: kein Anspruch
Rücktritt (Wegfall der beiderseitigen Leistungspflicht, Rückabwicklung)	- nur bei gegenseitigem Vertrag! - Verzug: § 323 - PVV (Schlechtleistung): § 323 - PVV (Verletzung von Nebenpflichten): § 324 - Unmöglichkeit: §§ 326 V, 323 - Störung d. Geschgrundl.: § 313 III

3.5 Verbraucherschutz

3.5.1 Einführung

Das BGB beruht auf den Prinzipien der Privatautonomie und Vertragsfreiheit (vgl. oben 2.1.2). In den letzten Jahrzehnten hat jedoch in der Gesetzgebung die Auffassung an Boden gewonnen, dass der „Normalbürger" in seiner Rolle als Verbraucher gegen die Unternehmen geschützt werden und die Vertragsfreiheit insoweit eingeschränkt werden müsse. Daher sind (teilweise aufgrund von EU-Vorgaben) in das BGB eine Reihe von verbraucherschützenden Vorschriften eingefügt worden; insbesondere ist im Rahmen der zum 1.1.2002 in Kraft getretenen „Großen Schuldrechtsreform" auch eine Reihe von bisher selbständigen Verbraucherschutzgesetzen Teil des BGB geworden. Wichtig sind die Vorschriften über die Allgemeinen Geschäftsbedingungen (§§ 305-310 BGB; vgl. oben 2.5.6), über den Verbraucherkaufvertrag (§§ 474-479 BGB, vgl. unten 4.1.4) und über den Verbraucherkredit (§§ 491-499).

Besonders geschützt wird der Verbraucher, wenn er mit dem Unternehmen Verträge im Wege der Fernkommunikation (Brief, Telefon, Internet...) abschließt (§§ 312b - 312g BGB) oder an der Haustür o. ä. (§§ 312 ff. BGB). Die Besonderheit dieser Verträge liegt nicht in ihrem Inhalt, sondern in der Art und Weise des Zustandekommens; der Gesetzgeber sieht hier die Gefahr übereilten, unsorgfältigen Handelns des Kunden (Verbrauchers) bei Vertragsabschluss.

Die Anwendbarkeit der Verbraucherschutzvorschriften setzt regelmäßig voraus, dass auf der (im weitesten Sinne) Lieferantenseite ein Unternehmen (§ 14 BGB) Vertragspartei ist und auf der anderen (zur Zahlung verpflichteten) Seite ein Verbraucher. Verbraucher ist gemäß § 13 BGB jeder, der ein Geschäft zu privaten Zwecken abschließt. Wenn jemand von Beruf Unternehmer ist, kommt es also darauf an, ob er als Privatperson (dann ist er Verbraucher) oder für sein Unternehmen handelt. Unternehmer sind nicht nur Kaufleute im Sinne des HGB, sondern auch Freiberufler. Als Unternehmer gilt schon derjenige, der sich für den Schritt in die Selbständigkeit entschieden hat und nun dabei ist, diesen Entschluss in die Tat umzusetzen (z. B. durch den Abschluss eines Mietvertrags über Geschäftsräume).

Den Schutz des Kunden (Verbrauchers) versucht das Gesetz vor allem durch folgende Instrumente zu erreichen:

▶ Gesetzliche Regeln werden zugunsten des Verbrauchers für unabdingbar (zwingend) erklärt (Beispiele: § 312g, § 475 BGB)

▶ Für den Vertragsschluss wird eine besondere Form vorgeschrieben (z. B. Schriftform für Verbraucherkreditverträge, § 492 BGB)

▶ Dem Unternehmer werden Informationspflichten auferlegt (Beispiele: § 286 Abs. 3 Satz 2, § 312c, § 477 BGB)

▶ Der Verbraucher erhält ein Widerrufsrecht.(s. dazu sogleich unten 3.5.2)

Unbestellt zugesendete Sachen oder sonstige unbestellte Leistungen muss der Verbraucher gemäß § 241a BGB grundsätzlich nicht bezahlen und kann sie kostenlos behalten. Nur wenn die Zusendung auf einem für den Verbraucher erkennbaren Irrtum beruht, kommen Ansprüche des Lieferanten nach § 812 oder § 985 BGB zum Zuge, § 241a Abs. 2 BGB.

Für die Zukunft zu berücksichtigen ist die EU-Verbraucherrechte-Richtlinie, die bis Dezember 2013 in deutsches Recht umgesetzt werden muss und für alle Vertragsschlüsse ab dem 14. 6. 2014 gelten soll.

3.5.2 Der Widerruf

Mit dem Widerruf (§ 355 BGB) kann sich der Verbraucher von dem geschlossenen Vertrag lösen. Der Widerruf ist eine einseitige, empfangsbedürftige Willenserklärung; er stellt ein Gestaltungsrecht dar. Es handelt sich um eine besondere Form des Rücktritts; nach § 357 Abs. 1 BGB sind auf den Widerruf die Vorschriften über den Rücktritt (§§ 346 ff BGB) anwendbar, soweit es keine Sonderregeln für den Widerruf gibt.

Ein Widerrufsrecht gibt es nicht etwa bei allen Verträgen eines Verbrauchers. Es besteht vielmehr nur in den gesetzlich geregelten Fällen, nämlich v. a. bei

► „Haustürgeschäften" (§ 312 BGB; hierunter fallen auch am Arbeitsplatz oder an öffentlich zugänglichen Orten geschlossene Verträge)

► Fernabsatzverträgen (§ 312d BGB)

► Verbraucherdarlehensverträgen (§ 495 Abs. 1 BGB)

► Ratenlieferungsverträgen (§ 505 Abs. 1 BGB)

► Versicherungsverträgen (§ 8 Abs. 4 Versicherungsvertragsgesetz, VVG; hier gilt für den Widerruf nicht § 312 BGB!)

Der Widerruf bedarf keiner Begründung. Er kann nach § 355 Abs. 1 Satz 2 BGB in Textform (§ 126b BGB; also schriftlich oder mittels E-Mail oder Fax) erklärt werden; eine mündliche oder telefonische Erklärung genügt nicht. Statt durch Erklärung kann der Widerruf gemäß § 355 Abs. 1 Satz 2 BGB auch durch Rücksendung der erhaltenen Sache erfolgen.

Der Widerruf kann nur binnen einer Widerrufsfrist von zwei Wochen erklärt werden, § 355 Abs. 1 Satz 2 BGB. Die Frist beginnt aber erst zu laufen, nachdem der Verbraucher vom Unternehmer eine den Anforderungen des § 360 BGB entsprechende Widerrufsbelehrung erhalten hat.

§ 356 Abs. 1 Satz 1 BGB erlaubt dem Unternehmer, dem Verbraucher statt des Widerrufsrechts ein Rückgaberecht einzuräumen; das ist allerdings in der Praxis unüblich, da dann der Unternehmer (anders als beim Widerruf, § 357 Abs. 2 BGB) in jedem Fall die Kosten der Rücksendung tragen muss.

3.6 Gleichbehandlungspflicht

Das im Jahr 2006 verabschiedete Allgemeine Gleichbehandlungsgesetz (AGG) schränkt die Möglichkeit ein, den Vertragspartner frei auszuwählen. Dieses (sehr umstrittene) „Antidiskriminierungs"-Gesetz verfolgt gem. § 1 AGG das Ziel, Benachteiligungen wegen Rasse, ethnischer Herkunft, Geschlecht, Religion, Weltanschauung, Behinderung, Alter oder sexueller Identität zu bekämpfen. Es enthält detaillierte Vorschriften für das Arbeitsrecht, regelt aber auch den zivil-/ wirtschaftsrechtlichen Bereich: Nach § 2 Abs. 1 Nr. 8 AGG ist es anwendbar auf die Versorgung mit Gütern und Dienstleistungen. Gemäß § 19 Abs. 1 AGG darf ein Anbieter bei Massengeschäften die in § 1 AGG genannten Kriterien nicht zur Grundlage seiner Entscheidung machen, mit wem er einen Vertrag schließt. Nicht nur für Massengeschäfte, sondern sogar für alle Schuldverhältnisse ist es verboten, sich an der Rasse oder ethnischen Herkunft des potenziellen Vertragspartners zu orientieren. Im Falle einer Benachteiligung kann der Benachteiligte nach § 21 Abs. 1 und Abs. 2 AGG Beseitigung der Benachteiligung, Schadensersatz und Entschädigung auch wegen des Nicht-Vermögensschadens verlangen.

3.7 Die Einbeziehung Dritter in das Schuldverhältnis

3.7.1 Vertrag zugunsten Dritter

Nach § 328 BGB können die Parteien vereinbaren, dass Gläubiger ein Dritter, nicht am Vertrag Beteiligter (und auch zu nichts Verpflichteter!) sein soll.

3.7.2 Übertragung der Forderung

Der Gläubiger kann gemäß § 398 BGB seine Forderung durch Vertrag mit dem Dritten seine Forderung auf einen Dritten übertragen (Abtretung). Der Dritte tritt – ohne dass der Schuldner gefragt werden muss – in die Stellung des Gläubigers ein.

> **BEISPIEL:** Umbruch, ein kleiner Unternehmer, ist in wirtschaftliche Schwierigkeiten geraten, weil sein Großkunde Holzbaum nicht zahlt und schon mit 2 Mio. € im Rückstand ist. Die Bank gewährt Umbruch einen Kredit, lässt sich aber – zur Sicherheit, weil Umbruch keine anderen Sicherheiten anzubieten hat – in entsprechender Höhe die Forderungen des Umbruch gegen Holzbaum abtreten. Die Bank kann nun (wenn der Sicherungsfall eintritt, d. h. wenn Umbruch den Kredit nicht zurückzahlt) von Holzbaum Zahlung verlangen.

Der Schuldner erleidet keinen Nachteil, denn er kann die Rechte, die er dem bisherigen Gläubiger entgegenhalten konnte, auch dem neuen Gläubiger entgegenhalten (§ 404 BGB). Leistet der Schuldner in Unkenntnis der Abtretung an den alten Gläubiger, so ist dies dem neuen Gläubiger gegenüber wirksam (§ 407 Abs. 1 BGB).

3.7.3 Schuldübernahme

Zum Austausch des Schuldners bedarf es eines Vertrages zwischen dem Gläubiger und dem Übernehmer der Schuld (§ 414 BGB) oder der Zustimmung des Gläubigers zu einem entsprechenden Vertrag zwischen dem Schuldner und dem Übernehmer der Schuld (§ 415 BGB; entgegen dem Wortlaut genügt statt der Genehmigung auch die – vorherige – Einwilligung). Der **bisherige Schuldner wird dadurch von seiner Leistungspflicht frei**, und der Übernehmer der Schuld tritt an die Stelle des Schuldners.

3.7.4 Schuldbeitritt

Möglich ist auch ein Beitritt eines Dritten zum Schuldverhältnis mit der Wirkung, dass er zusätzlich zum bisherigen Schuldner die Leistung schuldet. Ein Schuldbeitritt kann zwischen Gläubiger und Beitretendem oder auch zwischen Schuldner und Beitretendem (ohne Zustimmung des Gläubigers!) vereinbart werden.

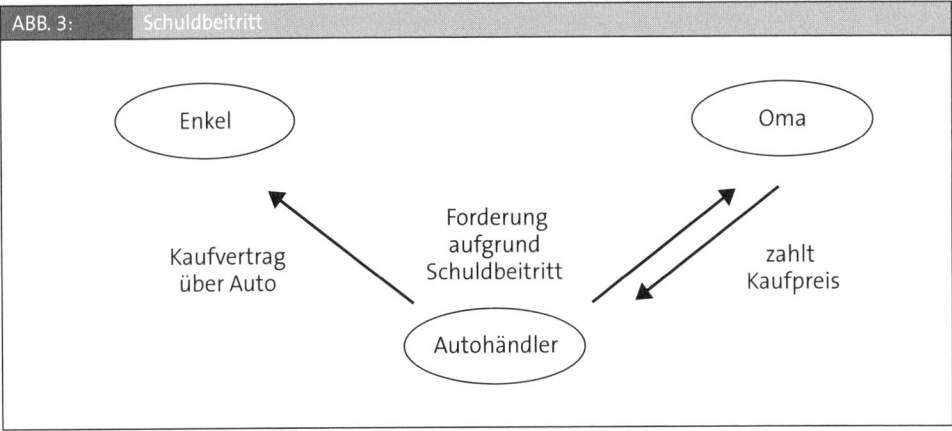

ABB. 3:   Schuldbeitritt

3.7.5 Erfüllungsübernahme

Ein Dritter kann sich auch bloß gegenüber dem Schuldner verpflichten, die Schuld zu erfüllen, ohne dass der Gläubiger dadurch das Recht erlangt, von ihm die Leistung zu fordern. Nach der Auslegungsregel des § 329 BGB ist im Zweifel Erfüllungsübernahme, nicht Schuldbeitritt gemeint.

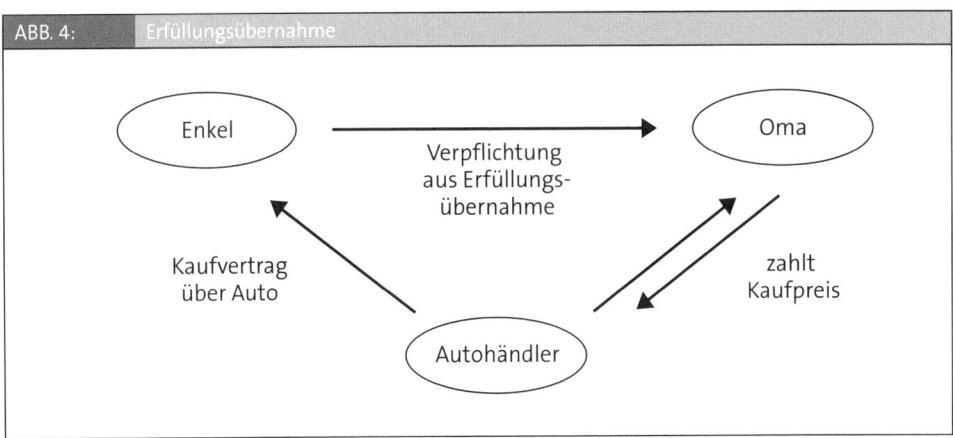

ABB. 4:   Erfüllungsübernahme

4. Einzelne Schuldverhältnisse

4.1 Kaufvertrag

Im Kaufvertrag verpflichtet sich der eine Vertragspartner (Verkäufer), dem anderen eine Sache zu übergeben und das Eigentum an dieser Sache zu verschaffen (§ 433 Abs. 1 BGB). Nicht nur Sachen, sondern auch Rechte können verkauft werden; nach § 453 Abs. 1 BGB sind auf den Rechtskauf die Vorschriften über den Sachkauf entsprechend anwendbar.

Als Gegenleistung muss der andere Vertragspartner (Käufer) den vereinbarten Kaufpreis zahlen (§ 433 Abs. 2).

4.1.1 Pflichten des Käufers

Der Käufer ist zur **Kaufpreiszahlung** verpflichtet.

Außerdem muss er – soweit es sich um einen Sach- und nicht um einen Rechtskauf handelt – die gekaufte Sache abnehmen (§ 433 Abs. 2). Die Abnahme ist i. d. R. Nebenpflicht, kann aber auch Hauptpflicht sein, wenn sich dies durch Auslegung aus dem Vertrag ergibt, so insbesondere wenn es dem Verkäufer erkennbar darauf ankommt, sich der Sache zu entledigen (etwa bei leichtverderblichen Waren oder Gegenständen, für die der Verkäufer keine ausreichende Lagerkapazität hat).

4.1.2 Pflichten des Verkäufers

Zu unterscheiden ist zwischen **Sachkauf** (§ 433 Abs. 1 Satz 1) und **Rechtskauf** (§ 453).

Der Verkäufer einer Sache muss dem Käufer die Sache übergeben und ihm das Eigentum an der Sache verschaffen. Das Eigentum geht nach sachenrechtlichen Vorschriften über, nämlich beim Verkauf einer unbeweglichen Sache (Grundstück) nach §§ 873 ff. BGB (durch Einigung und Eintragung ins Grundbuch) und beim Verkauf einer beweglichen Sache gemäß §§ 929 ff. BGB (durch Einigung und Übergabe bzw. Übergabeersatz). **Der Abschluss eines Kaufvertrages alleine verschafft dem Käufer noch kein Recht an der Kaufsache, sondern eben nur einen Anspruch gegen den Verkäufer auf Eigentumsverschaffung.**

Der Verkäufer eines Rechtes muss alle Handlungen vornehmen, die für den Übergang des Rechtes notwendig sind (z. B. bei Rechten an Grundstücken mit für die Eintragung ins Grundbuch sorgen).

Die Sache muss gemäß § 433 Abs. 1 Satz 2 frei von Sach- und Rechtsmängeln sein. § 434 regelt die Frage, wann ein Sachmangel vorliegt (vgl. näher unten 4.1.3.2). Nach §§ 433 Abs. 1 Satz 2, 435 muss der Verkäufer dem Käufer den Kaufgegenstand frei von Rechten Dritter verschaffen. Solche Rechte können schuldrechtlicher Natur (z. B. Miete, Pacht) oder sachenrechtlicher Natur (z. B. Pfandrechte, Grunddienstbarkeiten; nicht aber Eigentum, denn hierfür gilt § 433 Abs. 1 Satz 1) sein. Sind sich die Parteien darüber einig, dass derartige Rechte Dritter bestehen und mit der Kaufsache übergehen sollen, gilt § 435 insoweit nicht (Beispiel: Verkauf eines Mietshauses).

Zudem trägt der Verkäufer gemäß § 448 die Kosten der Übergabe der Sache.

4.1.3 Leistungsstörungen

Grundsätzlich gelten auch für den Kaufvertrag die Regelungen des Allgemeinen Schuldrechts (Verzug, Unmöglichkeit, PVV usw., vgl. oben 3.4).

Doch enthält das Kaufrecht bestimmte Sonderregeln; diese gehen beim Kaufvertrag den allgemeinen Bestimmungen vor.

4.1.3.1 Die Gefahrtragung (§§ 446, 447 BGB)

Beim zufälligen Untergang der Kaufsache gilt grundsätzlich – nach §§ 275 Abs. 1, 326 Abs. 1 BGB: Der Verkäufer braucht nicht mehr zu leisten, und umgekehrt wird auch der Käufer von der Pflicht zur Kaufpreiszahlung frei.

Gemäß § 446 muss der Käufer demgegenüber **trotz zufälligen Untergangs der Kaufsache den Kaufpreis zahlen, wenn ihm die Sache bereits übergeben worden war**. Das ist dann von Bedeutung, wenn der Käufer noch nicht Eigentümer der übergebenen Sache geworden ist (d. h. insbesondere beim Verkauf unter Eigentumsvorbehalt, § 449 BGB). Eine Sonderregelung für den Versendungskauf trifft § 447 Abs. 1 BGB; danach muss der Käufer den Kaufpreis sogar schon zahlen, wenn die Kaufsache auf dem Weg zu ihm untergeht.

4.1.3.2 Die Gewährleistung

Sehr wichtig ist die in §§ 437 ff. BGB normierte Gewährleistung für Mängel. Sie erfasst sowohl Sach- als auch Rechtsmängel. Das gesamte System der kaufrechtlichen Gewährleistungsvorschriften ist durch die Schuldrechtsreform zum 1. 1. 2002 radikal umgestaltet worden.

Übergibt (oder versendet, § 447 Abs. 1) der Verkäufer an den Käufer eine fehlerhafte Sache, so kann der Käufer gemäß § 437 Nacherfüllung (Nachbesserung/Ersatzlieferung) oder Minderung (Herabsetzung des Kaufpreises) verlangen oder vom Kaufvertrag zurücktreten.

Voraussetzungen der Sachmängelgewährleistung sind:

a) **Mangel**

Mangelhaft ist eine Sache nach § 434 Abs. 1, wenn eine **Abweichung des Ist-Zustandes der Kaufsache von dem von den Parteien vereinbarten Soll-Zustand** vorliegt.

> **BEISPIEL:** So wäre z. B. ein an eine durchschnittliche deutsche Kneipe geliefertes Glas, das sich durch Füllung mit Sangría unschön verfärbt, normalerweise nicht mangelhaft; hingegen läge ein Mangel vor, wenn das Glas ausdrücklich für eine Sangría-Kneipe geliefert worden wäre.

Fehlt es an einer Vereinbarung der Parteien, so kommt es gemäß § 434 Abs. 1 Satz 2 Nr. 2 auf die Eignung der Kaufsache für die gewöhnliche Verwendung und auf die üblichen Eigenschaften einer derartigen Sache an. Dies bemisst sich nicht nach dem Kaufpreis, sondern nach objektiven Kriterien (somit kann der Käufer auch mindern, wenn er eine Sache weit unter dem Verkehrswert gekauft hat!).

Vertragsinhalt werden gemäß § 434 Abs. 1 Satz 3 auch Angaben des Verkäufers und Herstellers in Prospekten etc.; entspricht die gekaufte Sache nicht den hier gemachten Angaben, liegt ein Mangel vor. Ausnahmen zugunsten des Verkäufers macht das Gesetz, wenn der Verkäufer entweder die Prospektangabe nicht kennen musste (denkbar bei einer Werbebroschüre des Herstellers) oder der Prospekt veraltet und bei Abschluss des Kaufvertrages bereits durch einen neuen Prospekt ersetzt war.

Nach § 434 Abs. 2 BGB gelten zudem auch fehlerhafte Montage durch den Käufer oder fehlerhafte Montageanleitungen („IKEA-Klausel") als Sachmangel.

Einem Sachmangel gleichgestellt sind die Lieferung der falschen Sache oder einer zu geringen Menge, § 434 Abs. 3 BGB.

b) Unkenntnis des Käufers/Grobe Fahrlässigkeit

Kannte der Käufer den Mangel bei Vertragsschluss, so kann der Käufer sich nach § 442 Abs. 1 Satz 1 BGB nicht auf den Fehler berufen. Kannte der Käufer den Mangel aufgrund **grober Fahrlässigkeit** nicht, so haftet der Verkäufer nur, wenn er die Abwesenheit des Fehlers **garantiert** oder den Mangel **arglistig verschwiegen** hat. Arglistig handelt der Verkäufer, wenn er den Fehler kennt und davon ausgehen muss, dass der Käufer den Fehler nicht kennt und in Kenntnis des Fehlers den Vertrag nicht abschließen würde.

c) Auf ein Verschulden des Verkäufers kommt es (außer im Falle des arglistigen Verschweigens) nicht an!

Rechtsfolge eines Mangels können gemäß § 437 Nacherfüllung, Rücktritt oder Minderung sein.

Die **Nacherfüllung** ist das **primäre** dem Käufer einer mangelhaften Sache zustehende **Gewährleistungsrecht**, §§ 437 Ziffer 1, 439 BGB. Zwischen zwei Formen der Nacherfüllung hat der Käufer die Wahl: Nachbesserung oder Ersatzlieferung. Sofern der Käufer die gekaufte Sache schon eingebaut hat (z. B. das gekaufte Parkett verlegt hat), schuldet der Verkäufer im Rahmen der Ersatzlieferung auch die Erstattung der Kosten für den Aus- und Wiedereinbau.

I. d. R. erst nach Ablauf einer Frist, in der der Verkäufer noch nacherfüllen kann, darf der Käufer sich auf die anderen Gewährleistungsrechte stützen: **Rücktritt** (§§ 437 Ziffer 2, 440 BGB) oder **Minderung** (§§ 437 Ziffer 2, 441 BGB). Bei der Minderung ist nach § 441 Abs. 3 BGB nach der relativen Berechnungsmethode der Kaufpreis herabzusetzen, so dass der Käufer auch bei einem günstigen Kaufpreis von der Minderung profitiert; § 441 Abs. 3 Satz 2 BGB lässt eine Schätzung zu.

Bei durch den Verkäufer verschuldeten Mängeln kann der Käufer stattdessen auch **Schadensersatz** verlangen, §§ 437 Ziffer 3, 440 BGB. Diese Regelung gilt gleichermaßen für Mangel- wie für Mangelfolgeschäden.

BEISPIEL: Wenn die gekaufte defekte Schreibtischlampe explodiert und dabei auch der Schreibtisch in Mitleidenschaft gezogen wird, kann der Käufer Schadensersatz sowohl wegen der Lampe selbst (Mangelschaden) als auch wegen des Schreibtisches (Mangelfolgeschaden) verlangen.

Dabei verweisen die kaufrechtlichen Rücktritts- und Schadensersatzvorschriften auf das im Allgemeinen Schuldrecht geregelte Recht der Leistungsstörungen (vgl. oben 3.4).

Aufgegeben hat der Gesetzgeber die frühere Unterscheidung zwischen **Stückkauf** (Kauf einer konkret bestimmten, individuellen Sache) und **Gattungskauf** (vgl. § 243 BGB, oben 3.2.2). Das Kaufrecht ist auf den Gattungskauf als Normalfall zugeschnitten. Beim Stückkauf wird eine Nacherfüllung oftmals rein praktisch nicht möglich oder zumindest unzumutbar (§ 439 Abs. 3 BGB!) sein; hier bleibt also letztlich nur die Möglichkeit des Rücktritts oder der Minderung.

Der Verkäufer kann, wenn die Voraussetzungen der Sachmängelgewährleistung vorliegen, nicht nach § 119 Abs. 2 BGB anfechten (wohl dagegen nach § 119 Abs. 1 oder § 123).

Zu vom Verkäufer gewährten **Garantien** stellt das Gesetz ausdrücklich klar, dass der Verkäufer an diese gebunden ist und dem Käufer daneben zugleich die gesetzlichen Gewährleistungsrechte verbleiben, §§ 443, 477 BGB. Zudem regelt § 443 Abs. 2 BGB die Beweislast zugunsten des Käufers: Tritt in der Garantiezeit ein Sachmangel auf, muss der Verkäufer beweisen, dass der Mangel nicht auf der Beschaffenheit der Kaufsache beruht.

Die **Verjährungsfrist** für die Geltendmachung von Gewährleistungsrechten liegt nach § 438 BGB im Regelfall bei zwei bzw. (faktisch) drei Jahren. Die hochkomplizierte Regelung des § 438 BGB differenziert zwischen den unterschiedlichen Gewährleistungsrechten: Nacherfüllungs- und Schadensersatzansprüche verjähren in zwei Jahren, § 438 Abs. 1. Ein Rücktritts- oder Minderungsverlangen kann der Käufer dem Verkäufer hingegen gem. § 438 Abs. 4 bzw. Abs. 5 BGB so lange entgegenhalten, wie der Verkäufer den Kaufpreis verlangen kann; der Kaufpreisanspruch selbst verjährt ebenso wie das Recht auf Rücktritt oder Minderung in der neugeschaffenen Regelverjährungsfrist gemäß § 195 BGB, d. h. nach drei Jahren. Da § 218 BGB, auf den § 438 Abs. 4 und Abs. 5 für die Rücktritts- und Minderungsrechte verweisen, seinerseits wieder auf die Verjährung des Nacherfüllungsanspruches Bezug nimmt und der Verkäufer im Falle eines nach Ablauf dieser zwei Jahre geltend gemachten Minderungsbegehrens des Käufers vom Vertrag zurücktreten kann (§ 438 Abs. 4 Satz 3 BGB), ergibt sich praktisch folgende Situation: Zwei Jahre lang hat der Käufer alle Gewährleistungsrechte. Im dritten Jahr kann der Käufer nur noch sein Rücktrittsrecht ausüben oder Minderung verlangen. Hinsichtlich der Minderung (während des dritten Jahres) hat nun allerdings der Verkäufer die Wahl, sie zu akzeptieren oder seinerseits vom Vertrag zurückzutreten.

TAB. 4:	Gewährleistungsrechte des Käufers

Voraussetzungen:

► Kaufvertrag und

► entweder Sachmangel, § 434

    - entweder Abweichung von vereinbarter Beschaffenheit, § 434 I 1

    - oder fehlende Eignung für vorausgesetzte Verwendung, § 434 I 2 Nr. 1

    - oder Abweichung von üblicher Beschaffenheit, § 434 I 2 Nr. 2

    - oder fehlerhafte Montage/fehlerhafte Montageanleitung, § 434 II

    - oder Falschlieferung bzw. zu geringe Menge, § 434 III

► oder Rechtsmangel, § 435

Typische Ausnahmen/Einwendungen:

► Käufer kennt Mangel bzw. hat Mangel grob fahrlässig übersehen, § 442

► vertragl. Ausschluss der Gewährleistung, vgl. § 444 (beim Verbraucherkauf nur eingeschränkt zulässig, § 475)

► Verjährung, § 438 (2-3 Jahre, unterschiedlich je nach geltend gemachtem Gewährleistungsrecht)

Mögliche Rechtsfolgen:

    ► primär

        - Nacherfüllung, §§ 437 Nr. 1, 439

            - entweder Mangelbeseitigung (Nachbesserung)

            - oder Nachlieferung (Lieferung einer mangelfreien Sache)

    ► sekundär (i. d. R. erst nach abgelaufener Nacherfüllungsfrist)

        - entweder Rücktritt, §§ 437 Nr. 2, 326 V, 323, 440

        - oder Minderung, §§ 437 Nr. 2, 441

        - oder Schadensersatz, § 437 Nr. 3, §§ 281, 283 oder § 284 oder § 311a

Nun kann der Fall 7 (Kapitel Klausurtechnik und Fallbearbeitung) gelöst werden!

4.1.4 Besonderheiten beim Verbraucherkaufvertrag

Für Verträge, bei denen ein Unternehmen Verkäufer und ein Verbraucher (vgl. § 13 BGB) Käufer ist, gelten nach § 474 Abs. 1 Satz 1 die besonderen Vorschriften §§ 475-479 BGB. Während ansonsten (also bei Kaufverträgen zwischen Unternehmen) Vertragsfreiheit gilt, sind gemäß § 475 BGB für den Verbraucherkaufvertrag die gesetzlichen Kaufvertragsvorschriften im Wesentlichen **zwingendes Recht**. So kann insbesondere die Verjährungsfrist für die Gewährleistungsrechte nicht verkürzt werden (Ausnahme: Verkauf gebrauchter Sachen, bei denen ein Jahr Gewährleistung vereinbart werden kann, § 475 Abs. 2; weitere Ausnahme: Schadensersatzanspruch, § 475 Abs. 3).

Zudem gelten für den Verbraucherkaufvertrag (den der Gesetzgeber der zugrundeliegenden EU-Richtlinie folgend unpräzise „Verbrauchsgüterkauf" nennt) einige Sonderregeln, die in §§ 474-479 BGB vorgesehen sind. Von Bedeutung ist hier insbesondere die in § 476 BGB normierte **Beweislastumkehr**: Während normalerweise der Käufer beweisen muss, dass die Sache bei Gefahrübergang mangelhaft war, trifft beim Verbraucherkaufvertrag die Beweislast (für das Nicht-Vorliegen des Mangels bei Gefahrübergang) den Verkäufer, sofern der Mangel sich innerhalb der ersten sechs Monate zeigt.

Für den Verkäufer ergibt sich nun das Problem, dass der Verbraucher als Käufer eine günstige Rechtsposition hat, die dem Verkäufer gegenüber dem eigenen Lieferanten nicht zusteht. Denn zwischen Lieferant und Verkäufer werden i. d. R. die Regeln des Handelskaufs gelten, und zudem können hier die kaufrechtlichen Bestimmungen vertraglich abbedungen werden. Um diese Schwierigkeit zu entschärfen, sieht § 478 BGB einen **Rückgriff des Verkäufers gegen den Lieferanten** vor, insbesondere einen verschuldensunabhängigen Aufwendungserstattungsanspruch wegen **der Kosten der Nacherfüllung**.

4.1.5 Besonderheiten des internationalen Kaufrechts (UN-Kaufrecht)

Kaufverträge zwischen Vertragspartnern, von denen nur einer seinen Sitz in Deutschland hat, unterliegen meist nicht dem deutschen Kaufvertragsrecht, sondern internationalem Kaufvertragsrecht. Dieses so genannte UN-Kaufrecht ist im Wiener Übereinkommen über Verträge über den internationalen Warenkauf (CISG) geregelt. Diesem Übereinkommen sind Deutschland und die meisten wichtigen Handelspartner beigetreten.

Anwendbar ist das UN-Kaufrecht gemäß Art. 1 CISG auf **Waren-Kaufverträge** zwischen Vertragspartnern, die ihren Sitz in verschiedenen Staaten haben, wenn diese Staaten Vertragsstaaten sind. Freilich ist es – nicht nur bei Kaufverträgen – grundsätzlich Sache der Vertragsschließenden zu bestimmen, welches Recht Anwendung finden soll. Sie können ohne weiteres im Vertrag vereinbaren, dass nicht UN-Kaufrecht, sondern ausschließlich BGB-Kaufrecht gilt. Ist der Käufer ein privater Verbraucher, kommt UN-Kaufrecht ohnehin nicht zur Anwendung.

Viele Regelungen des UN-Kaufrechts sind den Normen des BGB ähnlich. Das gilt auch für die Rechte des Käufers bei **Leistungsstörungen**, Art. 45 ff. CISG. Der Käufer kann statt Minderung oder Vertragsaufhebung auch Nachbesserung oder Ersatzlieferung verlangen, daneben außerdem Schadensersatz. Diese Rechte hat der Käufer im Prinzip unabhängig davon, welche Vertragspflicht der Verkäufer verletzt hat; in Frage kommen Nicht-Lieferung, mangelhafte Lieferung, Unmöglichkeit, Verzug und positive Forderungsverletzung. Ersatzlieferung oder Vertragsaufhebung stehen dem Käufer allerdings nur bei wesentlichen Verletzungen der Vertragspflichten (vgl. Art. 25 CISG) zu. Umgekehrt hat der Verkäufer im Rahmen des Art. 48 CISG ein Nachbesserungsrecht. Andere Rechte als die in Art. 45 ff. CISG geregelten hat der Käufer bei Leistungsstörungen nicht; insbesondere kann er nicht anfechten oder Schadensersatz nach §§ 437 Ziffer 3, 440 BGB, aus c.i.c. oder PVV geltend machen.

Möglicherweise wird künftig als drittes kaufrechtliches Regelwerk ein Gemeinsames Europäisches Kaufrecht (GEK) in Form einer EU-Verordnung in Kraft treten (Entwurf der EU-Kommission vom 11. 10. 2011); entscheiden sich die Vertragsparteien dann für das GEK, ist damit die Anwendbarkeit des CISG ausgeschlossen.

4.2 Mietvertrag und Leasing

4.2.1 Mietvertrag

Im Mietvertrag verpflichtet sich der Vermieter, dem Mieter den Gebrauch einer Sache zu überlassen; der Mieter muss dafür die vereinbarte Miete zahlen (§ 535 BGB).

Grundsätzlich kann jede – bewegliche oder unbewegliche – Sache vermietet werden. Von praktischer Bedeutung ist vor allem die Vermietung von Räumen. Beachten muss man, dass für die Vermietung von Wohnraum Sonderregeln gelten, §§ 549-577a BGB. Zum Teil finden diese Sondervorschriften auch für Geschäftsräume Anwendung, vgl. § 578 BGB.

Ein Mietvertrag – auch über Wohnraum – bedarf keiner bestimmten Form, kann also mündlich geschlossen werden (Ausnahme § 550 BGB).

4.2.1.1 Pflichten des Mieters

Der Mieter muss den vereinbarten **Mietzins** (= „Miete") zahlen. Die Miete ist nach § 579 Abs. 1 grundsätzlich am Ende der Mietzeit bzw. nach Ablauf des Zeitabschnittes fällig (z. B. ist die monatliche Miete für Juli erst am 1. 8. zu zahlen). Für Wohnraum muss allerdings gemäß § 556b BGB eine Mietzahlung zu Beginn des Zeitraums, spätestens bis zum dritten Werktag (z. B. des laufenden Monats), erfolgen. Die Miete kann der Vermieter grundsätzlich nicht einseitig erhöhen, sondern es bedarf hierzu einer Vereinbarung mit dem Mieter (wichtige Ausnahmen von dieser Regel enthält – für Wohnraummietverträge – das BGB in §§ 557-560). Nebenkosten (Betriebskosten) trägt der Mieter nur, soweit dies vertraglich vereinbart ist, vgl. § 556 Abs. 1 BGB.

Nach Beendigung der Mietzeit ist der Mieter zur **Rückgabe der Mietsache** an den Vermieter verpflichtet (§ 546 BGB). Das Mietverhältnis endet gemäß § 542 BGB grundsätzlich mit dem Ablauf der vereinbarten Mietzeit, ansonsten durch Kündigung. Möglich sind **ordentliche Kündigungen** (mit Kündigungsfrist – hier gilt § 573c BGB bei Mietverträgen über Wohnräume bzw. § 580a bei sonstigen Mietverträgen) und **außerordentliche** (z.T. fristlose) **Kündigungen**. Das BGB enthält zahlreiche Vorschriften, nach denen eine außerordentliche Kündigung möglich ist. § 543 BGB ist hierfür die grundlegende Bestimmung; vgl. zudem §§ 561, 564, 569, 580. In der Praxis am wichtigsten ist die außerordentliche Kündigung nach § 543 Abs. 2 Satz 1 Nr. 3 i.V. m. 569 Abs. 3 Nr. 1 wegen Zahlungsrückstands des Mieters. Die Kündigung eines Wohnraum-Mietverhältnisses muss nach § 568 Abs. 1 BGB schriftlich erfolgen.

4.2.1.2 Pflichten des Vermieters/Gewährleistung

Der Vermieter muss dem Mieter den Gebrauch der Mietsache gewähren (§ 535 Abs. 1 Satz 1 BGB). Er muss die Sache dem Mieter überlassen und die Sache im gebrauchsfähigen Zustand erhalten (§ 535 Abs. 1 Satz 2 BGB; vgl. § 538 BGB). Bei Mängeln hat der Mieter die sich aus §§ 536 ff. ergebenden Rechte.

4.2.2 Leasing

Leasing ist die Überlassung einer Sache gegen Entgelt für eine bestimmte Zeit, meist mit der Möglichkeit für den Leasingnehmer, die geleaste Sache später erwerben zu können. Der – gesetzlich nicht geregelte – Leasingvertrag ähnelt dem Mietvertrag, meist – wenn eine Kaufoption im Leasingvertrag enthalten ist – auch dem Kaufvertrag. Im Unterschied zum Mietvertrag trägt der Leasingnehmer die Gefahr des Untergangs der geleasten Sache und die Lasten; der Leasinggeber haftet auch – anders als der Vermieter – nicht für Mängel, die während des Gebrauchs entstehen. Praktisch am häufigsten ist das **Finanzierungsleasing;** dabei schließt der Leasingnehmer einen Leasingvertrag mit dem Leasinggeber und erhält den Leasinggegenstand von einem Dritten, der nur dem Leasinggeber gegenüber verpflichtet ist.

Grundsätzlich ist auf den Leasingvertrag Mietrecht anzuwenden. Zu beachten sind beim Finanzierungsleasing die §§ 499 ff. BGB.

4.3 Darlehen und Leihe

4.3.1 Darlehen

Beim Darlehen überlässt der Darlehensgeber („Darleiher") dem Empfänger eine bestimmte Geldsumme; der Empfänger ist nach § 488 Abs. 1 Satz 2 BGB verpflichtet, die empfangene Summe zurückzuzahlen. Für die in der Praxis nur eine geringe Rolle spielende Überlassung anderer vertretbarer Sachen (vgl. § 91 BGB) gelten nicht die §§ 488 ff., sondern §§ 607 ff. BGB (Sachdarlehen); im Folgenden beschäftigen wir uns ausschließlich mit dem Gelddarlehen.

Das Darlehen kann **unentgeltlich** gewährt sein.

Es kann aber auch als gegenseitiger Vertrag ausgestaltet sein, bei dem der Empfänger als Gegenleistung **Zinsen** zahlen muss. Hauptfall eines verzinslichen Darlehens ist der **Bankkredit.**

Haben die Vertragsparteien nicht vereinbart, wann das Darlehen zurückgezahlt werden soll, so kann gemäß § 488 Abs. 3 die Rückzahlung erst nach Kündigung verlangt werden. Sowohl der Darlehensgeber als auch der Empfänger (Darlehensnehmer) sind nach §§ 489, 490 BGB zur Kündigung des Darlehens berechtigt. Von besonderem Interesse ist hier die Vorschrift des § 490 Abs. 2 BGB, eine gesetzliche Ausnahme vom Grundsatz der Vertragstreue: Der Darlehensnehmer kann ein verzinsliches Darlehen mit fester Laufzeit, das durch eine Hypothek oder Grundschuld (vgl. unten 5.4.2) gesichert ist, vorzeitig kündigen, wenn seine berechtigten Interessen dies gebieten.

BEISPIEL: ▸ Der Kredit dient der Finanzierung des Kaufs eines Hausgrundstücks und zugunsten der Bank lastet eine Hypothek auf dem Grundstück. Der Kreditnehmer möchte das Grundstück nun seinerseits wieder verkaufen und der potenzielle Käufer will es lastenfrei (ohne die Hypothek) erwerben.

Zum Ausgleich muss der Kreditnehmer, der nach § 490 Abs. 2 kündigt, der finanzierenden Bank eine **Vorfälligkeitsentschädigung** zahlen – die Bank hätte ja an den Zinsen verdient und soll durch die vorzeitige Kündigung (für die sie nichts kann!) keinen Nachteil erleiden.

Für ein Darlehen an Verbraucher gelten besondere Schutzvorschriften, §§ 491 ff. BGB (vgl. zum Verbraucherschutz oben 3.5).

4.3.2 Leihe

Der Leihvertrag, §§ 598 ff. BGB, regelt ausschließlich die **unentgeltliche** Überlassung einer Sache zum zeitweiligen Gebrauch. Er kommt im Wirtschaftsleben kaum vor.

Was im alltäglichen Sprachgebrauch als Leihe bezeichnet wird, ist rechtlich oft Miete (so z. B. ein „Leihwagen" von Sixt, Europcar o. ä.) oder Darlehen (wenn ich jemandem Geld „leihe", lege ich ja keinen Wert darauf, dieselben Geld**scheine** zurückzubekommen, sondern möchte lediglich die gleiche Geld**summe** zurück).

4.4 Dienstvertrag und Werkvertrag

Dienstvertrag (§§ 611 ff. BGB) und Werkvertrag (§§ 631 ff. BGB) verpflichten beide die eine Partei zum – mehr oder weniger körperlichen – Handeln und die andere Partei zur Zahlung einer Vergütung. Der Unterschied liegt darin, dass der Dienstverpflichtete nur eine bloße Tätigkeit schuldet, der Werkunternehmer dagegen einen Erfolg, d. h. ein vorher vereinbartes, greifbares Ergebnis (z. B. Autoreparatur, Erstellung eines Hauses). Die Unterscheidung kann im Einzelfall schwierig sein.

4.4.1 Dienstvertrag

Das Dienstvertragsrecht des BGB ist nur auf Dienste, die (zumindest formell) in **wirtschaftlicher und sozialer Unabhängigkeit** geleistet werden, uneingeschränkt anwendbar; ansonsten – also bei den weitaus meisten Arbeitnehmern – gilt Arbeitsrecht. Im Rahmen eines Dienstvertrages werden i. d. R. u. a. tätig: Vorstandsmitglieder einer Aktiengesellschaft, GmbH-Geschäftsführer; auch Wirtschaftsprüfer, Steuerberater, Rechtsanwälte, Sachverständige, Ärzte. Aber: Soweit es nur um eine bestimmte, fest umrissene Einzelleistung (z. B. Operation zur Entfernung eines Tumors, Steuererklärung 2002) geht, ist nicht Dienst-, sondern Werkvertragsrecht anwendbar.

Der geschuldete Dienst ist vom Dienstverpflichteten im Zweifel höchstpersönlich zu leisten (§ 613 BGB), d. h. der Dienstverpflichtete kann nicht an seiner Stelle einen anderen tätig sein lassen. Der Einsatz von Gehilfen im üblichen Rahmen ist jedoch erlaubt.

Dem Dienstverpflichteten steht die vereinbarte bzw., wenn nichts vereinbart ist, nach § 612 BGB die übliche Vergütung zu.

Das Dienstverhältnis endet mit dem Ablauf der Zeit, für die es eingegangen ist (§ 620 Abs. 1), bzw. durch Kündigung (§§ 620 Abs. 2, 621 ff.).

4.4.2 Werkvertrag

4.4.2.1 Grundlagen

Beim Werkvertrag verpflichtet sich der eine Teil (Werkunternehmer) zur Herstellung eines bestimmten Werkes, der andere Teil (Besteller) zur Zahlung einer Vergütung. Werkvertragsrecht ist i. d. R. anzuwenden u. a. auf die Leistungen von Architekten, Bauunternehmen und Handwerkern, ebenso bei Beförderung von Personen und Gütern.

Beim Werkvertrag kommt es in der Praxis besonders häufig zu Auseinandersetzungen vor Gericht.

Problematisch kann die Frage der Vergütung sein, für die grundsätzlich § 632 BGB gilt: Haben die Vertragspartner keine konkrete Vereinbarung über die Vergütung getroffen, so steht dem Unternehmer die übliche Vergütung zu.

Der Unternehmer kann nach § 641 Abs. 1 Satz 1 BGB die Vergütung grundsätzlich erst nach Abnahme verlangen, d. h. nachdem der Besteller das Werk als fertiggestellt und im Wesentlichen mangelfrei gebilligt hat. Der **Werkunternehmer ist** also (anders als z. B. der Verkäufer) **vorleistungspflichtig!** Nachdem der Unternehmer seine Leistung in abnahmereifer Form erbracht hat, kann er nach § 640 Abs. 1 BGB Abnahme verlangen; zudem ist er berechtigt, zugleich mit der Abnahme auch Zahlung zu fordern. Der Unternehmer kann eine Fertigstellungsbescheinigung eines Bausachverständigen gemäß § 641a BGB einholen; diese Bescheinigung hat die gleiche Wirkung wie die Abnahme, d. h. der Besteller muss zahlen.

Abschlagszahlungen vor Abnahme stehen dem Werkunternehmer unter den Voraussetzungen von § 632a BGB zu, ansonsten nur dann, wenn dies ausdrücklich vereinbart ist. Im Baugewerbe wird oftmals die VOB/B (ein von der Bauwirtschaft entwickeltes Regelwerk) zur Vertragsgrundlage gemacht, die dem Unternehmer einen Anspruch auf Abschlagszahlungen gibt.

Hat der Unternehmer dem Besteller einen unverbindlichen Kostenvoranschlag gemacht, so muss der Unternehmer nach § 650 Abs. 2 BGB dem Besteller unverzüglich Anzeige machen, wenn sich eine wesentliche Verteuerung (je nach den Umständen liegt die Grenze bei 10 % - 25 % Überschreitung) ergibt.

Ein Sonderfall des Werkvertrags ist der Werklieferungsvertrag, auf den nach § 651 BGB weitgehend die Vorschriften über den Kaufvertrag Anwendung finden.

4.4.2.2 Leistungsstörungen beim Werkvertrag

Besonders umfangreich geregelt ist beim Werkvertrag das Recht der Leistungsstörungen, die hier erfahrungsgemäß auch häufig auftreten. Die Gewährleistungsvorschriften für den Werkvertrag weisen viele Parallelen zum Kaufrecht auf (vgl. oben 4.1.3), doch gibt es auch einige Unterschiede.

Ob ein Mangel vorliegt, ist nach den gleichen Grundsätzen zu beurteilen wie beim Kaufvertrag, § 633 BGB.

Der Besteller kann, falls ein Mangel gegeben ist, primär gemäß §§ 634 Nr. 1, 635 **Nacherfüllung** verlangen, wobei der Unternehmer zwischen Nachbesserung des angefangenen Werks und kompletter Neuherstellung die Wahl hat, § 635 Abs. 1. Wenn die Nacherfüllung endgültig gescheitert ist, verweigert wird oder der Unternehmer sie nicht innerhalb einer ihm vom Besteller gesetzten Frist durchgeführt hat (vgl. § 636), hat der Besteller mehrere Möglichkeiten zur Auswahl: Er kann **zurücktreten** (§§ 634 Nr. 3), **Minderung** geltend machen (§ 634 Nr. 3, 638) oder **Schadensersatz** (§ 634 Nr. 4) verlangen. Bei unwesentlichen Mängeln kommt gemäß § 323 Abs. 5 Satz 2 BGB kein Rücktritt in Betracht, wohl aber eine Minderung, § 638 Abs. 1 Satz 2. Als weitere Alternative steht dem Besteller (anders als beim Kaufvertrag) ein Anspruch auf **Ersatz** der Kosten für die **selbst** (bzw. von einem Dritten, z. B. einem zuverlässigeren Unternehmen) **vorgenommene Nachbesserung** (§ 634 Nr. 2, 637) zu.

Wer im Prozess das Vorhandensein von Mängeln beweisen muss, richtet sich danach, ob das Werk schon abgenommen ist (§ 640) oder nicht. Nimmt der Besteller das Werk ab, muss er Mängel beweisen. Kennt der Besteller bei Abnahme den Mangel, so verliert er seine Gewährleistungsrechte, sofern er sie sich nicht vorbehält (§ 640 Abs. 2).

Zu beachten ist die besondere **Verjährungsfrist** von 2 Jahren bei auf eine Sache bezogenen Arbeiten und 5 Jahren bei Bauwerken (§ 634a).

4.5 Bürgschaft

Durch den Bürgschaftsvertrag, der zwischen dem Bürgen und dem Gläubiger geschlossen wird (!), verpflichtet sich der Bürge, für die Erfüllung der Forderung des Gläubigers gegen dessen (Haupt-)Schuldner einzustehen (§ 765 Abs. 1 BGB).

Der Bürgschaftsvertrag muss **schriftlich** abgeschlossen werden (§ 766); eine mündlich gegebene Bürgschaft ist nach § 125 BGB nichtig und verpflichtet den Bürgen zu nichts.

Durch die Bürgschaft erhält der Gläubiger den Bürgen quasi als Ersatz-Schuldner, an den er sich halten kann, wenn der Hauptschuldner nicht zahlungsfähig ist. Der Bürge kann die Zahlung verweigern, solange der Gläubiger nicht erfolglos vor Gericht gegen den Hauptschuldner vorgegangen ist (§ 771); Ausnahmen zu § 771 sind geregelt in § 773 (in der Praxis verlangt der Gläubiger meist eine selbstschuldnerische Bürgschaft).

Der Bürge muss nur in dem Umfang für die Schuld des Hauptschuldners haften, in dem die Forderung wirksam besteht. Hat beispielsweise der Hauptschuldner schon 1/3 der Forderung bezahlt, muss der Bürge nur noch 2/3 zahlen. Der Bürge kann dem Gläubiger auch alle Rechte entgegenhalten, die der Hauptschuldner dem Gläubiger entgegenhalten könnte (§ 768 BGB).

Befriedigt der Bürge den Gläubiger, kann er seinerseits die Forderung gegen den Hauptschuldner geltend machen (§ 774).

4.6 Schuldanerkenntnis und Vergleich

Um Streitigkeiten und insbesondere deren Austragung vor Gericht zu vermeiden, kann eine Klarstellung der bestehenden Rechtsbeziehungen sinnvoll sein. Das Gesetz regelt die hierzu in Frage kommenden Möglichkeiten des Schuldanerkenntnisses und Vergleichs nur bruchstückhaft.

4.6.1 Vergleich

§ 779 BGB definiert den Vergleich als Vertrag, durch den der Streit oder die Ungewissheit der Parteien über ein Rechtsverhältnis im Wege des gegenseitigen Nachgebens beseitigt wird. Vor Vergleichsabschluss muss entweder eine tatsächliche oder eine rechtliche Ungewissheit bestehen. Der Vergleich ist ein gegenseitiger Vertrag; jeder der Vertragsschließenden gibt nach, weil auch die andere Partei nachgibt.

Die **Wirkung des Vergleichs** besteht regelmäßig nur in der **Beseitigung der Ungewissheit bzw. des Streits**; das bisherige Schuldverhältnis wird mit neuem Inhalt festgestellt.

Haben die Vertragsschließenden allerdings ihrem Vergleich **gemeinsam** eine unrichtige Tatsache zugrunde gelegt und ist der Streit oder die Ungewissheit gerade wegen der unrichtigen Vorstellung der Parteien entstanden, so ist der Vergleich unwirksam, § 779 Abs. 1.

4.6.2 Schuldanerkenntnis

Das Schuldanerkenntnis ist ein Vertrag, in dem sich nur eine der beiden Parteien aufgrund eines bereits bestehenden Schuldverhältnisses zu einer Leistung verpflichtet.

Zu unterscheiden sind das in § 781 BGB normierte selbständige (auch „konstitutive") Schuldanerkenntnis und das nicht gesetzlich geregelte deklaratorische Schuldanerkenntnis.

Das **selbständige Schuldanerkenntnis** (und das inhaltlich hiervon kaum zu unterscheidende selbständige Schuldversprechen nach § 780 BGB) soll eine **Leistungsverpflichtung schaffen**, unabhängig davon, ob der Anerkennende bereits zur Leistung verpflichtet war. Beispiele hierfür sind die Gutschrift der Bank auf dem Konto des Kunden und die Erklärung des ertappten Ladendiebs, einen bestimmten Betrag zahlen zu wollen. Es bedarf nach § 781 Satz 1 der **Schriftform**.

Einwendungen aus dem als Grundlage dienenden Schuldverhältnis können dem auf das selbständige Schuldanerkenntnis gestützten Anspruch nicht entgegengesetzt werden. Auch gilt für den Anspruch aus dem selbständigen Schuldanerkenntnis die 3-jährige Verjährungsfrist nach § 195 BGB, selbst wenn der Anspruch aus dem Grundgeschäft einer kürzeren Verjährung unterlag.

Fehlt es an einem vorher bestehenden wirksamen Schuldverhältnis als Grundlage, so kann das selbständige Schuldanerkenntnis nach den Vorschriften über die ungerechtfertigte Bereicherung (vgl. unten 4.8) zurückverlangt werden, vgl. § 812 Abs. 2 BGB; der Anerkennende muss allerdings das Fehlen der Grundlage beweisen.

Das **deklaratorische Schuldanerkenntnis** dient lediglich dazu, eine **bestehende Schuld** zu **bestätigen** und der Ungewissheit bzw. dem Streit entziehen. Es kann formlos vereinbart werden. Je nach Parteivereinbarung sollen durch das deklaratorische Schuldanerkenntnis Einwendungen aus dem Grundgeschäft gänzlich ausgeschlossen sein oder lediglich die Beweislast verändert werden (d. h. wer eine Forderung bestätigt, kann sich seiner Verpflichtung nur entziehen, wenn er das Nichtbestehen der Forderung beweist). Beispiel hierfür ist die Deckungszusage der Versicherung.

Die **Unterscheidung** zwischen selbständigem und bloß deklaratorischem Schuldanerkenntnis ist vor allem für zwei Fragen von Bedeutung: Eine mündlich abgeschlossene Vereinbarung ist nur wirksam, wenn es sich um ein deklaratorisches Schuldanerkenntnis handelt, hingegen als selbständiges Schuldanerkenntnis gemäß §§ 781 Satz 1, 125 Satz 1 BGB nichtig. Außerdem führt ein selbständiges Schuldanerkenntnis zur 3-jährigen Verjährung, während es beim deklaratorischen Schuldanerkenntnis bei der – häufig kürzeren – Verjährungsfrist des Grundgeschäftes bleibt.

Es ist häufig schwierig, selbständiges und deklaratorisches Schuldanerkenntnis voneinander zu unterscheiden. Als Faustregel gilt: Je genauer in dem Vertrag die zugrundeliegende Forderung beschrieben ist, desto eher muss man von einem nur deklaratorischen Schuldanerkenntnis ausgehen.

Nun kann der Fall 8 (Kapitel Klausurtechnik und Fallbearbeitung) gelöst werden!

4.7 Auftrag und Geschäftsführung ohne Auftrag

4.7.1 Auftrag

Auftrag (nicht zu verwechseln mit der im allgemeinen Sprachgebrauch gängigen „Auftragserteilung" im Sinne der Annahme eines Vertragsangebotes) ist nach § 662 BGB ein Vertrag, durch den sich der Beauftragte verpflichtet, für den Auftraggeber ein **Geschäft unentgeltlich** zu **besorgen**. Gegenstand des Auftrags kann ein einfaches tatsächliches Handeln (z. B. Rasenmähen) oder auch ein rechtsgeschäftliches Tätigwerden sein; im letzteren Fall ist mit dem Auftragsverhältnis normalerweise die Erteilung einer Vollmacht an den Beauftragten verbunden.

Aus dem Auftrag verpflichtet ist in erster Linie nur der Beauftragte, der sich nach den Weisungen des Auftraggebers zu richten hat und nur im Rahmen des § 665 von ihnen abweichen darf. Erlangt der Beauftragte aus der Geschäftsbesorgung Vorteile, so hat er sie gemäß § 667 an den Auftraggeber herauszugeben.

Muss der Beauftragte allerdings – über den Einsatz der eigenen Arbeitskraft hinaus – **Aufwendungen** machen, so kann er hierfür gemäß § 670 vom Auftraggeber **Ersatz** verlangen. Aufwendungen in diesem Sinne sind auch Schäden, die der Beauftragte in Erfüllung seines Auftrags erleidet.

4.7.2 Geschäftsführung ohne Auftrag

Die in §§ 677-687 BGB geregelte Geschäftsführung ohne Auftrag (GoA) ist ein **gesetzliches Schuldverhältnis**, d. h. hier entstehen ohne Vertrag Pflichten und Rechte. GoA liegt nach § 677 BGB vor, wenn jemand („Geschäftsführer") ein Geschäft für einen anderen (den „Geschäftsherrn") besorgt, ohne von ihm beauftragt oder sonst dazu berechtigt zu sein.

BEISPIEL: ▸ Die Arbeiter eines Bauunternehmens schließen das von Arbeitern eines anderen Bauunternehmens auf der Baustelle offen liegengelassene Werkzeug sicher im Bauwagen ein, damit es nicht gestohlen wird.

Voraussetzung ist die Besorgung eines zumindest auch **fremden** Geschäftes; fremd kann das Geschäft bereits aus objektiven Gründen sein (z. B. wenn der Geschäftsführer für den Eigentümer eines Grundstückes tätig wird) oder aber subjektiv, weil der Geschäftsführer das Geschäft eben für einen anderen führen will.

Sofern die Übernahme der Geschäftsführung dem **Interesse** und dem wirklichen bzw. zumindest mutmaßlichen **Willen des Geschäftsherrn** entspricht, kann der Geschäftsführer nach § 683 wie ein Beauftragter gemäß § 670 **Ersatz der Aufwendungen** verlangen. Anders als beim Beauftragten erstreckt sich der Anspruch des Geschäftsführers ohne Auftrag auch auf die übliche Vergütung (so kann z. B. ein Arzt, der – ohne Auftrag – einen bewusstlosen Patienten behandelt, hierfür Vergütung verlangen).

Fehlt es hingegen am Interesse oder mutmaßlichen Willen des Geschäftsherrn, bleibt dem Geschäftsführer nur der Anspruch nach § 684.

4.8 Ungerechtfertigte Bereicherung

4.8.1 Einführung

Wer **ohne Rechtsgrund**, d. h. insbesondere ohne dass ein wirksamer Vertrag bestanden hat, etwas von einem anderen erlangt, ist ihm zur Herausgabe verpflichtet (§ 812 BGB). Juristen sprechen hier von einer Kondiktion. Die ungerechtfertigte Bereicherung ist in der Praxis relativ selten und in der Theorie höchst kompliziert.

Hat jemand in Erfüllung eines unwirksamen (z. B. angefochtenen) Vertrages ein Recht erlangt (z. B. das Eigentum an einer Sache), so bleibt er Inhaber des Rechts; das sachenrechtliche Erfüllungsgeschäft ist unabhängig vom schuldrechtlichen Verpflichtungsgeschäft wirksam. In solchen Fällen kann der ursprüngliche Rechtsinhaber Wiederherstellung des früheren Rechtszustandes verlangen (also z. B. Herausgabe und Rückübereignung der Sache).

Ist die Wiederherstellung des ursprünglichen Rechtszustandes nicht möglich, kann der Entreicherte vom Bereicherten Wertersatz verlangen, § 818 Abs. 2; dies gilt gemäß § 818 Abs. 3 nicht, wenn die Bereicherung nicht mehr gegeben ist (Beispiel: Von dem ungerechtfertigt erlangten Geld hat der Bereicherte eine teure Reise gemacht, die er sonst nicht gemacht hätte).

Eine ungerechtfertigte Bereicherung kann auch auftreten, wenn von vornherein keine Seite von einem Vertragsverhältnis ausgegangen ist.

BEISPIEL: Ein Bauer mäht eine der Wiesen seines Nachbarn in der Annahme, es sei seine eigene; der Nachbar braucht sich nun keine Maschine zum Mähen auszuleihen, spart außerdem Arbeitszeit und ist somit bereichert.

4.8.2 Die Bereicherungsansprüche im Einzelnen

Das Bereicherungsrecht stellt eine ganze Reihe von Anspruchsgrundlagen zur Verfügung. Von Bedeutung sind vor allem die Ansprüche nach § 812 Abs. 1 Satz 1 1. Alt., § 812 Abs. 1 Satz 1 2. Alt. und die verschiedenen Varianten des § 816.

§ 812 Abs. 1 Satz 1 1. Alt. regelt den Hauptfall der **Leistungskondiktion**. Auf § 812 Abs. 1 Satz 1 1. Alt. kann sich derjenige stützen, der – etwa aufgrund eines von vornherein nichtigen oder wirksam angefochtenen Vertrages – eine Leistung erbracht hat, ohne dass ein wirksamer Vertrag als Grundlage hierfür existierte. In der Praxis ist dies auch eine Art Rettungsanker für Prozessparteien, die einen Vertragsschluss nicht beweisen können.

Voraussetzungen der Leistungskondiktion sind:

► Leistung, d. h. bewusste, zweckgerichtete, auf Mehrung fremden Vermögens gerichtete Zuwendung

► „etwas erlangt", d. h. durch die Leistung muss der Bereicherte einen Vermögensvorteil erlangt haben

► auf Kosten des Leistenden

► Fehlen eines rechtlichen Grundes

§ 812 Abs. 1 Satz 1 2. Alt. („in sonstiger Weise") betrifft im Wesentlichen die so genannte **Eingriffskondiktion,** d. h. jene Fälle, in denen der Bereicherte selbst oder ein Dritter für die Bereicherung gesorgt hat (Beispiel: Jemand benutzt eine fremde Sache). Die Voraussetzungen entsprechen denen der Leistungskondiktion, nur dass hier eben keine Leistung vorliegt.

§ 816 BGB erfasst jene Fälle, in denen ein **Nichtberechtigter** (insbesondere ein Nicht-Eigentümer einer Sache) **eine Verfügung trifft,** die dem Berechtigten gegenüber wirksam ist (also etwa dazu führt, dass der bisherige Eigentümer sein Eigentum verliert). Dies lässt sich besser im Zusammenhang mit den sachenrechtlichen Vorschriften zum Eigentumserwerb vom Nichtberechtigten verstehen, weshalb es dort behandelt werden soll (unten 5.3.2).

4.9 Unerlaubte Handlungen und Gefährdungshaftung

4.9.1 Unerlaubte Handlungen

Die Regelungen über die unerlaubte Handlung (§§ 823 ff. BGB) gehören zu den wichtigsten Vorschriften des Schuldrechts.

Wer Leben, Körper, Gesundheit, Freiheit, Eigentum oder ein sonstiges **absolutes Recht** (z. B. Besitz) eines anderen vorsätzlich oder fahrlässig verletzt, ist dem Verletzten zum **Schadensersatz** verpflichtet (§ 823 Abs. 1 BGB).

Die gleiche Verpflichtung trifft nach § 823 Abs. 2 denjenigen, der gegen ein dem Schutz des anderen dienendes Gesetz verstößt (z. B. den Betrüger).

Voraussetzungen des Schadensersatzanspruches nach § 823 Abs. 1 sind:

a) Verletzungshandlung (oder Unterlassung, soweit eine Verpflichtung zum Tätigwerden besteht; insbesondere kommen Verkehrssicherungspflichten in Betracht, d. h. wer eine Gefahrenquelle (z. B. Baustelle) schafft, muss Maßnahmen zum Schutz Unbeteiligter treffen)

b) Rechtsgutsverletzung

Geschützt sind alle absoluten Rechte, d. h. Rechte, die gegenüber jedermann bestehen. Hierzu zählen außer den in § 823 I ausdrücklich genannten Rechten vor allem der berechtigte Besitz, das allgemeine Persönlichkeitsrecht und der eingerichtete und ausgeübte Gewerbebetrieb (Letzterer wird nur gegen solche Eingriffe geschützt, die sich **direkt** gegen den Betrieb richten, z. B. Streiks und Boykottaufrufe). Bloß **schuldrechtliche Forderungen schützt § 823 Abs. 1 BGB dagegen nicht** (!!); beispielsweise kann der Käufer vom Verkäufer, der ihm die Kaufsache nicht übergeben will, keinen Schadensersatz aus § 823 Abs. 1 verlangen.

c) Die Verletzungshandlung muss ursächlich für die Rechtsgutsverletzung sein (haftungsbegründende **Kausalität**).

d) Rechtswidrigkeit

I. d. R. ist die Verletzungshandlung rechtswidrig, was nicht besonders geprüft werden muss. Es gibt aber verschiedene Rechtfertigungsgründe, die die Rechtswidrigkeit aufheben (z. B. Notwehr).

e) Verschulden

Der Verletzer muss vorsätzlich oder fahrlässig gehandelt haben. Fahrlässigkeit ist die Außerachtlassung der im Verkehr erforderlichen Sorgfalt (§ 276 Abs. 1 Satz 2 BGB). Der Verletzer muss also in der Lage gewesen sein, die Entstehung eines Schadens zu vermeiden, soweit man dies von ihm verlangen konnte.

f) Schaden

Der Verletzte muss eine Vermögenseinbuße erlitten haben.

g) Ursächlichkeit der Rechtsgutsverletzung für den Schaden (haftungsausfüllende Kausalität)

Eine wichtige Vorschrift im Rahmen der unerlaubten Handlungen ist **§ 831 BGB.** Wer einen anderen für sich tätig werden lässt, muss danach für die von diesem „**Verrichtungsgehilfen**" verursachten Schäden einstehen. Wer allerdings beweisen kann, dass er den Mitarbeiter sorgfältig ausgewählt und seine Arbeit ordentlich geleitet hat, ist nach § 831 Abs. 1 Satz 2 nicht zum Schadensersatz verpflichtet (er kann sich „exkulpieren"). Zu unterscheiden ist die Haftung nach § 831 von der Haftung für Hilfspersonen gemäß § 278 BGB (Erfüllungsgehilfe) und nach § 31 BGB (Organe von Vereinen etc.; vgl. hierzu auch unten 7.2.3.3).

TAB. 5:	Haftung für Erfüllungsgehilfen/Verrichtungsgehilfen/Organe	
Erfüllungsgehilfe, § 278	**Verrichtungsgehilfe**, § 831	**Vereinsorgan**, § 31 (analoge Anwendung auf Gesellschaftsorgane bei Personengesellschaften)
nur im Rahmen eines bestehenden Schuldverhältnisses	kein Schuldverhältnis erforderlich	kein Schuldverhältnis erforderlich
keine Weisungsabhängigkeit der Hilfsperson erforderlich	Haftung nur für weisungsgebundene Hilfsperson	keine Weisungsabhängigkeit erforderlich
bloße Zurechnungsnorm (d. h. Anspruch muss sich aus anderen Vorschriften ergeben)	eigenständige Anspruchsgrundlage	bloße Zurechnungsnorm (d. h. Anspruch muss sich aus anderen Vorschriften ergeben)
keine Exkulpationsmöglichkeit	Exkulpationsmöglichkeit, § 831 Abs. 1 Satz 2	keine Exkulpationsmöglichkeit

4.9.2 Gefährdungshaftung

Gefährdungshaftung bedeutet, dass – auch **ohne Verschulden** (!) – für Schäden Ersatz zu leisten ist, die aufgrund eines gefährlichen Verhaltens entstehen. Nur wenn einer der gesetzlich geregelten Gefährdungshaftungstatbestände erfüllt ist, tritt die Gefährdungshaftung ein, also keineswegs bei jedem gefährlichen Verhalten.

Ist aber einer dieser Tatbestände erfüllt, so sind – anders als bei unerlaubten Handlungen – weder Rechtswidrigkeit noch Verschulden Anspruchsvoraussetzung.

Gefährdungshaftungstatbestände finden sich teilweise im BGB, vor allem aber in Sondergesetzen. Besonders wichtig sind die Haftung des Kraftfahrzeughalters nach § 7 Straßenverkehrsgesetz (StVG) und die Produzentenhaftung für Produktfehler nach § 1 Abs. 1 Satz 1 Produkthaftungsgesetz.

5. BGB – Sachenrecht

5.1 Grundsätze des Sachenrechts

5.1.1 Allgemeines

Das Sachenrecht behandelt die Rechtsbeziehungen **zwischen Personen und Sachen** sowie sich daraus ergebenden Rechtsbeziehungen zwischen Personen.

Es ist im dritten Buch des BGB geregelt, §§ 854-1296. Wichtig für das Sachenrecht sind auch die §§ 90-103 BGB.

Sachenrechte, auch **dingliche Rechte** genannt, **wirken** – anders als schuldrechtliche Rechte – **absolut, d. h. gegenüber jedermann.**

> **BEISPIEL:** Die Unterscheidung lässt sich am besten an einem Beispiel verdeutlichen: Nach Abschluss eines Kaufvertrags kann der Käufer nur von dem Verkäufer (und von niemand anders) Übergabe und Übereignung der Kaufsache verlangen (schuldrechtliches Recht bzw. Forderung). Der Verkäufer bleibt, bis er die Kaufsache an den Käufer übergibt und übereignet, Eigentümer der Kaufsache; nur er ist Eigentümer, und er kann jeden Anderen, sogar den Käufer, von einer Einwirkung auf die Kaufsache ausschließen (Sachenrecht bzw. dingliches Recht).

5.1.2 Bewegliche und unbewegliche Sachen

Sachen sind nach § 90 BGB körperliche Gegenstände. Zu unterscheiden sind unbewegliche Sachen (Grundstücke und Bestandteile von Grundstücken, besonders geregelt in §§ 873-902 BGB) und bewegliche Sachen (alle anderen Sachen).

5.1.3 Typenzwang des Sachenrechts

Die möglichen Sachenrechte sind **abschließend im Gesetz geregelt.** Anders als im Schuldrecht steht es den Beteiligten (und der Rechtswissenschaft!) nicht frei, einen neuen Typus zu erfinden; sie können nicht durch Vertrag Rechte vereinbaren oder Rechte in einer Form übertragen, die das Gesetz nicht vorsieht.

Zentrales Sachenrecht ist das Eigentum, auch wenn das Gesetz als Erstes den Besitz regelt.

5.2 Der Besitz

Der Besitz ist in §§ 854 ff. BGB normiert und vom Eigentum zu unterscheiden, d. h. **der Besitzer muss nicht mit dem Eigentümer einer Sache identisch** sein.

5.2.1 Unmittelbarer und mittelbarer Besitz

Die tatsächliche Gewalt über die Sache (§ 854 Abs. 1 BGB) ist **unmittelbarer Besitz.**

Der Besitz kann auch unberechtigt sein (so ist z. B. der Dieb – unmittelbarer – Besitzer der gestohlenen Sache).

Davon zu unterscheiden ist der **mittelbare Besitz** (§ 868 BGB). Hieraus ist auch erkennbar, dass unmittelbarer Besitz und Eigentum auseinander fallen können: Unmittelbarer Besitzer ist beispielsweise der Mieter, der aber nicht Eigentümer ist. Der Vermieter ist mittelbarer Besitzer (und meist Eigentümer der Mietsache). Beim mittelbaren Besitz besitzt der unmittelbare Besitzer für einen anderen (für den mittelbaren Besitzer), d. h. er erkennt an, dass der andere letztlich ein besseres Recht an der Sache hat. Der Sinn der Rechtskonstruktion „mittelbarer Besitz" liegt darin, dass der Besitz vom Gesetz geschützt wird und dieser Schutz auch den mittelbaren Besitzer erfassen soll.

5.2.2   Besitzschutz

Besitzschutz kann nach §§ 869 BGB sowohl der mittelbare Besitzer als auch der unmittelbare Besitzer geltend machen.

Der Besitzer kann nach §§ 861, 862 BGB gegen jeden vorgehen, der ihn im Besitz stört (sogar gegen den Eigentümer der Sache!). Er darf sich gegen Besitzstörungen (verbotene Eigenmacht, § 858 BGB) mit Gewalt wehren, § 859 BGB.

5.3   Das Eigentum

5.3.1   Rechte des Eigentümers

Der Eigentümer hat nach § 903 BGB ein **umfassendes Herrschaftsrecht** über die Sache. Privatleute können ihm dieses Recht nicht einseitig beschränken. Wohl aber kann der Eigentümer seine Sache mit dem Recht eines anderen belasten oder sich zu irgendeinem auf die Sache gerichteten Handeln verpflichten (z. B. die Sache verpfänden, vermieten oder verändern). Eingeschränkt sein können die Befugnisse des Eigentümers außerdem durch Gesetz; darunter fallen Vorschriften des BGB ebenso wie andere Gesetze, ja sogar öffentlich-rechtliche Verordnungen, Satzungen u. ä.

5.3.2   Eigentumserwerb an beweglichen Sachen

Derjenige, der Eigentum überträgt (also normalerweise der bisherige Eigentümer), wird Veräußerer genannt, der neue Eigentümer Erwerber.

5.3.2.1   Regelfall: Übereignung durch Einigung und Übergabe

Im Regelfall geht das Eigentum nach § 929 Satz 1 BGB durch Einigung und Übergabe über.

Die Übereignung vollzieht sich durch einen **sachenrechtlichen Vertrag**, die Einigung (die keiner besonderen Form bedarf), und eine **tatsächliche Handlung**, die Übergabe. Übergabe bedeutet, dass der Erwerber den Besitz an der Sache erlangt und der Veräußerer keinen Besitz behält. Nur wenn beide Voraussetzungen (Einigung und Übergabe) erfüllt sind, geht das Eigentum über.

Sowohl der Veräußerer als auch der Erwerber können sich bei der Einigung durch einen **Stellvertreter** (vgl. §§ 164 ff. BGB) vertreten lassen. Auch bei der Übergabe können sie Hilfspersonen einschalten; es genügt, wenn ein Dritter auf Geheiß des Veräußerers die Sache an einen Vierten übergibt, der die Sache für den Erwerber in Empfang nimmt.

5.3.2.2 Spezialfälle des Erwerbs vom Eigentümer durch Übereignung

Oft wollen die Parteien das Eigentum übertragen, ohne dass sich die Besitzverhältnisse ändern. Hierfür sieht das Gesetz eine Reihe von Möglichkeiten vor.

Nach § 929 Satz 2 BGB geht das Eigentum **allein durch die Einigung** über, wenn der Erwerber bereits im Besitz der Sache ist.

> Auf diese Weise kann das Eigentum z. B. an den Leasingnehmer, der sich zum Ende der Laufzeit des Leasingvertrages für den Kauf der geleasten Sache entscheidet, übertragen werden.

Damit nicht zu verwechseln ist die **aufschiebend bedingte Übereignung** (praktisch besonders wichtig: der **Kauf unter Eigentumsvorbehalt, § 449 BGB**). Bei der aufschiebend bedingten (§ 158 Abs. 1 BGB) Übereignung einigen sich die Parteien bereits vor oder zum Zeitpunkt der Übergabe, dass der Erwerber das Eigentum erlangen soll, allerdings erst, wenn die Bedingung erfüllt ist (d. h. beim Kauf unter Eigentumsvorbehalt mit Zahlung der letzten Kaufpreisrate; auf diese Weise kann sich der bisherige Eigentümer sein Eigentum sichern, bis der Erwerber die Gegenleistung erbracht hat).

Gemäß § 930 BGB kann umgekehrt auch der bisherige Eigentümer Besitzer bleiben und das Eigentum dennoch übergehen, indem **beide Parteien vereinbaren, dass das Eigentum übergeht und der Erwerber mittelbarer Besitzer wird.**

Es genügt, wenn der Veräußerer lediglich mittelbaren Besitz hatte und der Erwerber somit übergeordneten mittelbaren Besitz erlangt.

In der Praxis besonders wichtig ist § 930 bei der **Sicherungsübereignung**. Die Sicherungsübereignung wird im Wirtschaftsleben oft durchgeführt, um einem Kreditgeber (d. h. meist einer Bank) eine Sicherheit für einen gewährten Kredit zu geben. Sicherungsübereignung bedeutet, dass der Eigentümer einer Sache (z. B. eine Maschine oder auch ein ganzes Warenlager) diese dem Sicherungsnehmer, d. h. meist dem Kreditgeber, übereignet, um dessen Forderung zu sichern. Meist behält der bisherige Eigentümer dabei den Besitz, d. h. die Übereignung vollzieht sich nach § 930 BGB. Oft ist eine auflösend bedingte (vgl. § 158 Abs. 2 BGB) Übereignung vereinbart: Das Eigentum fällt automatisch wieder an den ursprünglichen Eigentümer zurück, wenn die gesicherte Forderung erloschen ist. Ebenso kann aber auch vereinbart sein, dass das Eigentum nicht automatisch zurückfällt, der alte Eigentümer aber nach Erlöschen der Forderung einen Anspruch auf Rückübertragung gegen den Sicherungsnehmer hat.

Eine weitere Möglichkeit der Übereignung stellt § 931 BGB zur Verfügung: Das Eigentum kann auch durch **Abtretung des Herausgabeanspruchs** gegen einen Dritten, der im Besitz der Sache ist, übergehen.

TAB. 6:	Übertragung des Eigentums an beweglichen Sachen durch Rechtsgeschäft					
I. § 929 Satz 1						
Zustand vor Übereignung			Zustand nach Übereignung			
Alter Eigent. = unm. Besitzer	Neuer Eigent.	Dritter	Alter Eigent.	Neuer Eigent. = unm. Besitzer	Dritter	
II. § 929 Satz 2						
Zustand vor Übereignung			Zustand nach Übereignung			
Alter Eigent.	Neuer Eigent. = unm. Besitzer	Dritter	Alter Eigent	Neuer Eigent. = unm. Besitzer	Dritter	
III. § 930						
Zustand vor Übereignung			Zustand nach Übereignung			
Alter Eigent. = unm. Besitzer	Neuer Eigent.	Dritter	Alter Eigent. = unm. Besitzer	Neuer Eigent. = mittelb Besitzer	Dritter	
IV. § 931						
Zustand vor Übereignung			Zustand nach Übereignung			
Alter Eigent.	Neuer Eigent.	Dritter = unm. Besitzer	Alter Eigent.	Neuer Eigent.	Dritter = unm. Besitzer	

5.3.2.3   Gutgläubiger Erwerb vom Nicht-Eigentümer

Durch eine der Form des § 929 Satz 1 entsprechende Übereignung erwirbt der Erwerber auch dann Eigentum, wenn der Veräußerer **nicht** Eigentümer ist, § 932 Abs. 1 Satz 1 BGB. Dies gilt allerdings nur, sofern der **Erwerber nicht „bösgläubig"** ist. Bösgläubig (= nicht gutgläubig) ist nach § 932 Abs. 2, wer weiß oder aufgrund grober Fahrlässigkeit nicht weiß, dass der Veräußerer nicht Eigentümer ist.

Auch bei den anderen Formen der Übereignung ist ein gutgläubiger Erwerb unter bestimmten Voraussetzungen möglich, §§ 932 Abs. 1 Satz 2, 933, 934 BGB.

Gäbe es die Möglichkeit des gutgläubigen Erwerbs nicht, so würde der Warenhandel wesentlich erschwert, denn dann müsste ein potenzieller Erwerber ja immer zuerst prüfen, ob der Veräußerer tatsächlich Eigentümer ist.

Bei gestohlenen oder sonst wie abhanden gekommenen **Sachen** ist nach § 935 BGB ein **gutgläubiger Erwerb** grundsätzlich **ausgeschlossen.**

Wer sein Eigentum nach den Vorschriften über den Gutglaubenserwerb verloren hat, kann sich – gestützt auf § 816 BGB – schadlos halten. Ist die Sache entgeltlich veräußert worden (also z. B. verkauft), so kann der bisherige Eigentümer nach § 816 Abs. 1 Satz 1 das Erlangte (d. h. den Kaufpreis o. ä.) vom nichtberechtigten Veräußerer herausverlangen. Ist der neue Eigentümer unentgeltlich in den Genuss des Eigentums gelangt, muss er die Sache nach § 816 Abs. 1 Satz 2 dem bisherigen Eigentümer zurückübereignen.

5.3.2.4 Weitere Möglichkeiten des Eigentumserwerbs

Das Eigentum kann ohne Zutun des bisherigen Eigentümers auch durch Ersitzung (§ 937 BGB), Verbindung (§ 947 BGB), Vermischung (§ 948 BGB), Verarbeitung (§ 950 BGB), Aneignung (§ 958 BGB) oder aufgrund eines Fundes (§§ 965 ff. BGB) übergehen; alle diese Vorschriften spielen im Wirtschaftsleben und in der Rechtspraxis keine große Rolle.

5.3.3 Eigentumserwerb an Grundstücken

Ein Grundstück wird nach § 873 BGB durch Einigung und Eintragung ins (beim Amtsgericht geführte) Grundbuch erworben. Beide Voraussetzungen müssen erfüllt sein, damit das Eigentum an dem Grundstück übergeht. Die auf Übertragung des Eigentums an einem Grundstück gerichtete Einigung heißt nach § 925 BGB **Auflassung.** Sie muss vor einem **Notar** (oder im Rahmen eines Vergleichs vor Gericht) erklärt werden, sonst ist sie nach § 125 Satz 1 BGB unwirksam. In der Praxis werden meist der Grundstückskaufvertrag, der nach § 311b Satz 1 BGB ebenfalls vor einem Notar geschlossen werden muss, und die Auflassung in ein und demselben notariellen Vertrag niedergelegt.

§ 925 Abs. 2 BGB bestimmt, dass die Auflassung nicht bedingt oder befristet erklärt werden kann. Dementsprechend ist eine Grundstücks-Veräußerung unter Eigentumsvorbehalt nicht möglich!

Nach § 883 BGB kann der Anspruch auf Auflassung durch eine ins Grundbuch einzutragende **Vormerkung** gesichert werden. Ist eine solche Vormerkung eingetragen, kann ein Dritter das Grundstück nicht gutgläubig erwerben, was ansonsten nach § 892 BGB möglich ist.

5.3.4 Eigentumsschutz

Nach **§ 985 BGB** – eine ganz zentrale Vorschrift des BGB – kann der Eigentümer von dem Besitzer die **Herausgabe der Sache** verlangen.

Dies gilt nicht, wenn der Besitzer zum Besitz berechtigt ist, § 986 BGB. Der Besitzer kann sowohl aufgrund eines schuldrechtlichen Vertrages (z. B. Mietvertrag) zum Besitz berechtigt sein als auch aufgrund eines Sachenrechts (z. B. Pfandrecht).

Wo ein Anspruch aus § 985 BGB besteht, hat der Eigentümer unter den Voraussetzungen der §§ 987 ff. BGB auch noch weitere Ansprüche, insbesondere auf **Schadensersatz** und **Herausgabe von Nutzungen** (vgl. dazu § 100 BGB).

Außerdem kann der Eigentümer nach § 1004 **Beseitigung und Unterlassung von Eigentumsstörungen** von dem Störer verlangen.

Nun kann der Fall 9 (Kapitel Klausurtechnik und Fallbearbeitung) gelöst werden!

5.4 Sonstige Sachenrechte („Beschränkte dingliche Rechte")

Das Sachenrecht sieht eine Reihe von Rechten vor, die weniger umfassende Befugnisse an der Sache gewähren als das Eigentum.

Die meisten von ihnen haben keine große Bedeutung. In diese Kategorie gehören Grunddienstbarkeiten (§§ 1018 ff. BGB), Nießbrauch (§§ 1030 ff. BGB), beschränkte persönliche Dienstbarkeiten (§§ 1090 ff. BGB), Vorkaufsrecht (§§ 1094 ff. BGB), Reallasten (§§ 1105 BGB) und Rentenschuld (§§ 1199 BGB).

Relativ wichtig sind hingegen Pfandrechte an beweglichen Sachen und vor allem die Grundpfandrechte Hypothek und Grundschuld.

5.4.1 Pfandrechte an beweglichen Sachen

Pfandrechte dienen der Sicherung des Gläubigers einer Forderung.

Das Pfandrecht an beweglichen Sachen zeichnet sich dadurch aus, dass der Gläubiger den unmittelbaren Besitz an der dem Schuldner gehören beweglichen Sache erhält, vgl. § 1205 Abs. 1 BGB (Ausnahme § 1205 Abs. 2 BGB).

Wird die Forderung des Gläubigers nicht erfüllt, kann er sich nach §§ 1204 Abs. 1, 1220 f., 1234 ff. BGB aus dem Pfand (d. h. der mit dem Pfandrecht belasteten Sache) befriedigen. Erlischt die Forderung, muss der Pfandgläubiger das Pfand an den Eigentümer zurückgeben, § 1223 BGB.

Pfandrechte an beweglichen Sachen können durch Rechtsgeschäft (§ 1205 BGB) oder kraft Gesetzes entstehen.

Das rechtsgeschäftliche Pfandrecht spielt in der Praxis kaum eine Rolle, denn meist möchte der Schuldner seine Sache lieber behalten und nutzen können, so dass man statt des Pfandrechts die Sicherungsübereignung wählt (vgl. oben 5.3.2.2).

Relevant sind hingegen gesetzliche Pfandrechte, nämlich das Vermieterpfandrecht (§ 562 BGB) und das Werkunternehmerpfandrecht (§ 647 BGB). Auf die kraft Gesetzes entstandenen Pfandrechte finden nach § 1257 BGB die Vorschriften der §§ 1204 ff. entsprechende Anwendung.

5.4.2 Grundpfandrechte

Auch die Grundpfandrechte, d. h. die Hypothek und die Grundschuld, dienen (zumindest normalerweise) der Sicherung einer Forderung.

Sie belasten aber nicht eine bewegliche Sache, sondern ein Grundstück.

Gesetzlicher Regelfall ist die **Hypothek**, §§ 1113 ff. BGB. Auf die **Grundschuld** (§§ 1191 ff. BGB) sind nach § 1192 im Prinzip die Vorschriften über die Hypothek entsprechend anwendbar.

Hypothek ist nach § 1113 Abs. 1 BGB die Belastung eines Grundstücks zugunsten des Gläubigers einer Forderung und gibt dem Gläubiger das Recht, die Zahlung einer bestimmten Geldsumme aus dem Grundstück zu verlangen, soweit die Forderung besteht.

Zwischen der Hypothek und der Forderung besteht **Akzessorietät**, d. h. es gilt der Grundsatz „keine Hypothek ohne Forderung". Wird die Forderung abgetreten, geht die Hypothek mit auf den neuen Gläubiger über, § 1153 I BGB.

Dagegen ist die Hypothek vom Grundstückseigentum unabhängig. Wechselt der Grundstückseigentümer, so bleibt die Hypothek trotzdem bestehen, d. h. sie lastet weiterhin auf dem Grundstück.

Die **Hypothek entsteht durch Einigung und Eintragung ins Grundbuch** (§§ 873, 1115 BGB) sowie zusätzlich entweder die Übergabe eines Hypothekenbriefes (Briefhypothek, § 1116 Abs. 1) oder den **Ausschluss** der Erteilung eines Hypothekenbriefes (Buchhypothek, § 1116 Abs. 2).

Die **Grundschuld** (§ 1191 BGB) ist in der Praxis üblicher als die Hypothek. Der entscheidende Unterschied liegt darin, dass die Grundschuld keine Forderung voraussetzt; sie ist **nicht akzessorisch**. Zwar soll auch die Grundschuld normalerweise der Sicherung von Forderungen dienen, was in aller Regel durch einen schuldrechtlichen Vertrag auch vereinbart wird. Doch können in ihrer Höhe wechselnde Forderungen besser durch eine Grundschuld gesichert werden. Die Grundschuld bleibt nämlich beim Erlöschen der gesicherten Forderungen bestehen und in der Hand des Gläubigers, während die Hypothek beim Erlöschen der Forderung nach § 1163 BGB auf den Eigentümer des Grundstücks übergeht.

6. Übersicht über die wichtigsten Anspruchsgrundlagen im BGB

Hier sind nicht alle, sondern nur die wichtigsten Anspruchsgrundlagen aufgeführt. In Klausurfällen besonders häufig zu prüfende Anspruchsgrundlagen sind durch Fettdruck markiert. Achtung: Einige wenige der genannten §§ werden erst im Zusammenhang mit dem Handelsrecht erklärt!

6.1 Vertragliche Erfüllungsansprüche („Primäransprüche", zuerst prüfen!)

▶ Vertragsstrafenvereinbarung (s. Kapitel 7.7.2.4):
   – § 339 (Zahlung der Vertragsstrafe)
▶ Kaufvertrag:
   – § 433 Abs. 1 (Übergabe und Übereignung der Kaufsache)
   – **§ 433 Abs. 2 (Zahlung des Kaufpreises und Abnahme der Kaufsache)**
▶ Darlehensvertrag:
   – § 488 Abs. 1 Satz 1 (Auszahlung des vereinbarten Darlehensbetrages)
   – § 488 Abs. 1 Satz 2 (Rückzahlung des Darlehens und Zahlung der vereinbarten Zinsen)
▶ Mietvertrag:
   – § 535 Abs. 1 (Gewährung des Gebrauchs der Mietsache)
   – **§ 535 Abs. 2 (Zahlung der Miete)**
▶ Dienstvertrag:
   – § 611 Abs. 1 (Leistung der vereinbarten Dienste)
   – § 611 Abs. 1, 612 (Zahlung der vereinbarten/üblichen Vergütung beim Dienstvertrag)
▶ Werkvertrag:
   – § 631 Abs. 1 (Herstellung des vereinbarten Werkes)
   – **§ 631 Abs. 1, 632 (Zahlung der vereinbarten/üblichen Vergütung beim Werkvertrag)**
▶ Maklervertrag (s. Kapitel 7.10)
   – § 652 Abs. 1, 653 BGB (Zahlung von Maklerlohn = Provision)
▶ Auftrag:
   – § 662 (Besorgung des Geschäfts)
   – § 666 (Auskunft und Rechenschaft des Beauftragten)
▶ Bürgschaft:
   – § 765 Abs. 1 (Zahlung der Bürgschaftssumme)
▶ Vergleich:
   – § 779 (Anspruch auf Erbringung der im Vergleich vereinbarten Leistung/Zahlung)
▶ Abstraktes Schuldversprechen/Schuldanerkenntnis:
   – § 780 bzw. § 781 (Erbringung der zugesagten bzw. anerkannten Leistung)

6.2 Erfüllungsanspruch aus vertragsähnlicher Bindung

▶ § 179 Abs. 1 (Anspruch des Geschäftspartners gegen den Vertreter ohne Vertretungsmacht auf Erfüllung)

6.3 Gewährleistungsansprüche

▶ Kaufvertrag:
- §§ 439 Abs. 1 1. Alt., 437 Nr. 1 (Nacherfüllung durch Reparatur)
- §§ 439 Abs. 1 2. Alt., 437 Nr. 1 (Nacherfüllung durch Ersatzlieferung)
- §§ 441, 437 Nr. 2 2. Alt. (Minderung)
- §§ 437 Nr. 3 i. V. m. 280, 281 (Schadensersatzanspruch; s. auch unten unter „Schadensersatzansprüche")

HINWEIS:

Die ebenfalls ein Gewährleistungsrecht darstellende Möglichkeit des Rücktritts ist kein Anspruch, sondern ein Gestaltungsrecht; mögliche Ansprüche auf Rückgabe sind auf § 346 zu stützen!

▶ Werkvertrag:
- §§ 635 Abs. 1 1. Alt., 634 Nr. 1 (Nacherfüllung durch Reparatur)
- §§ 635 Abs. 1 2. Alt., 634 Nr. 1 (Nacherfüllung durch Erstellung eines neuen Werkes)
- § 638 Abs. 1, 634 Nr. 3 2. Alt. (Minderung)
- § 637 Abs. 1, 634 Nr. 2 (Kostenersatz für Ersatzvornahme)
- §§ 634 Nr. 4 i. V. m. 280, 281 (Schadensersatzanspruch; s. auch unten unter „Schadensersatzansprüche")

6.4 Schadensersatz und Aufwendungsersatz

6.4.1 Schadensersatz im Rahmen von Vertrag und vertragsähnlicher Bindung

▶ § 122 Abs. 1 (SE-Anspruch gegen den Anfechtenden)
▶ § 179 Abs. 1 (SE-Anspruch gegen Vertreter ohne Vertretungsmacht)
▶ **§ 280 Abs. 1 (SE wg. Pflichtverletzung, soweit es keine speziellere Regelung gibt; auch bei Verletzung vertraglicher Nebenpflichten gem. § 241 Abs. 2)**
▶ **§ 280 Abs. 1, Abs. 2, 286 (SE wg. Verzögerung der Leistung)**
▶ §§ 280 Abs. 1, Abs. 3, 281 (SE statt Leistung bei Nicht- oder Schlechtleistung nach erfolgloser Fristsetzung)

► §§ 280 Abs. 1, Abs. 3, 283 (SE bei vom Schuldner zu vertretender Unmöglichkeit der Leistung, vgl. § 275)

► §§ 437 Nr. 3 i. V. m. 280, 281 (SE bei Mangel der Kaufsache)

► §§ 634 Nr. 4 i. V. m. 280, 281 (SE bei Mangel des Werks)

6.4.2 Ansprüche auf Aufwendungsersatz (bzw. Verwendungsersatz)

► § 284 i. V. m. den jeweils soeben unter „Schadensersatz" genannten §§ 280 ff. oder 437 Nr. 3 oder 634 Nr. 4

► § 304 (bei Annahmeverzug)

► § 670 (bei Auftrag) bzw. §§ 675 i. V. m. 670 (bei entgeltlicher Geschäftsbesorgung)

► § 994 ff. (Verwendungsersatzanspruch des unrechtmäßigen Besitzers gegen den Eigentümer)

6.4.3 Schadensersatzansprüche aus Gesetz

► § 823 Abs. 1 (wegen Verletzung eines absoluten Rechts, z. B. Eigentum, Gesundheit)

► § 823 Abs. 2 i. V. m. Schutzgesetz (wg. Verstoß gegen Schutzgesetz, v. a. bei Straftaten)

► § 826 (vorsätzl. sittenwidrige Schädigung)

► § 831 Abs. 1 Satz 1 (Anspruch gegen Geschäftsherrn eines Verrichtungsgehilfen)

6.5 Herausgabe- und Rückgabeansprüche

► § 346 Abs. 1 (Rückgabeanspruch bei Rücktritt bzw. Widerruf)

► § 667 (Herausgabe des beim Auftrag Erlangten)

► § 812 Abs. 1 Satz 1 (Rückgabeanspruch gegen den ohne Rechtsgrund Bereicherten)

► § 861 (Herausgabeanspruch aus Besitz)

► § 985 (Herausgabeanspruch aus Eigentum)

► § 1007 (Herausgabeanspruch des früheren Besitzers)

6.6 Ansprüche auf Herausgabe bzw. Erstattung von Nutzungen

► § 346 Abs. 1 (bei Rücktritt)

► §§ 987, 988, 990 ff. (Ansprüche des Eigentümers gegen den unrechtmäßigen Besitzer)

7. Handelsrecht

7.1 Kaufleute/Geltungsbereich des Handelsrechts

Handelsrecht ist das **Sonderprivatrecht der Kaufleute**. Auch für Kaufleute gelten die Vorschriften des BGB und sonstige privatrechtliche Normen. Das Handelsrecht stellt lediglich zusätzliche Bestimmungen zur Verfügung, die zum Teil ergänzend, zum Teil aber auch abändernd wirken. Die handelsrechtlichen Vorschriften sind zum größten Teil im Handelsgesetzbuch (HGB) enthalten.

Handelsrecht gilt für Kaufleute. Das Gesetz unterscheidet in §§ 1-6 HGB verschiedene Typen von Kaufleuten.

Bis zum am 1.7.1998 in Kraft getretenen Handelsrechtsreformgesetz galt ein komplizierteres System. Insbesondere war von Bedeutung, in welcher Branche ein Gewerbetreibender tätig war. Es gab – anders als nach dem neuen Recht – „Sollkaufleute" und „Minderkaufleute". Die alten Bestimmungen spielen jetzt nur noch eine Rolle, wenn es um Sachverhalte aus der Zeit vor dem 1.7.1998 geht.

7.1.1 Formkaufleute/Handelsgesellschaften

Die **Kapitalgesellschaften** (GmbH, Aktiengesellschaft, Kommanditgesellschaft auf Aktien und eingetragene Genossenschaft) gelten **kraft Gesetzes** als **Handelsgesellschaften** (wichtig: § 13 Abs. 3 GmbHG), womit für sie nach § 6 HGB Handelsrecht gilt. Sie sind „**Formkaufleute**". Es ist bei Kapitalgesellschaften völlig gleichgültig, womit sich das Unternehmen beschäftigt und wie groß es ist – Handelsrecht gilt in jedem Falle (auch z. B. auf eine Rechtsanwalts- oder Steuerberater-GmbH ist also Handelsrecht anwendbar).

Auch auf jede andere Handelsgesellschaft (OHG, KG) ist gemäß § 6 Abs. 1 HGB Handelsrecht anwendbar. Eine Gesellschaft, die nicht Kapitalgesellschaft ist, ist aber nur Handelsgesellschaft, wenn sie ein Gewerbe betreibt (oder wenn sie sich unter den Voraussetzungen des § 105 Abs. 2 HGB ins Handelsregister hat eintragen lassen). **Für die BGB-Gesellschaft (**Gesellschaft bürgerlichen Rechts, §§ 705 ff. BGB) **gilt Handelsrecht nicht**! Auch die Stille Gesellschaft (§§ 230 ff. HGB) ist keine Handelsgesellschaft.

7.1.2 Gewerbetreibende

Kaufmann ist nach § 1 Abs. 1 HGB, **wer ein Handelsgewerbe betreibt.**

Ein **Gewerbe** (= Gewerbebetrieb) ist eine Tätigkeit, die folgende Voraussetzungen erfüllt:

▶ selbständig ausgeübt; es kommt auf die rechtliche, nicht auf die wirtschaftliche Selbständigkeit an

▶ planmäßig und auf Dauer ausgeübt

▶ erkennbar marktorientiert (das ist bei einem stillen Teilhaber nicht der Fall)

▶ entgeltlich, d. h. auf Gewinnerzielung ausgerichtet

▶ **nicht** wissenschaftlich, künstlerisch oder freiberuflich (Freiberufler sind z. B. Steuerberater und Architekten; das hat eher historische Gründe)

Betreiber eines Handelsgewerbes ist nur derjenige, der es – rechtlich gesehen – selbst betreibt. Die im Rahmen des Handelsgewerbes abgeschlossenen Verträge müssen in seinem Namen abgeschlossen werden und so für und gegen ihn wirken. Darauf, wer tatsächlich die Geschäfte führt, kommt es nicht an; GmbH-Geschäftsführer, Vorstandsmitglieder einer AG und Prokuristen sind (handelsrechtlich betrachtet) keine Kaufleute. Es ist auch gleichgültig, für wessen Rechnung die Geschäfte letztlich abgeschlossen werden und mit wessen Mitteln gearbeitet wird.

Auch die persönlich haftenden Gesellschafter einer OHG oder KG sind in diesem Sinne Kaufleute, nicht hingegen die Kommanditisten einer KG.

7.1.2.1 Istkaufleute

Statt von „Istkaufmann" wird teilweise auch von „Kaufmann kraft Handelsgewerbes" oder „Musskaufmann" gesprochen.

a) Regelfall: Gewerbetreibender ist Kaufmann

Gemäß § 1 Abs. 2 HGB ist ein Gewerbetreibender i. d. R. Kaufmann (so genannte gesetzliche Vermutung, d. h. solange nicht feststeht, dass die Voraussetzungen der nachfolgend unter b) behandelten Ausnahme gegeben sind).

Dabei kommt es nicht darauf an, in welcher Branche er tätig ist: Auch ein Handwerker oder Dienstleister ist nach dem (neuen) HGB Kaufmann.

Es spielt hier keine Rolle, ob der Gewerbetreibende sich ins Handelsregister hat eintragen lassen. Wer die Voraussetzungen des § 1 Abs. 1, 2 HGB erfüllt, ist unabhängig von seiner Eintragung Kaufmann und damit den Bestimmungen des HGB unterworfen. Die **Eintragung ist nur deklaratorisch.**

b) Ausnahme: Kleingewerbetreibende

Nach der in § 1 Abs. 2 HGB enthaltenen Ausnahmebestimmung ist ein Gewerbetreibender dann nicht Kaufmann, wenn sein Unternehmen einen in kaufmännischer Weise eingerichteten Geschäftsbetrieb nicht erfordert.

Dies ist objektiv zu beurteilen, und zwar nicht allein nach den Umsatzzahlen (diese sind allerdings ein Indiz), sondern danach, in welcher Art und Weise das Unternehmen sinnvollerweise geführt werden müsste, insbesondere in puncto Buchführung. In die Gesamtwürdigung sind einzubeziehen: Zahl der Beschäftigten, Art ihrer Tätigkeit, Kapital, die Vielfalt der erbrachten Leistungen und der Geschäftsbeziehungen.

Es kommt nicht darauf an, wie das Unternehmen tatsächlich geführt wird (auch ein kleiner Feierabend-Briefmarkenhändler mag seinen Laden wie eine große Buchhandlung führen – er ist dennoch nicht Kaufmann), sondern auf die objektiven Notwendigkeiten.

Da es sich hier um eine Ausnahmebestimmung für Kleingewerbetreibende handelt, kann man, wenn man über den Umfang des Geschäftsbetriebes eines Gewerbetreibenden keine hinreichenden Informationen hat, zunächst einmal davon ausgehen, dass dieser (Ist-)Kaufmann ist.

7.1.2.2 Kannkaufleute

Den soeben erwähnten Kleingewerbetreibenden steht es nach § 2 HGB frei, Kaufmann zu werden. Um Kaufmann zu werden, können sie sich ins Handelsregister eintragen lassen. Mit der Eintragung ins Handelsregister wird ein Kleingewerbetreibender (rechtlich) Kaufmann, so dass die Vorschriften des Handelsrechts für ihn gelten.

Die **Eintragung wirkt** hier **konstitutiv** (rechtserzeugend, d. h. ohne die Eintragung ist der Kleingewerbetreibende eben kein Kaufmann im Sinne des HGB).

Es steht im Belieben des auf diese Weise zum Kaufmann gewordenen Kleingewerbetreibenden, sich wieder aus dem Handelsregister löschen zu lassen und dadurch wieder zum Nicht-Kaufmann zu werden.

„Kannkaufleute" sind auch die größeren Land- und Forstwirte; diese sind nach § 3 Abs. 2 HGB berechtigt, aber nicht verpflichtet, durch Eintragung ins Handelsregister zu Kaufleuten zu werden. Anders als ein Kleingewerbetreibender kann solch ein Land- oder Forstwirt sich allerdings nicht nach Belieben wieder aus dem Handelsregister löschen lassen; ist er erst einmal Kaufmann, so bleibt er es.

7.1.2.3 Schein- und Fiktivkaufmann

Wer nach außen hin als Kaufmann auftritt, ohne ins Handelsregister eingetragen zu sein, muss sich unter bestimmten Voraussetzungen als Kaufmann behandeln lassen („Scheinkaufmann"). Der **Scheinkaufmann** muss selbst dazu Anlass gegeben haben, dass er für einen Kaufmann gehalten wird, und der Geschäftspartner muss darauf vertraut haben.

> **BEISPIEL:** ▶ Langzeitstudent Schlingel möchte seinen Gebrauchtwagen verkaufen. Da er die Erfahrung gemacht hat, dass Autos beim Händler zu höheren Preisen verkauft werden als von privat zu privat, annonciert er den Wagen unter „Autohandel Schlingel" in der Zeitung. Die Interessenten bestellt er auf einen kleinen Parkplatz, auf dem einige Autos herumstehen und an dem er ein Schild „Autohandel Schlingel" angebracht hat. Wenn Schlingel nun den Wagen an einen gutgläubigen Interessenten verkauft, muss er sich hinsichtlich dieses Geschäftes als Kaufmann behandeln lassen.

Wer im Handelsregister eingetragen ist, ist nach der (praktisch so gut wie bedeutungslosen) Vorschrift des § 5 HGB Kaufmann („**Fiktivkaufmann**"), unabhängig davon, ob die Eintragung zu Unrecht besteht. Mit Gutglaubensschutz hat dies nichts zu tun. Sogar der zu Unrecht eingetragene selbst kann sich auf seine Kaufmannseigenschaft berufen, erst recht jeder Dritte. Man muss das Handelsregister auch nicht eingesehen haben, um sich gemäß § 5 HGB auf die Eintragung zu berufen. Allerdings wird durch § 5 HGB ein Nicht-Gewerbetreibender nicht zum Kaufmann. Ist ein Nicht-Gewerbetreibender im Handelsregister eingetragen (und ist dies bekannt gemacht), muss er sich dennoch nach § 15 Abs. 3 HGB als Kaufmann behandeln lassen, sofern ein Dritter gutgläubig auf die Falscheintragung vertraut (vgl. unten 7.2.3).

7.1.3 Anwendung handelsrechtlicher Vorschriften auf Nicht-Kaufleute

Grundsätzlich ist Handelsrecht auf Nicht-Kaufleute nicht anwendbar.

Es gibt aber zwei Kategorien von Ausnahmen:

7.1.3.1 Nicht-Kaufmann als Teilnehmer am kaufmännischen Rechtsverkehr

Wer als Nicht-Kaufmann am kaufmännischen Rechtsverkehr teilnimmt, also mit einem Kaufmann Geschäfte macht oder sonst gewerblich am Geschäftsleben teilhat, auf den sind **unter Umständen** (also keineswegs immer) handelsrechtliche Normen anwendbar.

Mehr dazu später (7.7.1).

7.1.3.2 Sondervorschriften für einzelne Branchen

Hinsichtlich bestimmter Branchen erklärt das Gesetz handelsrechtliche Vorschriften auch für nicht ins Handelsregister eingetragene Kleingewerbetreibende für anwendbar.

Dies betrifft Handelsvertreter (§ 84 Abs. 4 HGB), Handelsmakler (§ 93 Abs. 3 HGB), Kommissionäre (§ 383 Abs. 2 HGB), Frachtführer (§ 407 Abs. 3 HGB), Spediteure (§ 453 Abs. 3 HGB) und Lagerhalter (§ 467 Abs. 3 HGB).

7.2 Publizität des Handelsregisters

7.2.1 Das Handelsregister (§§ 8 ff. HGB)

Das Handelsregister ist ein **öffentliches Verzeichnis**, in dem die Kaufleute (und ihre Zweigniederlassungen, §§ 13 ff. HGB) eingetragen werden. Es wird beim jeweiligen Amtsgericht geführt.

Im Handelsregister eingetragen sind für den Handelsverkehr erhebliche Tatsachen. Zu unterscheiden sind hier **eintragungsfähige** und **eintragungspflichtige** Tatsachen. Welche Tatsachen eintragungsfähig oder sogar eintragungspflichtig sind, ergibt sich jeweils aus dem Gesetz.

Eintragungsfähige Tatsachen kann der Kaufmann ins Handelsregister eintragen lassen, er muss jedoch nicht. „Eintragungsfähige" Tatsachen, die eingetragen werden können, aber nicht müssen, sind vor allem die Haftungsbeschränkungen nach §§ 25 Abs. 2, 28 Abs. 2 HGB.

Eintragungspflichtig sind insbesondere die Firma (§ 29 HGB) und ihre Änderungen, die Erteilung von Prokura (§ 53 HGB) und Verhältnisse einer Handelsgesellschaft (wie etwa der GmbH-Geschäftsführer, § 39 GmbHG). Wer seiner Pflicht, Tatsachen ins Handelsregister eintragen zu lassen, nicht nachkommt, kann gemäß § 14 HGB durch Zwangsgeld dazu angehalten werden.

Was der Kaufmann tun muss, um eine Eintragung herbeizuführen, bestimmt § 12 HGB: Er muss einen öffentlich beglaubigten (vgl. § 129 BGB) Eintragungsantrag beim Gericht einreichen.

Es bleibt dann nicht bei der bloßen Eintragung. Vielmehr erfolgt gemäß §§ 10, 11 HGB auch eine öffentliche **Bekanntmachung** der Eintragungen im Bundesanzeiger und mindestens einem weiteren Blatt.

Nach § 9 HGB hat jedermann das **Recht, das Handelsregister einzusehen**; in der Praxis lässt sich der Interessierte meist eine entsprechende Auskunft vom Gericht schicken.

7.2.2 Negative Publizität des Handelsregisters (§ 15 Abs. 1 HGB)

Hier geht es um den **Schutz Dritter bei Nichteintragung** (oder Nichtbekanntmachung) von Tatsachen.

§ 15 Abs. 1 HGB bezieht sich nur auf **eintragungspflichtige**, nicht auf lediglich eintragungsfähige **Tatsachen**. Ist eine eintragungspflichtige Tatsache im Handelsregister nicht eingetragen (oder zwar eingetragen, aber nicht bekannt gemacht), so kann der zur Eintragung verpflichtete Kaufmann sie einem gutgläubigen Dritten nicht entgegenhalten.

BEISPIEL: ▶ Eine Prokura ist widerrufen worden. Der Kaufmann hat versäumt, dies ins Handelsregister eintragen zu lassen, obwohl er nach § 53 Abs. 3 HGB dazu verpflichtet wäre. Der Kaufmann muss weiterhin die in seinem Namen getätigten Geschäfte des ehemaligen Prokuristen gegen sich gelten lassen.

Woran es liegt, dass die eintragungspflichtige Tatsache nicht eingetragen (oder zwar eingetragen, aber nicht bekannt gemacht) ist, ist gleichgültig; auf ein Verschulden des zur Eintragung verpflichteten Kaufmanns kommt es nicht an, und sogar Fehler des Gerichtes gehen zu Lasten des zur Eintragung Verpflichteten. Der Dritte, der sich auf das Schweigen des Handelsregisters beruft, braucht das Handelsregister nicht eingesehen zu haben; er ist nur dann nicht gutgläubig, wenn er von der eintragungspflichtigen Tatsache positiv wusste. Es steht dem Dritten frei, sich statt auf die Registerlage auf die wirkliche Rechtslage zu berufen.

§ 15 Abs. 1 HGB wirkt zuungunsten dessen, in dessen Angelegenheiten die Tatsache einzutragen war.

7.2.3 Positive Publizität des Handelsregisters (§ 15 Abs. 3 HGB)

Ist im Handelsregister eine Eintragung vorgenommen und **falsch bekannt gemacht** worden, muss der Kaufmann, in dessen Angelegenheit sie eingetragen ist, sie gegen sich gelten lassen.

Entscheidend ist allein die falsche Bekanntmachung; ob die Eintragung selbst richtig oder falsch ist, spielt im Rahmen des § 15 Abs. 3 keine Rolle. Liegt keine falsche Bekanntmachung vor, wohl aber eine falsche Eintragung, kommt eine Haftung des Kaufmanns aufgrund des gesetzten Rechtsscheins in Betracht.

§ 15 Abs. 3 HGB bezieht sich ausschließlich auf **eintragungspflichtige Tatsachen.**

Die Wirkung des § 15 Abs. 3 HGB tritt nicht ein, wenn der Kaufmann die Falschbekanntmachung in keiner Weise veranlasst hat, d. h. wer überhaupt keinen Antrag auf Eintragung gestellt hat, gegen den wirkt § 15 Abs. 3 HGB nicht.

Ein Dritter kann sich allerdings nicht auf die Registerlage berufen, wenn er die Unrichtigkeit positiv kannte. Es steht dem Dritten natürlich auch hier frei, sich auf die wahre Rechtslage zu berufen.

7.2.4 Wirkung richtiger Handelsregistereintragungen (§ 15 Abs. 2 HGB)

Richtig im Handelsregister eingetragene und bekannt gemachte Tatsachen muss jeder Dritte gegen sich gelten lassen.

Auch diese Vorschrift bezieht sich nur auf **eintragungspflichtige** Tatsachen.

Grundsätzlich (mit Ausnahmen in Extremfällen) tritt die Wirkung von § 15 Abs. 2 HGB sogar dann ein, wenn der Kaufmann einen gegenteiligen Rechtsschein erzeugt hat. Wer sicher gehen will, muss sich also einen Handelsregisterauszug über seinen Geschäftspartner beschaffen.

7.3 Die Firma

7.3.1 Grundlagen

Die Firma eines Kaufmanns ist der **Name**, unter dem er im Handel seine Geschäfte betreibt und die Unterschrift abgibt, § 17 Abs. 1 HGB. Ein Kaufmann hat praktisch zwei Namen, nämlich seinen „bürgerlichen" Namen und seinen Handelsnamen, eben die Firma. Der handelsrechtliche Firmenbegriff ist nicht identisch mit dem alltäglichen Sprachgebrauch, in dem das Unternehmen als „Firma" bezeichnet wird.

Ausschließlich Kaufleute haben das **Recht, eine Firma zu führen**. Wer nicht Kaufmann ist, darf sich einer auf das von ihm betriebene (nicht-kaufmännische) Unternehmen hinweisenden Geschäftsbezeichnung bedienen (z. B. „Junges Theater", „Apotheke am Markt"). Benutzt allerdings jemand eine Geschäftsbezeichnung in der Weise, dass sie im Geschäftsverkehr als Firma verstanden wird, so ist dies vom Registergericht gemäß § 37 Abs. 1 HGB zu untersagen; Konkurrenten können nach § 37 Abs. 2 HGB Unterlassung des unzulässigen Firmengebrauchs verlangen.

Die Firma ist nicht nur ein bloßer Name, sondern vor allem wegen der an sie geknüpften Haftung von Bedeutung.

Für die Firma gelten die Grundsätze der Firmenwahrheit, Firmenunterscheidbarkeit, Firmenbeständigkeit, Firmeneinheit und Firmenöffentlichkeit.

In den letzten Jahren hat die Rechtsprechung zu einer Liberalisierung des Firmenrechts geführt, d. h. manche früher als unzulässig eingestufte Firmen dürfen heute geführt werden.

7.3.2 Firmenwahrheit

§§ 18, 19 HGB bestimmen, wie die Firma auszusehen hat. Das Gesetz macht hier grundsätzlich zwischen Einzelkaufleuten, Kapitalgesellschaften und Personenhandelsgesellschaften keinen Unterschied.

Gemäß § 18 Abs. 1 HGB muss die Firma „zur **Kennzeichnung** des Kaufmanns geeignet sein". Einen Informationsgehalt muss die Firma nicht haben. Der Kaufmann kann seinem Unternehmen einen Phantasienamen (auch in Form einer Buchstabenkombination, z. B. „HM & A") geben; sein Familienname oder einer seiner Vornamen dürfen, müssen aber nicht in der Firma vorkommen. Insbesondere ist auch eine „Sachfirma" zulässig, d. h. eine Benennung des Unternehmens nach dem ausgeübten Geschäftszweig oder nach dem hergestellten Produkt. Reine Tätigkeits- oder Sachbezeichnungen, die isoliert ohne Zusätze verwendet werden (etwa „Bad-GmbH"), genügen allerdings i. d. R. nicht, da hiermit auch eine Vielzahl von Unternehmen der gleichen Branche bezeichnet sein könnten.§ 18 Abs. 2 Satz 1 HGB verbietet allerdings Angaben, die den Geschäftsverkehr **täuschen** könnten, insbesondere ein kleines Geschäft als groß erscheinen lassen.

BEISPIEL: Die Firma kann also z. B. heißen „Schmidt", „Kunstverlag Dr. Bodo Lilienthal", „Hallescher Veranstaltungsservice" oder „Wunderwelt"; verboten wäre hingegen z. B. „Verlagshaus Peter Pötter" für einen Flohmarkt-Buchhändler, „Transportgesellschaft Philipp Beese" für einen einzelkaufmännischen Taxiunternehmer).

Ist in der Firma ein Personenname enthalten, muss dieser einen Bezug zum Unternehmen haben, d. h. die namensgebende Person muss zumindest Kommanditist oder Aktionär sein oder den Namensgebrauch gestattet haben (Hein Bollow aus Goslar kann also nicht ohne weiteres einen „Praktikantenservice Monica Lewinsky" aufmachen). Umstritten ist, ob der Name einer fiktiven Person als Firma verwendet werden darf.

Geographische Bezeichnungen (z,B. „Müncher Hausverwaltung GmbH") sind nur dann zulässig, wenn das Unternehmen zu dem verwendeten geographischen Begriff einen Bezug hat (z,.B. im Raum München ansässig ist). „Deutsche" oder „Internationale" dürfen nur Unternehmen benutzen, die tatsächlich deutschlandweit bzw. international tätig sind.

Gemäß § 19 Abs. 1 muss die Firma auch ergeben, ob ein Einzelkaufmann, eine OHG oder eine KG vorliegt. Ein Einzelkaufmann muss sich „e. K." oder ähnlich nennen.

Haftet keine natürliche Person persönlich (z. B. bei der GmbH & Co. KG), so muss dies gemäß § 19 Abs. 2 HGB aus der Firma ersichtlich sein.

Kapitalgesellschaften (Gmbh, AG usw.) werden hinsichtlich der Firmierung grundsätzlich nicht anders als Personenhandelsgesellschaften behandelt. Für sie gelten allerdings jeweils besondere Vorschriften (§ 4 Abs. 1 GmbHG, § 4 Abs. 1 AktG etc.). Wichtig ist, dass die Haftungsbeschränkung aus der Firma erkennbar ist (§ 4 Abs. 2 GmbHG, § 4 AktG etc.).

BEISPIEL: Eine GmbH kann also z. B. „Franz Müller Gesellschaft mbH" oder „Inferno Warenhandelsgesellschaft mbH" heißen, nicht aber „Franz Müller Warenhandelsgesellschaft".

7.3.3 Firmenunterscheidbarkeit

Nach § 18 Abs. 1 HGB muss die Firma Unterscheidungskraft besitzen; gemäß § 30 Abs. 1 HGB muss sich die Firma von bereits in dasselbe Handelsregister eingetragenen Firmen unterscheiden.

7.3.4 Firmenbeständigkeit

Ändert sich der Name des Firmeninhabers oder wechselt gar der Inhaber des Unternehmens, darf nach §§ 21 ff. HGB die bisherige Firma weitergeführt werden.

Ebenso darf die Firma den neuen Verhältnissen angepasst werden.

Unzulässig ist es nach § 23 HGB allerdings, die Firma ohne das dazugehörige Unternehmen zu veräußern.

Wichtig ist, dass die bisherige Firma sogar fortgeführt werden kann, wenn aus einem einzelkaufmännischen Unternehmen eine Handelsgesellschaft wird (§ 24 Abs. 1 HGB) oder umgekehrt (§ 22 Abs. 1 HGB).

Bei Irreführungsgefahr hat allerdings die Firmenwahrheit Vorrang. So darf ein Einzelkaufmann die Firma einer Handelsgesellschaft nicht mit dem auf eine Gesellschaft hinweisenden Zusatz weiterführen; ein in der Firma enthaltener Doktortitel darf nicht weitergeführt werden, wenn der neue Inhaber nicht promoviert hat.

7.3.5 Firmeneinheit

Ein Unternehmen darf nur eine Firma führen, nicht mehrere.

7.3.6 Firmenöffentlichkeit

Nach §§ 29, 31 HGB muss der Kaufmann seine Firma und Änderungen ins Handelsregister eintragen lassen. Bei unzulässigem Gebrauch einer Firma drohen dem Kaufmann Sanktionen, § 37.

7.3.7 Geschäftsbriefe

Jeder Kaufmann muss – unabhängig von der Rechtsform seines Unternehmens – gemäß § 37a HGB seine Firma (und die weiteren in § 37a Abs. 1 vorgeschriebenen Angaben) auf seinen Geschäftsbriefen angeben. Tut er dies nicht, hält ihn das Registergericht hierzu durch Zwangsgeld an, § 37a Abs. 4 HGB.

7.4 Unternehmenserwerb und Eintritt in ein Unternehmen

Was ein Unternehmen (das HGB spricht von „Handelsgeschäft") eigentlich ist, ist im HGB nicht ausdrücklich definiert.

Unter **Unternehmen** ist die Gesamtheit von Gegenständen zu verstehen, die zu einer im Geschäftsverkehr auftretenden wirtschaftlichen Einheit gehören. Insbesondere Grundstücke, Einrichtungsgegenstände, Bargeld, Lagerbestände und Werkzeug, das gesamte Anlagevermögen, Forderungen, Schulden, Patente, Warenzeichen und der Kundenstamm machen das Unternehmen aus.

Es ist rechtlich nicht identisch mit dem Kaufmann als Träger seines Unternehmens. Der Unternehmensträger kann vielmehr wechseln, indem das Unternehmen als Ganzes auf eine andere Person übergeht.

7.4.1 Unternehmenserwerb

Wer ein Unternehmen erwirbt, kann eine **neue Firma** führen. Gesetzlich haftet er dann weder für die Verbindlichkeiten, die im bisherigen Betrieb des Unternehmens entstanden sind (Altschulden), noch stehen ihm die Forderungen zu, die noch offen sind.

Lediglich die Arbeitsverhältnisse der Unternehmensmitarbeiter gehen nach § 613a BGB auf den neuen Inhaber über.

I. d. R. wird allerdings beim Erwerb eines Unternehmens eine vertragliche Vereinbarung zwischen dem bisherigen Inhaber und dem Erwerber hinsichtlich der Verbindlichkeiten und Forderungen getroffen.

Nach § 22 Abs. 1 HGB kann der Erwerber das Unternehmen aber auch **unter der bisherigen Firma fortführen**; als Fortführung der Firma gilt auch eine Fortführung mit geringen Abwandlungen (z. B. „Schuhhaus Wilxmann & Co." statt „Schuhhaus Hans Wilxmann"). Daraus ergibt sich dann nach § 25 Abs. 1 Satz 1 HGB, dass er für die Altschulden haftet und – sofern der bisherige Firmeninhaber in die Firmenfortführung eingewilligt hat – dass er die bestehenden Forderungen des Unternehmens geltend machen kann, § 25 Abs. 1 Satz 2 HGB. Dabei haftet der neue Inhaber neben dem bisherigen Inhaber, d. h. ein Gläubiger kann es sich aussuchen, ob er Zahlung von einem von beiden oder von beiden als Gesamtschuldner (§ 421 BGB) verlangt. Der **Erwerber haftet mit seinem gesamten Privatvermögen**, nicht etwa nur mit dem Unternehmensvermögen. Für Privatschulden des bisherigen Inhabers haftet er nicht. Als Erwerber im Sinne von § 25 HGB gilt nicht nur, wer das gesamte Unternehmen erwirbt, sondern auch, wer den Unternehmenskern erwirbt.

Der Erwerber kann mit dem bisherigen Unternehmensinhaber eine abweichende Regelung treffen, insbesondere seine Haftung für Altschulden ausschließen. Gegenüber Gläubigern wirkt eine solche Vereinbarung jedoch nach § 25 Abs. 2 HGB nur, wenn sie ins Handelsregister eingetragen oder dem Gläubiger mitgeteilt worden ist.

7.4.2 Eintritt in ein einzelkaufmännisches Unternehmen

Aus einem einzelkaufmännischen Unternehmen wird eine Gesellschaft, wenn ein Gesellschafter hinzukommt.

Nach § 28 Abs. 1 Satz 1 HGB haftet die neu entstehende Gesellschaft für die Altschulden des bisherigen Einzelkaufmanns, und dessen Forderungen gelten gemäß § 28 Abs. 1 Satz 2 als auf die Gesellschaft übergegangen. **Auf die Firmenfortführung kommt es dabei nicht an.** Auch wenn die neue Gesellschaft eine andere Firma führt als der bisherige Einzelkaufmann, haftet sie für die Altschulden.

Wie beim Unternehmenserwerb wirkt eine abweichende Vereinbarung nach außen hin nur, wenn sie ins Handelsregister eingetragen oder dem Gläubiger mitgeteilt worden ist, § 28 Abs. 2 HGB.

Neben der Gesellschaft haftet – selbstverständlich – der bisherige Einzelkaufmann weiter für die Schulden, die er gemacht hat; Ausnahme: Wird er in der neuen Gesellschaft Kommanditist, verjähren die Ansprüche gegen ihn gemäß §§ 28 Abs. 3, 26 HGB nach 5 Jahren.

Nun kann der Fall 10 (Kapitel Klausurtechnik und Fallbearbeitung) gelöst werden!

7.5 Hilfspersonen des Kaufmanns

7.5.1 Prokurist

Der Prokurist ist ein rechtsgeschäftlich bevollmächtigter **Stellvertreter** des Kaufmanns im Sinne von §§ 164 ff. BGB. Soweit das HGB nicht besondere Regeln enthält, gelten die Vorschriften des BGB auch für den Prokuristen.

Anders als die Vollmacht eines sonstigen Stellvertreters ist jedoch die Prokura gemäß § 50 Abs. 1 HGB **nach außen hin unbeschränkbar**. Ein sonstiger Stellvertreter kann den Vertretenen nur in dem Rahmen vertreten, in dem der Vertretene ihm Vertretungsmacht erteilt hat; überschreitet er diesen Rahmen, ist er Vertreter ohne Vertretungsmacht, und der Vertretene ist an die Erklärung des Vertreters nicht gebunden.

Vom Grundgeschäft (normalerweise dem Anstellungsvertrag des Prokuristen) ist die Prokura grundsätzlich unabhängig, erlischt allerdings gemäß § 168 BGB mit diesem.

Nur ein **Kaufmann** kann Prokura erteilen. Prokurist kann jeder Geschäftsfähige sein; möglich ist nach § 48 Abs. 2 HGB auch, dass mehrere nur zusammen als Prokuristen handeln können (Gesamtprokura). Die Prokura muss **ausdrücklich** erteilt werden, § 48 Abs. 1 HGB. Die Erklärung muss – wie auch sonst bei der Stellvertretung – nicht gegenüber dem Prokuristen erfolgen, sie kann auch gegenüber dem Geschäftspartner abgegeben werden, § 167 Abs. 1 BGB.

In jedem Fall ist gemäß § 53 HGB die Erteilung von Prokura ins Handelsregister einzutragen. Die Wirksamkeit der Prokura ist allerdings von der Eintragung nicht abhängig; die **Eintragung ist nur deklaratorisch.**

§ 49 HGB bestimmt, wie weit die Prokura nach außen reicht. Im Innenverhältnis kann der Prokurist verpflichtet sein, diesen Rahmen nicht auszuschöpfen; eine derartige Beschränkung ist aber eben gemäß § 50 Abs. 1 HGB gegenüber dem Geschäftspartner unwirksam (Beispiel: ein mit Prokura ausgestatteter Verkaufsleiter mag intern nicht zu Einkäufen berechtigt sein; tätigt er gleichwohl Einkäufe, ist das Unternehmen an die von dem Prokuristen geschlossenen Verträge gebunden). Nach außen hin ist der Prokurist nach § 49 Abs. 1 BGB zu allen Geschäften ermächtigt, die der **laufende Betrieb eines Handelsgewerbes** mit sich bringt. Dazu gehören Vertragsabschlüsse, insbesondere auch Kreditaufnahmen und Kontoeröffnungen, Kündigung von Arbeitsverträgen.

Nicht von der Prokura erfasst sind Privatangelegenheiten des Kaufmanns und sog. Grundlagengeschäfte. Grundlagengeschäfte sind auf den Bestand des Unternehmens gerichtet, so etwa die Aufnahme von Gesellschaftern, die Änderung der Firma, die Veräußerung oder Liquidation des Unternehmens. Auch kann der Prokurist nicht seinerseits Prokura erteilen, da § 48 Abs. 1 dies dem Inhaber des Unternehmens vorbehält.

I. d. R. ist der Prokurist gemäß § 49 Abs. 2 HGB auch nicht zur Veräußerung und Belastung von Grundstücken befugt; Grundstücke für das Unternehmen erwerben darf er jedoch.

Die Prokura kann nach § 50 Abs. 3 HGB auf den Betrieb einer Zweigniederlassung beschränkt werden.

Der Prokurist unterschreibt nach § 51 HGB in einer Weise, die ihn als Prokuristen erkennen lässt; üblich ist der Zusatz „ppa". Auch ohne einen solchen Zusatz ist die Erklärung des Prokuristen aber für und gegen den Kaufmann wirksam.

Nach § 52 Abs. 1 HGB kann der Inhaber des Handelsgeschäfts die Prokura jederzeit **widerrufen**. Automatisch erlischt die Prokura nach § 168 BGB mit dem Ende des Grundverhältnisses, also insbesondere des Arbeitsverhältnisses des Prokuristen bei dem Kaufmann sowie beim Wegfall der Voraussetzungen für ihre Erteilung.

7.5.2 Handlungsbevollmächtigter

Die Handlungsvollmacht (§ 54 HGB) ist wie die Prokura eine rechtsgeschäftlich erteilte Vertretungsvollmacht; sie reicht jedoch weniger weit als die Prokura.

Die Handlungsvollmacht kann nur von einem **Kaufmann** erteilt werden. Jede Vollmacht, die ein Kaufmann im Betrieb seines Handelsgewerbes erteilt und die keine Prokura ist, ist Handlungsvollmacht. Es bedarf keiner ausdrücklichen Erklärung; konkludente Erteilung von Handlungsvollmacht ist möglich. Sie **kann nicht ins Handelsregister eingetragen werden.**

Handlungsvollmacht kann der Kaufmann nach Belieben beschränken.

Nach außen hin gilt allerdings nach § 54 Abs. 3 HGB, sofern der Geschäftspartner die Beschränkung nicht kennt oder kennen muss, der **gesetzliche Umfang** der Handlungsvollmacht gemäß § 54 Abs. 1 HGB: Der Handlungsbevollmächtigte darf für den Inhaber alle Geschäfte tätigen, die der Betrieb eines **derartigen** Handelsgewerbes gewöhnlich mit sich bringt. Darauf, ob gerade in diesem Unternehmen solche Geschäfte üblich sind, kommt es nicht an. Sie müssen aber in Unternehmen der gleichen Branche üblich sein.

BEISPIEL: ▶ Der Handlungsbevollmächtigte eines Verlages kann also beispielsweise nicht die unterausgelasteten verlagseigenen Lieferfahrzeuge nebenbei noch Transportaufträge für Dritte übernehmen lassen.

Zu bestimmten Geschäften, die in § 54 Abs. 2 HGB aufgeführt sind, ist der Handlungsbevollmächtigte nur ermächtigt, wenn ihm die Befugnis dazu besonders erteilt ist.

7.5.3 Ladenangestellter

Wer in einem Laden angestellt ist, gilt nach § 56 HGB als ermächtigt zu Verkäufen und Empfangnahmen, die in einem derartigen Laden gewöhnlich geschehen. Dies ist eine (unwiderlegliche!) gesetzliche Vermutung; ob der Kaufmann den Angestellten wirklich irgendwie mit Vollmacht ausgestattet hat, ist nach außen hin nur dann von Bedeutung, wenn der Geschäftspartner die fehlende Vollmacht kennt oder kennen muss, § 54 Abs. 3 HGB.

7.5.4 Weitere Mitarbeiter

Neben Prokuristen, Handlungsbevollmächtigten und Ladenangestellten sind typischerweise noch andere Personen für das Unternehmen tätig (vgl. unten 7.9.-7.10.):

TAB 7:	Mitarbeiter eines kaufmännischen Unternehmens								
selbständige Unternehmer						Arbeitnehmer des Unternehmens			
im eigenen Namen handelnd				im fremden Namen handelnd		mit Vertretungsmacht			ohne Vertretungsmacht
Kommissionär § 389	Spediteur § 453	Lagerhalter § 467	Frachtführer § 407	Handelsmakler § 93	Handelsvertreter § 84	Prokurist § 48	Handlungbev. § 54	Ladenangestellter § 56	sonst. Angest. und Arbeiter

Nun kann der Fall 11 (Kapitel Klausurtechnik und Fallbearbeitung) gelöst werden!

7.6 Handelsbücher

Das HGB enthält in §§ 238-342a umfangreiche Vorschriften für die Buchführung der Kaufleute. Nach § 238 Abs. 1 HGB ist jeder Kaufmann, vom Einzelkaufmann bis zur Aktiengesellschaft, zur Buchführung verpflichtet. Dies dient vor allem den Interessen der Gläubiger und der Allgemeinheit (insbesondere der Finanzbehörden).

Grundsatz für alle Kaufleute ist, dass die Handelsgeschäfte und die Vermögenslage des kaufmännischen Unternehmens **für einen sachverständigen Dritten erkennbar** sein sollen, § 238 Abs. 1 HGB. Jeder Kaufmann hat hierfür die **Grundsätze ordnungsmäßiger Buchführung** zu beachten und sich im Einzelnen nach §§ 238-263 HGB zu richten. Kapitalgesellschaften (§§ 264-335 HGB, die Aktiengesellschaft außerdem nach §§ 150-160 AktG), Genossenschaften (§§ 336-339 HGB), Kreditinstitute und Finanzdienstleister (§§ 340-340o HGB) sowie Versicherungen (§§ 341-341o) unterliegen noch detaillierteren Vorschriften.

Die Handelsbücher bestehen aus dem **Inventar** (§ 240 HGB) und dem **Jahresabschluss** (§ 242 HGB). Beide sind jährlich aufzustellen.

Das Inventar ist ein Verzeichnis der Vermögensgegenstände (Aktiva) einerseits und der Schulden (Passiva) andererseits.

Der Jahresabschluss setzt sich zusammen aus der Bilanz (§ 242 Abs. 1 HGB) und der Gewinn und Verlustrechnung (§ 242 Abs. 2 HGB).

Gemäß § 257 HGB müssen die Handelsbücher sowie weitere Geschäftsunterlagen 10 bzw. 6 Jahre lang aufbewahrt werden.

7.7 Handelsgeschäfte – Allgemeine Regeln

Für Handelsgeschäfte gelten die Vorschriften des BGB, die oben behandelten Normen des Handelsrechts sowie spezielle Bestimmungen. Letztere finden sich im Vierten Buch des HGB, §§ 343-457.

7.7.1 Anwendungsbereich

Handelsgeschäfte sind nach § 343 HGB alle Geschäfte eines Kaufmanns, die zum **Betrieb seines Handelsgewerbes** gehören.

Gemäß § 344 Abs. 1 HGB wird bei den Geschäften, die ein Kaufmann vornimmt, vermutet, dass sie zum Betrieb seines Handelsgewerbes gehören. Es kommt nicht darauf an, welcher Art das Geschäft ist oder gar ob es typischerweise in der Branche, in der das Unternehmen tätig ist, abgeschlossen wird.

> **BEISPIEL:** ▶ Wenn beispielsweise ein Industrieunternehmer einen Papagei verkauft, wird vermutet, dass dies im Rahmen seines Unternehmens erfolgt ist.

Privatgeschäfte des Kaufmanns sind zwar **keine Handelsgeschäfte**, doch muss er im Streitfall darlegen und beweisen, dass es sich um eine Privatangelegenheit gehandelt hat.

Zu den Handelsgeschäften gehören selbstverständlich auch die Geschäfte einer **Handelsgesellschaft**, nicht jedoch die Rechtsbeziehungen der Gesellschafter untereinander.

Auch wenn das Geschäft nur für **eine** der beiden Parteien Handelsgeschäft ist (also insbesondere beim Geschäft eines Kaufmanns mit seinem Kunden, der nicht Kaufmann ist), kommen nach § 345 HGB grundsätzlich **für beide Seiten die handelsrechtlichen Vorschriften** zur Anwendung. Doch schließt das Gesetz in zahlreichen Bestimmungen die Geltung bestimmter handelsrechtlicher Normen für Nichtkaufleute aus oder legt fest, dass die Norm nur für beiderseitige Handelsgeschäfte gilt, so etwa §§ 346-350, 352 Abs. 1, 353, 354, 368-372, 377-379, 391 HGB.

7.7.2 Sondervorschriften für Handelsgeschäfte

7.7.2.1 Vorschriften außerhalb des HGB

Wenn ein Handelsgeschäft vorliegt, sind die Voraussetzungen mehrerer bedeutsamer Vorschriften außerhalb des HGB erfüllt.

Nur **eingeschränkt gilt für Handelsgeschäfte** (und überhaupt für Geschäfte von Gewerbetreibenden) das **AGB-Recht der §§ 305 ff. BGB**. Gemäß § 310 BGB finden die §§ 305 Abs. 2 und Abs. 3 sowie 308 und 309 BGB keine Anwendung.

Das bedeutet:

AGB können **konkludent** in den Vertrag einbezogen werden (dies ist an sich durch § 305 Abs. 2 BGB ausgeschlossen).

Außerdem **finden die Klauselverbote der §§ 308 und 309 BGB keine Anwendung**. Es bleibt aber bei der Geltung von § 307 BGB, wodurch man oft zum gleichen Ergebnis gelangt: Auch ein Kaufmann darf nicht gegen Treu und Glauben unangemessen benachteiligt werden. In diesem Zusammenhang kann man sich auch an den hier nicht unmittelbar anwendbaren §§ 308 und 309 BGB orientieren. Zu berücksichtigen ist allerdings, dass der – i. d. R. ja geschäftserfahrene – Kaufmann nicht im gleichen Maße schutzwürdig ist wie ein einfacher Verbraucher.

Wichtig ist auch die (in der Praxis nicht seltene) Einrede des **Schiedsvertrages** nach § 1032 der Zivilprozessordnung (ZPO), die nach § 1031 Abs. 5 ZPO gegenüber einem Kaufmann auch dann erhoben werden kann, wenn die Schiedsabrede nicht schriftlich in einer besonderen Urkunde niedergelegt ist. Eine wirksame Schiedsabrede macht nach § 1032 ZPO, sofern der Beklagte sich darauf beruft, eine Klage vor dem ordentlichen Gericht (Amtsgericht, Landgericht) unzulässig.

7.7.2.2 Handelsbräuche

§ 346 HGB schreibt vor, dass bei Handelsgeschäften auf die Handelsbräuche Rücksicht zu nehmen ist. Handelsbräuche sind kein Gewohnheitsrecht, sondern kaufmännische Verkehrssitten. Sie dienen der **Auslegung und Ergänzung von Willenserklärungen im Handelsverkehr** und bestimmen die **Rechtsfolgen von Verträgen**. Besteht ein Handelsbrauch, so ist er nur anwendbar, wenn sich nicht aus den zwischen den Parteien getroffenen Vereinbarungen etwas anderes ergibt.

Ein Handelsbrauch liegt vor, wenn folgende **Voraussetzungen** erfüllt sind:
- ▶ tatsächliche Übung; diese kann regional oder auf einzelne Branchen beschränkt sein
- ▶ dauerhafte Übung, d. h. die tatsächliche Übung muss eine Zeit lang angewendet werden
- ▶ Zustimmung, d. h. die beteiligten Kaufleute müssen in ihrer überwiegenden Mehrheit freiwillig der ausgeübten Handhabung folgen

Derjenige, der sich auf einen Handelsbrauch beruft, muss all dies im Prozess beweisen, sofern der Handelsbrauch von der Gegenseite bestritten wird.

Unter die Rubrik „Handelsbrauch" fallen insbesondere einzelne **typische Vertragsklauseln**, die im kaufmännischen Verkehr häufig verwendet werden und dann eine bestimmte Bedeutung haben, z. B. „auf Abruf" (= der Käufer muss die Ware in angemessener Zeit abnehmen), „Selbstbelieferung bleibt vorbehalten" (= der Verkäufer wird von seiner Leistungspflicht frei, wenn er selbst von seinem Lieferanten nicht rechtzeitig Ware erhält). Zu den Handelsklauseln gehören auch die Regeln in den (als AGB einzustufenden) Incoterms, die in der 2011 in Kraft getretenen Fassung ausdrücklich auch für den Handelsverkehr innerhalb Deutschlands gedacht und geeignet sind.

7.7.2.3 Schweigen im Handelsverkehr

Nach dem BGB gilt Schweigen **nicht** als Willenserklärung.

Für Kaufleute gilt dagegen § 362 HGB: Geht einem Kaufmann, dessen Geschäft die Besorgung von Geschäften für andere mit sich bringt, von einer mit ihm in Geschäftsverbindung stehenden Person ein Angebot zu, so **gilt sein Schweigen als Annahme dieses Angebots**. Der Geschäftspartner kann dann von ihm Erfüllung verlangen (und dementsprechend bei Nichterfüllung Schadensersatz wegen Nichterfüllung). Der Kaufmann kann nicht mit der Begründung, er habe über die Bedeutung seines Schweigens geirrt, anfechten.

HINWEIS:

§ 362 gilt nicht für jeden Kaufmann! Sein Schweigen gilt nur als Annahme, wenn er die „Besorgung von Geschäften für andere" betreibt. Hierunter fallen insbesondere Bank- und Börsengeschäfte und die Tätigkeiten der Spediteure, Agenten, Verwalter, Treuhänder, Handelsvertreter und Makler. Ein Warenhändler, Fabrikant oder Handwerker betreibt dagegen keine Geschäftsbesorgung für andere!

Das Schweigen eines Kaufmanns hat auch Auswirkungen, wenn es auf ein **kaufmännisches Bestätigungsschreiben** hin erfolgt. Das kaufmännische Bestätigungsschreiben ist **nicht im Gesetz geregelt**, sondern auf einem Handelsbrauch beruhendes Gewohnheitsrecht.

Kaufmännisches Bestätigungsschreiben ist die von einem Geschäftspartner an den anderen gesendete schriftliche Zusammenfassung der zwischen beiden bereits getroffenen Vereinbarung. Ob es sich um ein kaufmännisches Bestätigungsschreiben oder um eine Auftragsbestätigung (= Annahme eines Angebots des Geschäftspartners) handelt, ist durch Auslegung zu ermitteln.

Stimmt der Inhalt dieses Bestätigungsschreibens mit dem tatsächlich Vereinbarten überein, so hat es keine besondere Wirkung – das Vereinbarte gilt ja ohnehin schon.

Stimmen hingegen das kaufmännische Bestätigungsschreiben und der bisher vereinbarte Vertragsinhalt **nicht** überein, so **wird ein Vertragsabschluss mit dem Inhalt des Bestätigungsschreibens fingiert** (d. h. es wird praktisch von dem Inhalt des Bestätigungsschreibens auf einen entsprechenden Vertragsschluss zurückgeschlossen), **wenn der Vertragspartner nicht unverzüglich widerspricht**.

Voraussetzung sind allerdings vorherige abschlussreife Vertragsverhandlungen, die beim Absender des kaufmännischen Bestätigungsschreibens zu der Vorstellung geführt haben, man habe sich bereits geeinigt; grundsätzlich ersetzt das Schreiben den Vertragsabschluss nicht, sondern bestätigt ihn eben lediglich. Weiter erforderlich ist die Redlichkeit des Absenders des Bestätigungsschreibens, d. h. dieser darf nicht vorsätzlich oder fahrlässig in das Bestätigungsschreiben Abweichungen vom Vereinbarten aufgenommen haben; die Redlichkeit wird vermutet, d. h. der Empfänger des Bestätigungsschreibens muss im Streitfall die Unredlichkeit beweisen. Auch darf das Bestätigungsschreiben nicht erheblich vom Vereinbarten abweichen. Sind diese Voraussetzungen erfüllt, so ist der auf das Bestätigungsschreiben hin schweigende Kaufmann an den im Bestätigungsschreiben niedergelegten Vertrag gebunden und kann nicht wegen Irrtums über die Bedeutung seines Schweigens anfechten.

Die Grundsätze des kaufmännischen Bestätigungsschreibens gelten für alle Kaufleute und können darüber hinaus auch Anwendung finden für andere Unternehmer, die rechtlich Nicht-Kaufleute sind.

7.7.2.4 Vertragsstrafe und kaufmännische Bürgschaft

Nach § 339 BGB kann der Schuldner dem Gläubiger für den Fall der Nichterfüllung (oder auch z. B. der nicht pünktlichen Erfüllung) die Zahlung einer **Vertragsstrafe** versprechen, d. h. einer bestimmten Geldsumme ohne Gegenleistung. Ist die versprochene Strafe unverhältnismäßig hoch, kann der Schuldner das Gericht anrufen und die Summe herabsetzen lassen, § 343 BGB. Ein Kaufmann muss hingegen gemäß § 348 HGB zu seinem Wort stehen und die im Rahmen eines Handelsgeschäfts vereinbarte Vertragsstrafe, mag sie auch noch so hoch sein, zahlen.

Ein **Kaufmann kann sich**, anders als § 766 BGB für sonstige Personen bestimmt, im Rahmen eines Handelsgeschäfts auch **mündlich verbürgen**, § 350 HGB.

Auf die Schriftform verzichtet § 350 HGB daneben auch für Schuldversprechen und Schuldanerkenntnis.

Der Bürge kann normalerweise gemäß § 771 BGB vom Gläubiger verlangen, zunächst gegen den Hauptschuldner vorzugehen (Einrede der Vorausklage). Diese **Einrede der Vorausklage steht einem Kaufmann**, der sich im Rahmen eines Handelsgeschäfts verbürgt hat, **nicht zu**, § 349 HGB; der Gläubiger kann sogleich gegen den kaufmännischen Bürgen vorgehen.

7.7.2.5 Fälligkeit und Zinsen

Nach § 271 BGB ist die Leistung i. d. R. sofort fällig. Diese Vorschrift modifiziert § 358 HGB dahingehend, dass bei Handelsgeschäften Leistung **nur während der gewöhnlichen Geschäftszeiten** verlangt werden kann, d. h. normalerweise nicht nachts und am Wochenende.

Vom Zeitpunkt der **Fälligkeit** an kann bei beiderseitigen Handelsgeschäften der Gläubiger nach § 353 HGB Zinsen verlangen; Verzug des Schuldners ist hierfür, anders als nach §§ 288, 286 BGB, nicht erforderlich. Der gesetzliche Zinssatz bei beiderseitigen Handelsgeschäften beträgt nach § 352 HGB 5 %; praktisch liegen also die **Fälligkeitszinsen** bei 5 %. Bei **Verzug** kann auch ein Kaufmann Zinsen in Höhe des tatsächlich entstandenen Zinsschadens oder – ohne Nachweis – in der durch § 288 BGB bestimmten Höhe von 5 % (8 %) über dem Basiszinssatz fordern.

7.7.2.6 Kontokorrent

Das Kontokorrent (laufende Rechnung) ist in § 355 HGB definiert, allerdings nicht abschließend geregelt. Es dient der **Vereinfachung des Zahlungsverkehrs** zwischen einem Kaufmann und seinem Geschäftspartner, die jeweils Forderungen gegeneinander haben und laufend neue Forderungen gegeneinander begründen. So werden unnötige Geldbewegungen vermieden. Außerdem gilt im Kontokorrentverhältnis gemäß § 355 Abs. 1 das gesetzliche Zinseszinsverbot des § 248 BGB nicht. Kontokorrent ist kein gesetzlicher Regelfall, sondern muss zwischen den Parteien vereinbart sein.

Kontokorrent kann auch als einseitiges Handelsgeschäft vereinbart sein (so ist z. B. der in der Praxis häufigste Fall das **Bankgirokonto**) oder sogar zwischen Nichtkaufleuten.

Die Ansprüche des einen Teils und des anderen Teils werden jeweils addiert und nach bestimmtem Zeitablauf festgestellt, für wen von beiden ein Überschuss (**Saldo**) besteht.

Die ins Kontokorrent eingestellten Forderungen können nicht selbständig geltend gemacht werden. Ebenso ist eine Aufrechnung gegen eine der Einzelforderungen nicht möglich, und sie unterliegen einem Abtretungsverbot (§ 399 BGB).

Die Parteien können darüber hinaus durch eine so genannte Feststellungsabrede vereinbaren, dass der Schlusssaldo unabhängig von den Rechnungsposten, aus denen er entstanden ist, geschuldet sein soll; ein derartiger „abstrakter Schlusssaldo" lässt die Einzelforderungen erlöschen.

Man unterscheidet zwischen „Periodenkontokorrent" (gesetzlicher Regelfall, § 355 Abs. 1, 2), bei dem die Feststellung und Verrechnung in regelmäßigen Zeitabständen stattfindet und in der Zwischenzeit die Einzelforderungen selbständig bleiben, und „Staffelkontokorrent", nach dem die Einstellung eines Rechnungspostens ins Kontokorrent jeweils sofort zur Verrechnung und evtl. Feststellung führt.

Ist eine der ins Kontokorrent eingestellten Forderungen gesichert (etwa durch Grundschuld, Hypothek oder Bürgschaft), so kann der Gläubiger sich nur insoweit aus der Sicherheit befriedigen, als sich für seinen Schuldner aus dem Schlusssaldo ein Überschuss ergibt, § 356 Abs. 1 HGB.

BEISPIEL: ▶ Kaufmann Haben und Kaufmann Soll haben Kontokorrent vereinbart. Ins Kontokorrent eingestellt wird eine Forderung des Haben gegen den Soll über 30.000 €, für die sich Haben eine Hypothek hat bestellen lassen. Nach Rechnungsabschluss ergibt sich ein Saldo von 20.000 € zugunsten des Haben. Haben kann nun gegen den Soll nur in Höhe von 20.000 € aus der Hypothek vorgehen.

7.7.2.7 Gutgläubiger Erwerb

Gutgläubiger Erwerb beweglicher Sachen vom Nicht-Eigentümer ist nach §§ 932 ff. BGB möglich. Dort ist jeweils Voraussetzung, dass der Erwerber den Veräußerer für den Eigentümer der Sache hält.

§ 366 HGB geht noch darüber hinaus. Geschützt ist nach dieser Vorschrift auch der **gute Glaube an die Verfügungsbefugnis** des Veräußerers, von dem der Erwerber weiß, dass er nicht Eigentümer ist.

Das ist nach bürgerlichem Recht anders: Gemäß § 185 BGB kann ein Nicht-Eigentümer eine Sache nur übereignen, sofern die Zustimmung des Eigentümers vorliegt; er hat dann Verfügungsbefugnis. Ohne Zustimmung des Eigentümers ist nach dem BGB ein Eigentumserwerb nicht möglich, wenn der potenzielle Erwerber weiß (oder grob fahrlässig nicht weiß, vgl. § 932 Abs. 2 BGB), dass die Sache nicht im Eigentum des Veräußerers steht; das BGB schützt den nicht, der weiß, dass der Veräußerer nicht Eigentümer ist, ihn jedoch für befugt hält, die Sache zu veräußern.

Voraussetzungen für einen gutgläubigen Erwerb nach § 366 HGB:

▶ Der Veräußerer ist Kaufmann (der Erwerber muss nicht Kaufmann sein)

▶ Veräußerung im Betrieb des Handelsgeschäfts der Kaufmanns (d. h. kein reines Privatgeschäft)

▶ Vorliegen der übrigen Voraussetzungen der §§ 932 ff. BGB mit Ausnahme des guten Glaubens an das Eigentum des Veräußerers

▶ guter Glaube des Erwerbers an die Verfügungsbefugnis; daran fehlt es i. d. R. beim Erwerber, wenn er von einem Kaufmann erwirbt, der typischerweise keine Verfügungsbefugnis hat (z. B. Spediteur), und bei Veräußerung zu Schleuderpreisen

BEISPIEL: ▶ Kai erwirbt im An- und Verkauf des Vierschrot einen Radiorekorder. Vierschrot sagt Kai, Elke habe ihm den Rekorder in Verkaufskommission gegeben. In Wirklichkeit hatte Elke den Rekorder der Claudia geliehen, die ihn, um zu Geld zu kommen, dem Vierschrot zum Verkaufen überlassen hatte. Elke kann den Rekorder nicht nach § 985 BGB von Kai herausverlangen. Denn Kai hat zwar nicht gemäß § 932 BGB gutgläubig Eigentum erworben – insoweit war er nicht gutgläubig hinsichtlich des Eigentums von

Vierschrot, da Vierschrot ihm ja gesagt hat, Elke sei Eigentümerin –, wohl aber gemäß § 366 HGB, weil er an die Verfügungsbefugnis des Vierschrot glaubte.

7.8 Handelskauf

Für Kaufverträge, die ein Kaufmann abschließt, gelten grundsätzlich §§ 433 ff. BGB.

Ergänzende Sonderregelungen für den Handelskauf finden sich in §§ 373-382 HGB; diese Vorschriften gelten nur für den Handel mit beweglichen Sachen und Wertpapieren.

7.8.1 Annahmeverzug (Gläubigerverzug)

Kommt der Gläubiger in Annahmeverzug (§§ 293 ff. BGB), so hat nach § 373 HGB der Schuldner erweiterte Rechte.

§ 373 Abs. 1 HGB erweitert zunächst die Möglichkeiten der Hinterlegung im Vergleich zu §§ 372 ff. BGB. Insbesondere kann der Schuldner auch in einem jedermann zugänglichen privaten („öffentlichen") Lagerhaus hinterlegen.

Wichtig ist die sich aus § 373 Abs. 2-5 HGB ergebende **Möglichkeit der Versteigerung bzw. des Verkaufs**. Der Schuldner kann beim Handelskauf zwischen Hinterlegung und Versteigerung/Verkauf wählen, während nach BGB hinterlegungsfähige Sachen nicht versteigert/verkauft werden dürfen (vgl. § 383 BGB). Den Erlös aus Versteigerung/Verkauf erhält nach § 373 Abs. 3 HGB der in Annahmeverzug geratene Käufer; dies gilt gemäß § 667 BGB sogar dann, wenn bei der Versteigerung ein höherer Erlös erzielt wird, als der säumige Käufer selbst an den Verkäufer zu zahlen hat.

7.8.2 Schuldnerverzug beim Bestimmungskauf

§ 375 HGB trifft eine Sonderregelung für den sog. Bestimmungskauf. Ein Bestimmungskauf liegt vor, wenn die Parteien zwar schon einen bindenden Kaufvertrag abgeschlossen haben, der Käufer aber noch einzelne Bestimmungen über den Kaufgegenstand treffen kann (Farbe, Form, Maß o. ä.). Beim Bestimmungskauf nach HGB gehört das Treffen der Bestimmung zu den Hauptpflichten des Käufers. Gemäß § 375 Abs. 2 Satz 1 HGB kann der Verkäufer die Bestimmung selbst treffen, wenn der Käufer mit der Bestimmung im Verzug ist.

7.8.3 Fixhandelskauf

Von einem **Fixgeschäft** spricht man, wenn der ganze Vertrag mit Einhaltung des vereinbarten Termins „stehen und fallen" soll. Es genügt nicht, dass dem Gläubiger die pünktliche Leistung wichtig ist; vielmehr muss klar sein, dass es entscheidend darauf ankommt. Hierauf deuten Klauseln wie „fix", „genau", „präzis" oder „spätestens" hin.

Nach § 323 Abs. 1, Abs. 2 Nr. 2 BGB ist der **Gläubiger zum Rücktritt berechtigt**, wenn der Schuldner beim Fixgeschäft nicht termingerecht leistet; der Gläubiger hat die Wahl, zurückzutreten oder (verspätete) Erfüllung (sowie Ersatz des evtl. entstandenen Verzugsschadens) zu verlangen.

Beim **Fixhandelskauf** sind die Rechte des Gläubigers durch § 376 HGB zum Teil erweitert, zum Teil aber auch eingeschränkt.

Erweitert sind die Rechte des Gläubigers, d. h. beim Fixhandelskauf normalerweise des Käufers, insofern, als er nach § 376 Abs. 1 Satz 1 HGB **Schadensersatz wegen Nichterfüllung** verlangen kann, **ohne** dass er gemäß § 281 Abs. 1 BGB eine Frist setzen muss.

Andererseits **erlischt der Erfüllungsanspruch**, wenn der Gläubiger (Käufer) nicht sofort (das ist noch schneller als „unverzüglich") nach Verstreichen des Termins dem Schuldner (Verkäufer) anzeigt, dass er auf Erfüllung besteht, § 376 Abs. 1 Satz 2 HGB.

7.8.4 Gewährleistungsrechte/Untersuchungs- und Rügeobliegenheiten

§ 377 HGB erlegt dem Käufer im Rahmen eines Handelskaufes „Untersuchungs- und Rügeobliegenheiten" auf. „**Obliegenheit**" bedeutet, dass man zwar keine Verpflichtung gegenüber dem Vertragspartner hat, aber eigene Rechte verliert, wenn man sich nicht entsprechend der Obliegenheit verhält.

Beim Kauf nach BGB kann sich der Käufer im Prinzip beliebig Zeit lassen, dem Verkäufer einen Mangel anzuzeigen und dementsprechend Gewährleistungsrechte geltend zu machen (nach zwei Jahren kann sich der Verkäufer allerdings gemäß § 438 BGB auf Verjährung berufen).

Ist der Kauf hingegen ein beiderseitiges Handelsgeschäft, so muss der Käufer gemäß § 377 Abs. 1 HGB die Ware **unverzüglich** (d. h. ohne schuldhaftes Zögern, § 121 Abs. 1 BGB) nach Empfang **auf Mängel untersuchen** und dem Verkäufer gefundene **Mängel unverzüglich anzeigen**, wenn er nicht gemäß § 377 Abs. 2 HGB seine Gewährleistungsrechte verlieren will. Der Kaufmann muss nur in dem Maße untersuchen, in dem dies „tunlich" ist; bei Lieferung einer größeren Warenmenge genügt eine Stichprobe, bei einer gelieferten Maschine ein Probelauf.

Konnte der Fehler bei der Untersuchung nicht gefunden werden, zeigt sich jedoch später, so muss gemäß § 377 Abs. 3 HGB der Käufer daraufhin unverzüglich dem Verkäufer die Mängelanzeige machen.

Nach § 434 Abs. 3 BGB verliert der Käufer seine Rechte bei Versäumung der Untersuchungs- und Rügeobliegenheiten grundsätzlich auch dann, wenn die Sache nicht bloß mangelhaft, sondern sogar eine völlig andere als die bestellte Sache ist oder wenn die gelieferte Menge nicht dem Vertrag entspricht.

Hat allerdings der Verkäufer den Mangel arglistig verschwiegen, so kann er sich nach § 377 Abs. 5 HGB nicht auf die Versäumung der Untersuchungs- und Rügeobliegenheiten durch den Käufer berufen.

Nun kann der Fall 12 (Kapitel Klausurtechnik und Fallbearbeitung) gelöst werden!

7.9 Geschäfte der Spediteure, Frachtführer und Lagerhalter

Die Geschäfte der Spediteure, Frachtführer und Lagerhalter sind im HGB ausdrücklich – allerdings nicht abschließend – geregelt.

7.9.1 Transportverträge

Das Transportrecht betrifft die **Frachtführer** und **Spediteure**. Außer den §§ 407 ff., 453 ff. HGB enthalten noch zahlreiche weitere Gesetze, Verordnungen, Allgemeine Geschäftsbedingungen etc. einschlägige Bestimmungen.

Zu nennen sind hier vor allem das Güterkraftverkehrsgesetz (GüKG), das Personenbeförderungsgesetz, das Binnenschiffahrtsgesetz, die Eisenbahnverkehrsordnung (EVO), die Allgemeinen Deutschen Spediteur-Bedingungen (ADSp) und das Übereinkommen über den Beförderungsvertrag im internationalen Straßengüterverkehr (CMR).

Die Regelungen des HGB beziehen sich nur auf die **Beförderung von Gütern**, nicht von Personen.

7.9.1.1 Das Frachtgeschäft

Gegenstand des Frachtgeschäfts ist nach § 407 HGB die Beförderung von Gütern im Betrieb eines gewerblichen Unternehmens zu Lande (sei es auf der Straße oder auf der Schiene), auf Binnengewässern oder in der Luft.

Selbst wenn ein Gewerbebetrieb nur gelegentlich Güter befördert, gelten für diese Güterbeförderung die Regeln über das Frachtgeschäft. Sie gelten auch, wenn ein **nicht-kaufmännischer Gewerbebetrieb** tätig wird; § 407 Abs. 3 Satz 2 schreibt für diesen Fall außerdem die Geltung der allgemeinen Vorschriften über Handelsgeschäfte vor.

Der Frachtvertrag ist im Prinzip ein Werkvertrag, d. h. der Frachtführer schuldet einen Erfolg, nämlich die Verbringung des zu befördernden Gutes an seinen Bestimmungsort.

Geht das zu befördernde Gut verloren oder wird es beschädigt, **haftet der Frachtführer** nach §§ 425 ff. HGB **ohne Verschulden**, aber der Höhe nach begrenzt, §§ 429-433 HGB.

7.9.1.2 Das Speditionsgeschäft

Der Spediteur befördert – im Unterschied zum Frachtführer – gemäß § 453 Abs. 1 HGB die zu transportierenden Güter nicht unbedingt selbst.

Ansonsten sind die Regeln über das Speditionsgeschäft eng an die Vorschriften über das Frachtgeschäft angelehnt.

Der Spediteur schließt typischerweise einerseits einen Vertrag mit dem Versender (d. h. dem, der Güter transportieren lassen möchte) und andererseits einen Vertrag mit dem Frachtführer, der dann letztlich den Transport durchführt.

Es steht dem Spediteur allerdings nach § 458 Satz 1 HGB frei, selbst die Beförderung durchzuführen. In diesem Fall gelten für ihn nach § 458 Satz 2 HGB zusätzlich die Vorschriften über das Frachtgeschäft; das gilt nach § 459 HGB auch, wenn ein fester Vergütungssatz vereinbart ist.

Im Einzelnen treffen die **Allgemeinen Deutschen Spediteur-Bedingungen** (ADSp) detaillierte Regelungen. Die ADSp sind Allgemeine Geschäftsbedingungen, die derart verbreitet sind, dass sich ein Kaufmann, der einen Speditionsvertrag mit einem Spediteur abschließt, den ADSp i. d. R. stillschweigend unterwirft. Die ADSp können auch in einen Speditionsvertrag mit einem Nichtkaufmann einbezogen werden.

Der **Spediteur** ist aus dem Speditionsvertrag nach § 453 Abs. 1 HGB verpflichtet, für die **Versendung des Gutes** zu sorgen; dazu gehören gemäß § 454 Abs. 1 HGB die Auswahl des Frachtführers samt Vertragsabschluss und die Wahl des Reiseweges. Auch gehört die Aufbewahrung des Gutes bis zur Übergabe an den Frachtführer zu den Pflichten des Spediteurs. Ausstellen der Begleitpapiere, Versicherung des Gutes etc. schuldet der Spediteur gemäß § 454 Abs. 2 HGB nur dann, wenn dies ausdrücklich vereinbart ist.

Bei Verletzung dieser Pflichten haftet der Spediteur nach § 461 Abs. 2 HGB. Bei Verlust oder Beschädigung des zu befördernden Gutes haftet der Spediteur (wie der Frachtführer) auch ohne Verschulden, § 461 Abs. 1 HGB.

Die **Gegenleistung des Versenders** besteht gemäß § 453 Abs. 2 HGB in der **Vergütung**, die er an den Spediteur zu zahlen hat. Hierbei kann es sich um eine Provision für Vertragsschlüsse und Aufwandsentschädigung handeln oder um ein bestimmtes Entgelt.

7.9.2 Das Lagergeschäft

Durch den Lagervertrag wird der **Lagerhalter**, d. h. der Kaufmann, der ein Lager unterhält, nach § 467 HGB verpflichtet, Güter des Einlagerers zu lagern und in seiner Obhut aufzubewahren.

Wer lediglich einem anderen gegen Entgelt einen Lagerraum überlässt, ohne eine Obhutspflicht zu übernehmen, ist nicht Lagerhalter, sondern Vermieter.

Der Lagerhalter erhält als Gegenleistung vom Einlagerer eine Vergütung, § 467 Abs. 2 HGB.

Anders als Frachtführer und Spediteur **haftet der Lagerhalter** bei Verlust oder Beschädigung nicht verschuldensunabhängig, sondern lediglich **für vermutetes Verschulden**: § 475 HGB bestimmt, dass die – grundsätzlich gegebene – Haftung entfällt, wenn der Schaden auch durch die Sorgfalt eines ordentlichen Kaufmanns nicht abgewendet werden konnte.

7.9.3 Die Traditionspapiere

Fracht- und Lagergeschäft bringen es mit sich, dass Güter längere Zeit im unmittelbaren Besitz des Frachtführers bzw. Lagerhalters sind, also nicht des Eigentümers. Der Eigentümer der Gegenstände kann nun währenddessen das Eigentum auf einen Dritten übertragen wollen.

Nach dem BGB wäre dies durch Abtretung des Herausgabeanspruchs gemäß § 931 BGB möglich.

Handelsrechtlich sind zu diesem Zwecke die so genannten Traditionspapiere (= Übergabepapiere) vorgesehen: der **Ladeschein** (§ 444 HGB) bzw. der (Order)-**Lagerschein** (§ 475 c HGB). Außerdem gibt es für das Seefrachtgeschäft das Konnossement.

Der Eigentümer der Sache kann solch ein Papier ausstellen. Die **Übergabe dieses Papiers ersetzt die Besitzverschaffung**; dies gilt nach § 448 HGB für jeden Ladeschein und nach § 475 g HGB für Orderlagerscheine. Außerdem ist zur Eigentumsübertragung – wie sonst auch – noch die dingliche Einigung erforderlich.

Lieferscheine sind grundsätzlich keine Traditionspapiere!

7.10 Geschäfte der Makler und Handelsvertreter

7.10.1 Makler

Die §§ 93-104 HGB regeln die Rechtsverhältnisse des **Handelsmaklers**. Keineswegs ist aber jeder Makler Handelsmakler; § 93 Abs. 1 HGB erfasst nur einen Teil der als Makler tätigen Personen.

Alle anderen Makler sind so genannte **Zivilmakler**, so insbesondere die Immobilien- und Wohnungsmakler. Für Zivilmakler gelten nicht §§ 93-104 HGB, sondern nur §§ 652-656 BGB; diese Vorschriften finden für Handelsmakler ergänzende Anwendung. Übrigens kann ein Zivilmakler durchaus gemäß §§ 1, 2 HGB Kaufmann sein, so dass Handelsrecht für ihn gilt – aber dennoch nicht §§ 93-104 HGB!

Eine Sonderregelung für die Wohnungsmakler ist das Gesetz zur Regelung der Wohnungsvermittlung (WoVermG).

7.10.1.1 Vorschriften für alle Makler

Makler ist nach § 652 Abs. 1 BGB, wer – gegen Entgelt – **Verträge** zwischen anderen Personen **vermittelt oder** anderen Personen **Gelegenheiten zum Abschluss von Verträgen nachweist**.

Maklerlohn (Provision) kann der Makler nur unter folgenden **Voraussetzungen** verlangen:
- ▶ Abschluss eines Maklervertrages (nicht formgebunden); der Makler muss mit dem Interessenten eindeutig vereinbart haben, dass er für seine Tätigkeit Provision erhält
- ▶ rechtsgültiges Zustandekommen des gewünschten Vertrages über das Objekt
- ▶ Ursächlichkeit der Tätigkeit des Maklers für das Zustandekommen

Der Makler ist, auch wenn ein Maklervertrag abgeschlossen worden ist, nicht verpflichtet, überhaupt tätig zu werden. Ebenso wenig ist sein Auftraggeber verpflichtet, sich die Tätigkeit des Maklers zunutze zu machen und ein vom Makler vermitteltes Geschäft abzuschließen. Erfolgsunabhängiges Maklerhonorar kann vereinbart sein; eine diesbezügliche Klausel in den AGB ist allerdings unwirksam!

Der Makler darf für beide Seiten tätig sein, sofern dies nicht vertraglich ausgeschlossen ist, vgl. § 654 BGB. Er ist dann zu strenger Unparteilichkeit verpflichtet.

Stets hat der Makler Treue-, Aufklärungs- und Beratungspflichten. Eine Schadensersatzpflicht des Maklers kann sich aus PVV ergeben.

7.10.1.2 Sondervorschriften für Handelsmakler

Handelsmakler kann nach § 93 Abs. 1 HGB nur sein, wer **Vermittlungstätigkeit** entfaltet; ein reiner Nachweismakler ist stets nur Zivilmakler. § 93 Abs. 1 HGB bestimmt auch, welchen Gegenstand die vermittelten Geschäfte haben müssen, damit der Makler als Handelsmakler anzusehen ist.

Eine Besonderheit beim Handelsmaklervertrag ist die **Schlussnote** nach § 94 HGB. Hierdurch kommt zwar noch kein Vertrag über das Objekt, um das es geht, zustande. Die Schlussnote hat aber gegenüber den potenziellen Vertragspartnern die Wirkung eines kaufmännischen Bestätigungsschreibens; will eine der potenziellen Vertragsparteien den Vertrag so nicht abschließen, muss sie unverzüglich gegenüber der Gegenpartei (nicht gegenüber dem Makler) Widerspruch gegen die Schlussnote erklären. Das gilt auch bei den in § 94 Abs. 2 genannten längerfristigen Geschäften, d. h. wer der Schlussnote nicht widerspricht und später die Unterschrift verweigert, ist an den Vertrag laut Schlussnote gebunden.

Für den Provisionsanspruch gilt das Gleiche wie bei sonstigen Maklerverträgen. § 99 HGB ist keine Anspruchsgrundlage, sondern regelt nur die Aufteilung der geschuldeten Provision unter den Parteien, wenn der Handelsmakler im Auftrag beider Parteien tätig geworden ist.

Ein **Schadensersatzanspruch** – auch zugunsten der Partei, die den Handelsmakler gar nicht beauftragt hat – ist in § 98 HGB normiert.

7.10.2 Handelsvertreter

Der Handelsvertreter ist – anders als der Makler – gemäß § 84 Abs. 1 Satz 1 **ständig für den gleichen Auftraggeber (Unternehmer) tätig**. Das schließt ein Tätigwerden für weitere Auftraggeber nicht aus, doch ist dies vielfach dem Handelsvertreter vertraglich verboten.

Die §§ 84 ff. HGB sind nur auf selbständig Tätige anwendbar, vgl. § 84 Abs. 1 Satz 2, Abs. 2 HGB.

Die abzuschließenden oder zu vermittelnden Geschäfte können beliebiger Natur sein. In der Praxis besonders bedeutsam ist die Tätigkeit von Handelsvertretern im Versicherungsgeschäft; hierfür gibt es einzelne Sonderregelungen (§§ 92, 89b Abs. 5 HGB).

Der Handelsvertreter ist dem Unternehmer nach § 86 Abs. 1 HGB **zum Tätigwerden verpflichtet**.

Er hat nach Maßgabe der §§ 87 ff. HGB **Anspruch auf Provision** und bei Beendigung seiner Tätigkeit für den Unternehmer den Ausgleichsanspruch nach § 89b wegen Nachbestellungen von ihm geworbener Kunden.

Sowohl der Handelsvertreter als auch der Auftraggeber können sich nach § 89a HGB schadensersatzpflichtig machen, wenn sie durch ihr Verhalten eine außerordentliche Kündigung des Handelsvertretervertrages veranlassen.

§ 91a HGB schützt den Kunden, wenn der Handelsvertreter seine Vollmacht überschreitet: Anders als nach § 177 BGB wirkt das abgeschlossene Geschäft gegen den Unternehmer, wenn dieser nach Kenntniserlangung nicht unverzüglich widerspricht.

8. Gesellschaftsrecht

8.1 Grundlagen des Gesellschaftsrechts

8.1.1 Einführung

Eine Gesellschaft im weiteren Sinne ist eine **Personenvereinigung zur gemeinsamen Verfolgung eines gemeinsamen Zwecks, die durch privates Rechtsgeschäft begründet ist.**

Eine solch allgemeine Definition findet sich freilich nicht im Gesetz. Anders als Bürgerliches Recht und Handelsrecht ist das Gesellschaftsrecht in Deutschland nicht in einem zentralen Gesetz normiert. Der Gesetzgeber hat vielmehr die einzelnen Gesellschaftsformen jeweils für sich geregelt, teilweise im BGB und im HGB, teilweise in besonderen Gesetzen.

Das deutsche Recht bietet folgende Gesellschaftsformen an:

▶ BGB-Gesellschaft (= Gesellschaft bürgerlichen Rechts, GbR), §§ 705-740 BGB

▶ Verein, §§ 21-79 BGB

▶ Offene Handelsgesellschaft (OHG), §§ 105-160 HGB

▶ Kommanditgesellschaft (KG), §§ 161-177a HGB

▶ Stille Gesellschaft, §§ 230-237 HGB

▶ Reederei, §§ 489-509 HGB

▶ Gesellschaft mit beschränkter Haftung (GmbH), GmbHG (sowie ihre Spezialform UG)

▶ Aktiengesellschaft (AG), §§ 1 ff. AktG

▶ Kommanditgesellschaft auf Aktien (KGaA), §§ 278-290 AktG

▶ eingetragene Genossenschaft (eG), Genossenschaftsgesetz (GenG)

▶ Versicherungsverein auf Gegenseitigkeit (VVaG), §§ 7, 15-53 Versicherungsaufsichtsgesetz (VAG)

▶ Partnerschaft, Partnerschaftsgesellschaftsgesetz (PartGG).

Ähnlich wie im Sachenrecht gilt für das Gesellschaftsrecht ein **numerus clausus der Gesellschaftsformen**. Zulässig sind nur vom Gesetzgeber zur Verfügung gestellte Gesellschaftsformen (d. h. die oben genannten sowie durch EU-Recht zugelassene – hier zu erwähnen ist die Gesellschaftsform Europäische Wirtschaftliche Interessenvereinigung = EWIV). Andererseits lässt die Vertragsfreiheit Raum, im Rahmen einer Gesellschaftsform selbst vieles auszugestalten. Außerdem kann dadurch, dass eine Gesellschaft ihrerseits Mitglied einer Gesellschaft sein kann, quasi eine neue Gesellschaftsform geschaffen werden, so insbesondere die GmbH & Co. KG. Obendrein ist es inzwischen möglich, Gesellschaftsformen anderer EU-Staaten zu nutzen, wobei sich insbesondere die englische Limited einer gewissen Beliebtheit erfreut.

Eigentlich **keine „Gesellschaften"** sind u. a. Kartelle, Konsortien, Konzerne (= Unternehmensverbindungen); vielfach organisieren sich diese allerdings in gesellschaftsrechtlichen Formen, so dass insoweit Gesellschaftsrecht anwendbar ist. Erst recht keine „Gesellschaften" sind die Stiftungen (§§ 80-88 BGB), Körperschaften öffentl. Rechts (§ 89 BGB), die Gemeinschaft (§§ 741-758 BGB), Erbengemeinschaft (§§ 2032-2057) sowie die Ehe.

Grundlegend ist der Unterschied zwischen **Personengesellschaften** und **Kapitalgesellschaften** (= **Körperschaften**). Bei den Personengesellschaften steht der persönliche Einsatz der Gesellschafter im Vordergrund, während es bei den Kapitalgesellschaften hierauf weniger ankommt.

Personengesellschaften sind die **OHG** und die **KG** sowie auch die Stille Gesellschaft, die BGB-Gesellschaft, die Partnerschaft, die Reederei und die EWIV. Typisch für Personengesellschaften ist, dass hier die Gesellschafter persönlich für die Schulden der Gesellschaft haften und die Geschäfte selbst führen; die Mitgliedschaft ist i. d. R. nicht frei übertragbar.

Kapitalgesellschaften bzw. **Körperschaften** sind die **GmbH**, die **AG**, die KGaA, die eG, der VVaG und der Verein. Regelmäßig haften hier die Mitglieder nicht für die Schulden der Gesellschaft, die Willensbildung erfolgt nach dem Mehrheitsprinzip, und die Geschäfte können von Nicht-Gesellschaftern geführt werden. Auch ist typischerweise die Mitgliedschaft übertragbar und vererblich (so insbesondere § 15 Abs. 1 GmbHG).

8.1.2 Entstehung, Veränderung und Beendigung von Gesellschaften

8.1.2.1 Die Entstehung von Gesellschaften

Gesellschaften entstehen grundsätzlich durch den **Gesellschaftsvertrag**, einen Vertrag, in dem sich mindestens zwei Personen zur Erreichung eines gemeinsamen Zwecks verpflichten.

Statt von Gesellschaftsvertrag spricht man bei der Aktiengesellschaft (§ 2 AktG, ebenso bei der KGaA nach 280 AktG und beim Verein gemäß § 25 BGB) von Satzung. Bei der eG gibt es entsprechend das Statut, § 5 GenG.

Für einzelne Gesellschaftsformen ist eine höhere **Mindestanzahl von Vertragspartnern** (Gesellschaftern bzw. Mitgliedern oder Genossen) für die Gründung vorgeschrieben: 5 bei KGaA (§ 280 AktG), 7 beim eingetragenen Verein (§ 56 BGB) und bei der eG (§ 4 GenG). Umgekehrt genügt für die Errichtung einer GmbH gemäß § 1 GmbHG und einer AG nach § 2 AktG eine Person.

Vertragspartner sein können natürliche Personen (d. h. Menschen), juristische Personen (d. h. insbesondere bereits bestehende Gesellschaften) sowie OHG oder KG (die strenggenommen keine juristischen Personen sind) unter ihrer Firma (§ 124 HGB).

Einer besonderen **Form** bedarf der Gesellschaftsvertrag grundsätzlich nicht, d. h. er kann mündlich geschlossen werden. Gesellschaftsvertrag/Satzung von GmbH, AG und KGaA bedürfen notarieller Beurkundung, §§ 2 Abs. 1 GmbHG, 23 Abs. 1, 280 Abs. 1 AktG. Für das Statut der eG ist Schriftform vorgeschrieben, § 5 GenG.

Allein mit dem Abschluss des Gesellschaftsvertrages entstehen nur die BGB-Gesellschaft und die Stille Gesellschaft.

OHG und KG entstehen im Innenverhältnis (d. h. im Verhältnis zwischen den Gesellschaftern) ebenfalls mit Abschluss des Gesellschaftsvertrages. Nach außen werden sie erst mit Eintragung ins Handelsregister bzw. mit Geschäftsbeginn wirksam; vorher haben Dritte es nur mit den Gesellschaftern als Einzelpersonen zu tun.

Die Entstehung der meisten anderen Gesellschaftsformen ist jeweils erst mit der Eintragung ins Handelsregister (GmbH § 11 Abs. 1 GmbHG, AG § 41 Abs. 1 AktG, KGaA § 278 Abs. 3 AktG) bzw. ins Genossenschaftsregister (§ 17 GenG) bzw. ins Vereinsregister (§ 21 BGB) abgeschlossen (noch anders beim VVaG, der nach § 15 VAG der Erlaubnis des Bundesaufsichtsamtes bedarf). Eine besondere Problematik liegt darin, dass die in Gründung befindliche Gesellschaft i. d. R. schon vor der Eintragung ins Handelsregister Tätigkeiten entfaltet; man spricht dann zunächst von einer Vorgründungsgesellschaft und dann von einer Vorgesellschaft, was hinsichtlich der GmbH später ausführlicher behandelt werden soll (unten 8.5.2).

8.1.2.2 Beendigung von Gesellschaften

Das Gesetz zählt für die einzelnen Gesellschaften – insbesondere in §§ 131 ff. HGB, 723 ff. BGB, 60 GmbHG, 262, 396 AktG – Gründe auf, die zu einer **Auflösung** der Gesellschaft führen. Bei BGB-Gesellschaft, OHG, KG, Stiller Gesellschaft, Reederei und GmbH kann darüber hinaus der Gesellschaftsvertrag zusätzliche Auflösungsgründe vorsehen.

Mit Eintritt eines Auflösungsgrundes ist die Gesellschaft aber noch nicht automatisch aufgelöst. Vielmehr muss nun eine **Auseinandersetzung** stattfinden, d. h. die Verbindlichkeiten der Gesellschaft müssen beglichen werden, und restliches Vermögen ist unter die Gesellschafter zu verteilen. Dies vollzieht sich bei der BGB-Gesellschaft nach §§ 730 ff. BGB, bei OHG und KG nach §§ 145 ff. HGB, sofern der Gesellschaftsvertrag nichts anderes vorsieht. Bei der GmbH und AG steht es den Gesellschaftern nicht frei, Regelungen über die Auseinandersetzung zu treffen, die von §§ 66 GmbHG bzw. §§ 264 ff. AktG abweichen.

Ist schließlich die Auseinandersetzung durchgeführt, so ist die Gesellschaft beendet; die Gesellschafter müssen „das Erlöschen der Firma" (§ 157 Abs. 1 HGB für OHG und KG) bzw. „die Auflösung der Gesellschaft" (§ 65 Abs. 1 GmbHG) zum Handelsregister anmelden respektive im Handelsregister die „Gesellschaft löschen" (§ 273 AktG).

8.1.2.3 Veränderung von Gesellschaften

Der **Gesellschaftsvertrag kann geändert werden**, ohne dass die Gesellschaft deswegen aufgelöst werden oder in eine andere Gesellschaftsform umgewandelt werden müsste.

Hierzu ist bei Personengesellschaften (BGB-Gesellschaft, OHG, KG…) eine Vereinbarung zwischen allen Gesellschaftern oder ein einstimmiger Beschluss notwendig, sofern nicht der Gesellschaftsvertrag einen Mehrheitsbeschluss zulässt.

Bei der GmbH und der Aktiengesellschaft bedarf es eines mit der vorgesehenen Mehrheit gefassten Beschlusses der „Gesamtheit der Gesellschafter" (§§ 53 ff. GmbHG) bzw. der Hauptversammlung (§§ 179 ff. AktG).

Möglich ist auch eine **Umwandlung** einer Gesellschaft von einer Gesellschaftsform in eine andere sowie auch die Umwandlung eines einzelkaufmännischen Unternehmens in eine Gesellschaft (in der Praxis besonders häufig ist die Umwandlung eines einzelkaufmännischen Unternehmens oder einer OHG in eine GmbH). Die meisten der diversen möglichen Umwandlungen sind im Umwandlungsgesetz (UmwG) geregelt.

Ist aufgrund des **Ausscheidens** eines oder mehrerer Gesellschafter die gesetzliche Mindestzahl von Gesellschaftern unterschritten, so bedeutet dies bei den Personengesellschaften die Auflösung der Gesellschaft.

8.1.3 Innen- und Außenverhältnis der Gesellschaften

Zum **Innenverhältnis** gehören die Rechtsbeziehungen der Gesellschafter untereinander und der Gesellschaft zu ihren Gesellschaftern. Das **Außenverhältnis** sind die Rechtsverhältnisse der Gesellschafter und der Gesellschaft zu Dritten.

Der Unterscheidung zwischen Innen- und Außenverhältnis folgt die Unterscheidung zwischen Geschäftsführung und Vertretung der Gesellschaft.

Vertretung ist das **Handeln im Außenverhältnis**, soweit dabei Rechtsgeschäfte getätigt werden.

Die Regeln über die **Geschäftsführung** geben Auskunft über die **Rechte und Pflichten eines Geschäftsführers im Innenverhältnis**, also gegenüber der Gesellschaft und den Gesellschaftern. Geschäftsführung ist jede in Verfolgung des Gesellschaftszwecks vorgenommene Handlung für die Gesellschaft. Auch wenn der Geschäftsführer nach außen gegenüber Dritten rechtsgeschäftlich tätig wird (d. h. in Vertretung der Gesellschaft), ist das eine Maßnahme der Geschäftsführung; darüber hinaus gibt es aber Geschäftsführungshandlungen, die im Inneren der Gesellschaft bleiben, z. B. die Organisation des Unternehmens und die Buchführung.

BEISPIEL: ▶ Schlau ist in leitender Funktion in der Schlau-Gesellschaft tätig.

▶ Optimist (der mit der Gesellschaft nichts zu tun hat) hat mit Schlau einen Vertrag abgeschlossen, in dem er der Schlau-Gesellschaft Gewerberäume vermietet hat. Nun vertritt die Schlau-Gesellschaft den Standpunkt, sie sei gar nicht Vertragspartner geworden. Um diese Frage zu beantworten, prüfen wir, ob Schlau Vertretungsmacht hatte; ob er auch zur Geschäftsführung befugt war, spielt hingegen keine Rolle

▶ Schlau hat angeordnet, alle Akten der Gesellschaft auf Computer zu speichern und die Akten dann zu vernichten. Pessimist, der Mitgesellschafter der Schlau-Gesellschaft ist, meint, Schlau habe dies nicht anordnen dürfen, und will ihn für entstehende Schäden haftbar machen. Hier kommt es darauf an, ob Schlau zur Geschäftsführung berechtigt ist und – wenn ja – ob die angeordnete Maßnahme von der Geschäftsführungsbefugnis gedeckt ist; völlig unerheblich ist hingegen in diesem Zusammenhang die Frage der Vertretungsmacht

Die **Innenverhältnisse** der Gesellschaften werden weitgehend durch den **Gesellschaftsvertrag** bestimmt, ergänzend durch gesetzliche Regelungen. Das **Außenverhältnis** ist hingegen meist zwingenden **gesetzlichen Bestimmungen** unterworfen.

8.1.3.1 Innenverhältnis

Die Rechtsstellung der Gesellschafter nennt man „Mitgliedschaft".

Die Gesellschafter haben die Pflicht, die im Gesellschaftsvertrag vereinbarten **Beiträge** zu leisten. Dabei handelt es sich übrigens selten um regelmäßige Beiträge.

Sie haben daneben eine **Treuepflicht** gegenüber der Gesellschaft und den anderen Gesellschaftern, d. h. sie müssen im Rahmen des Gesellschaftszwecks die Interessen der Gesellschaft und der Mitgesellschafter wahren und alles unterlassen, was diese Interessen schädigen könnte; ihre eigenen berechtigten Interessen dürfen sie dabei allerdings wahren.

Die Gesellschafter haben Anspruch auf Beteiligung am **Gewinn** und – bei Auflösung der Gesellschaft – am Liquidationserlös.

Außerdem haben sie ein Mitspracherecht (**Stimmrecht**); bei OHG, KG und den anderen Personengesellschaften können Änderungen des Gesellschaftsvertrags grundsätzlich sogar nur einstimmig vorgenommen werden.

Weiter steht den Gesellschaftern ein **Kontrollrecht** (Auskunftsrecht) zu.

Je nach Gesellschaftsform unterschiedlich geregelt ist die Frage der **Geschäftsführung**. Für die Personengesellschaften, nicht aber für die Kapitalgesellschaften gilt der Grundsatz, dass die Gesellschafter selbst die Geschäfte führen.

Ein spezielles Instrument, das dem einzelnen Gesellschafter zur Durchsetzung seiner Rechte verhelfen kann, ist die so genannte **actio pro socio** (= Gesellschafterklage). Sie ist nicht gesetzlich geregelt, aber zumindest für die GmbH, OHG und KG allgemein anerkannt. Actio pro socio bedeutet, dass der einzelne Gesellschafter – auch wenn er nicht geschäftsführungs- und nicht vertretungsbefugt ist – im eigenen Namen Ansprüche der Gesellschaft gegen die anderen Gesellschafter (und u.U. sogar gegen Dritte) einklagen kann.

BEISPIEL: Der allein geschäftsführungs- und vertretungsberechtigte Gesellschafter Fies zahlt den vertraglich vereinbarten Beitrag nicht. Gesellschafter Justus klagt gegen Fies auf Zahlung des Beitrags an die Gesellschaft.

8.1.3.2　Außenverhältnis

Alle Gesellschaften – abgesehen von der Stillen Gesellschaft – treten nach außen hin in Erscheinung.

Sie führen, soweit es sich um Handelsgesellschaften handelt, eine **Firma**.

Bei den einzelnen Gesellschaftsformen ganz verschieden geregelt ist die Vertretung.

Gleiches gilt für die Haftung der Gesellschafter für die Schulden der Gesellschaft. Die **Haftung**, d. h. letztlich der **Schutz der Gläubiger**, ist ein **zentrales Problem des Gesellschaftsrechts**, da ja in der Praxis oft das eigene Vermögen der Gesellschaft gering ist. Es geht um die Frage, ob derjenige, der einen Anspruch gegen die Gesellschaft hat, diesen Anspruch gegen die Gesellschafter persönlich geltend machen kann. Für einige Gesellschaftsformen sieht das Gesetz eine unmittelbare Haftung der Gesellschafter mit ihrem Privatvermögen vor (insbesondere gilt dies für die OHG). Der andere Extremfall ist der Ausschluss der persönlichen Haftung; diese Lösung hat der Gesetzgeber bei GmbH und AG gewählt, bei denen die Gesellschafter lediglich der Gesellschaft gegenüber verpflichtet sind, Kapital in einer bestimmten Höhe aufzubringen.

8.2　Die offene Handelsgesellschaft (OHG)

Nach § 105 HGB ist OHG jede Gesellschaft, die auf den gemeinsamen Betrieb eines kaufmännischen Handelsgewerbes (§§ 1 Abs. 2 HGB) gerichtet ist, sofern bei keinem der Gesellschafter die Haftung beschränkt ist.

OHG ist außerdem nach § 105 Abs. 2 (1998 neu eingefügt!) auch eine Gesellschaft, die nicht nach § 1 Abs. 2 kaufmännisch ihr Gewerbe betreibt oder sogar nur eigenes Vermögen verwaltet, sofern sich die Gesellschaft unter einer Firma ins Handelsregister eintragen lässt.

Für die OHG gelten §§ 105-160 HGB sowie gemäß § 105 Abs. 3 HGB ergänzend die Vorschriften über die BGB-Gesellschaft (GbR), §§ 705 ff. BGB.

8.2.1 Die Gründung der OHG

Die OHG entsteht im **Innenverhältnis** mit Abschluss des Gesellschaftsvertrages. Im **Außenverhältnis** entsteht sie mit ihrem Wirksamwerden gemäß § 123 HGB.

Der **OHG-Gründungsvertrag** ist ein Vertrag zwischen mindestens zwei Personen mit dem Zweck, ein kaufmännisches Handelsgewerbe unter gemeinschaftlicher Firma zu betreiben, wobei sich alle Vertragspartner verpflichten, diesen Zweck zu fördern.

Wird nur ein Gewerbe betrieben, das **einen in kaufmännischer Weise eingerichteten Geschäftsbetrieb nicht erfordert**, so ist die Gesellschaft **nicht OHG**, sondern GbR (solange nicht gemäß § 105 Abs. 2 Eintragung ins Handelsregister unter einer Firma erfolgt). In der Praxis dürften allerdings seit der Handelsrechtsreform 1998 im Wirtschaftsleben nur noch selten BGB-Gesellschaften tätig sein; vor allem Zusammenschlüsse von Freiberuflern (etwa Architekten oder Steuerberatern), auf Zeit angelegte Vereinigungen zur Verwirklichung eines bestimmten Projektes (besonders unter Bauunternehmen üblich, meist „Arge" genannt) sowie Grundstückseigentümergemeinschaften sind GbR, während fast alle anderen am Wirtschaftsgeschehen beteiligten Personengesellschaften OHG sind – auch wenn sie sich fälschlich GbR nennen!

Enthält der Vertrag eine **Beschränkung der Haftung gegenüber Dritten** hinsichtlich eines oder mehrerer Gesellschafter, so liegt **keine OHG** vor, sondern eine KG oder evtl. eine andere Gesellschaftsform. Untereinander (im Innenverhältnis) können die OHG-Gesellschafter allerdings nach Belieben Haftungsbeschränkungen vereinbaren.

BEISPIEL: ▶ Dick und Doof, die eine OHG betreiben, erhalten ein Angebot zu einem sehr riskanten Geschäftsabschluss. Sie können sich zunächst nicht einigen, ob sie das Geschäft machen wollen: Doof möchte gerne, Dick aber nicht. Schließlich verständigen sie sich darauf, dass – wenn Gewinn dabei herauskommt – Doof 2/3 davon behalten darf, aber dafür bei Verlust als Einziger für die Forderungen der Geschäftspartner haftet. Entsteht nun Verlust, so können die Geschäftspartner trotzdem Zahlung von Dick verlangen; intern muss Doof den Verlust übernehmen, aber das kann Dick eben nur von Doof verlangen, nicht von den Gläubigern.

Nach **außen** hin wirksam wird die OHG nach § 123 Abs. 1 HGB **spätestens** mit der **Eintragung ins Handelsregister**.

Betreibt die OHG ein Handelsgewerbe gemäß § 1 Abs. 2 HGB, so wird sie als OHG schon vor der Eintragung ins Handelsregister in dem Moment wirksam, in dem sie ihre Geschäfte aufnimmt. Dies ergibt sich aus § 123 Abs. 2 HGB. **Geschäftsbeginn** ist bereits die Miete von Räumen, Anstellung von Personal oder Eröffnung eines Bankkontos für die Gesellschaft; die gleiche Wirkung haben Zeitungsanzeigen und sonstige Werbemaßnahmen der Gesellschaft.

8.2.2 Die Innenverhältnisse der OHG

Die Gesellschafter können, wie § 109 HGB ausdrückt, die Innenverhältnisse der OHG selbst frei bestimmen. Nur soweit die Gesellschafter keine abweichende Regelung getroffen haben, gelten §§ 110-122 HGB und ergänzend §§ 705 ff. BGB.

8.2.2.1 Pflichten der Gesellschafter

Die Gesellschafter sind nach §§ 705, 706 BGB zur **Leistung von Beiträgen** verpflichtet. Als Beitrag kommen z. B. eine Geldeinlage, Zur-Verfügung-Stellen von Geräten oder Räumen oder gemäß § 706 Abs. 3 BGB auch der Einsatz der eigenen Arbeitskraft in Betracht. Wer seine Geldeinlage nicht rechtzeitig erbringt, muss nach § 111 Abs. 1 HGB Zinsen zahlen. Eine Nachschusspflicht besteht gemäß § 707 BGB nicht, d. h. der Gesellschafter muss nicht zur Erhaltung des Gesellschaftsvermögens bei Verlusten seine Einlage ergänzen.

Die Gesellschafter haben eine (nicht allgemein im Gesetz geregelte) **Treuepflicht**; insbesondere unterliegen sie nach § 112 HGB einem **Wettbewerbsverbot**. Das Wettbewerbsverbot gilt nach dem Gesetz nicht mehr, wenn der Gesellschafter aus der Gesellschaft ausscheidet; ein Wettbewerbsverbot für die Zeit nach dem Ausscheiden kann aber im Gesellschaftsvertrag enthalten sein.

8.2.2.2　Die Geschäftsführung

Zur Geschäftsführung sind die Gesellschafter nach § 114 Abs. 1 HGB **berechtigt und verpflichtet**. Es ist allerdings durch entsprechende Regelung im Gesellschaftsvertrag möglich, Gesellschafter von der Geschäftsführung auszuschließen, § 114 Abs. 2 HGB.

Zur Geschäftsführung gehören alle für die Gesellschaft in Verfolgung des Gesellschaftszwecks vorgenommenen Handlungen. Nicht Geschäftsführung ist allerdings interne persönliche Arbeit. Nicht in den Bereich der Geschäftsführung gehören auch so genannte **Grundlagengeschäfte**, die die Gesellschaftsverhältnisse selbst gestalten, also Änderung des Gesellschaftsvertrags, Umwandlung, Auflösung, Aufnahme oder Ausschluss eines Gesellschafters, Übertragung und Entziehung der Geschäftsführungsbefugnis oder Vertretungsmacht, Erhöhung oder Herabsetzung der Beiträge. All diese Maßnahmen erfordern eine Änderung des Gesellschaftsvertrages durch Beschluss der Gesellschafter.

Zu Geschäftsführungsmaßnahmen ist gemäß § 115 Abs. 1 HGB i. d. R. **jeder Gesellschafter einzeln** befugt, soweit es sich um Handlungen dreht, die der **gewöhnliche Betrieb des Handelsgewerbes der Gesellschaft** mit sich bringt, § 116 Abs. 1 HGB. Allerdings darf der Geschäftsführer die Handlung nicht vornehmen, wenn ein anderer geschäftsführender Gesellschafter der Maßnahme vorher widerspricht.

Außergewöhnliche Handlungen (z. B. Einrichtung von Zweigniederlassungen, Ersteigerung von Grundstücken, Aufnahme eines stillen Gesellschafters) dürfen nach § 116 Abs. 1 HBG **nur aufgrund eines zustimmenden Beschlusses aller Gesellschafter** vorgenommen werden.

Bei der Ausübung der Geschäftsführung hat der Geschäftsführer nach § 713 BGB die Rechte und Pflichten eines Beauftragten gemäß §§ 664-670 BGB.

Bei Vorliegen eines wichtigen Grundes kann einem Gesellschafter die Geschäftsführungsbefugnis entzogen werden (§ 117 HGB); er kann sich auch seinerseits durch Kündigung der Geschäftsführungspflicht entziehen, § 712 Abs. 2 BGB.

Grundsätzlich können die Gesellschafter auch einen Nicht-Gesellschafter durch Dienstvertrag mit den Rechten und Pflichten eines Geschäftsführers ausstatten. Dabei muss allerdings auch ein Gesellschafter unbeschränkt geschäftsführungs- und vertretungsberechtigt und -verpflichtet bleiben (Ausnahme: § 146 HGB - Liquidation).

8.2.2.3 Sonstige Rechte der Gesellschafter

Die Gesellschafter haben – selbst wenn sie von der Geschäftsführung ausgeschlossen sind – nach § 118 HGB ein **Kontrollrecht** und nach § 119 HGB **Stimmrecht**.

Beschlüsse müssen gemäß § 119 Abs. 1 HGB einstimmig gefasst werden, sofern der Gesellschaftsvertrag nichts anderes vorsieht, § 119 Abs. 2 HGB.

Die Gesellschafter sind nach §§ 121 HGB am **Gewinn** (und Verlust!) beteiligt und haben nach § 122 HGB ein **Entnahmerecht**.

Einfach geregelt ist die **Verteilung des Verlustes**: Sie erfolgt gemäß § 121 Abs. 3 nach Köpfen, so dass jeder Gesellschafter – unabhängig von seinem Kapitalanteil – einen gleich hohen Verlustbetrag zu tragen hat.

Bei der **Gewinnverteilung** ist zwischen dem Vorzugsgewinnanteil und dem übrigen Jahresgewinn zu unterscheiden. Zunächst wird gemäß § 121 Abs. 1, 2 der **Vorzugsgewinnanteil** verteilt. Hierbei erhält jeder Gesellschafter (sofern der Gewinn insgesamt hierzu ausreicht) 4 % seines Kapitalanteils. Kapitalanteil bedeutet geleistete Einlage plus stehen gelassene Gewinne minus Entnahmen und Verluste. Ist nach der Verteilung des Vorzugsgewinnanteils noch weiterer Gewinn übrig, so wird dieser **übrige Gewinn** gemäß § 121 Abs. 3 **nach Köpfen verteilt**.

§ 121 regelt nur die **Gewinnverteilung**. Die Frage der **Gewinnausschüttung**, d. h. ob die Gesellschafter sich etwas auszahlen lassen dürfen, beantwortet § 122 HGB.

Selbst wenn kein Gewinn erzielt worden sein sollte, ist der Gesellschafter gemäß § 122 Abs. 1 1. Alt. zu jährlichen Kapitalentnahmen in Höhe von bis zu 4 % seines Kapitalanteils berechtigt. Er kann aber nicht etwa, sofern die Gesellschaft Gewinn erzielt hat, 4 % Kapitalanteil und dann noch zusätzlich 4 % Vorzugsgewinn und weitere Gewinne einstreichen; vielmehr ist in diesem Fall die Kapitalentnahme vom Gewinnanteil abzuziehen. Darüber hinaus beschränkt § 122 Abs. 1 2. Alt. das Entnahme- und Gewinnbeteiligungsrecht: Wenn es zum „offenbaren Schaden" der Gesellschaft ist, d. h. wenn die Verfolgung des Gesellschaftszwecks gefährdet würde, darf das Entnahme- und Gewinnbeteiligungsrecht nicht ausgeübt werden.

All diese Regelungen sind dispositiv, d. h. der **Gesellschaftsvertrag kann die Gewinn- und Verlustverteilung und das Entnahmerecht anders regeln, als das Gesetz es vorsieht**. Eine abweichende Regelung im Gesellschaftsvertrag dürfte in der Praxis üblich sein. Zudem erhalten die geschäftsführenden Gesellschafter i. d. R. ein festes Gehalt.

Für seine **Aufwendungen und Verluste** kann der Gesellschafter nach § 110 HGB von der Gesellschaft **Ersatz** verlangen. Insbesondere kann ein Gesellschafter, der Schulden der Gesellschaft begleicht, Ersatz von der OHG fordern.

Schließlich hat jeder Gesellschafter das Recht, durch Klage gegen einen Mitgesellschafter diesen zur Erfüllung seiner der Gesellschaft gegenüber bestehenden Pflichten zu zwingen. Diese so genannte **actio pro socio** ist im Gesetz nicht ausdrücklich geregelt (vgl. oben 8.1.3.1).

8.2.3   Die Außenbeziehungen der OHG

8.2.3.1   Firma der OHG

Die Firma der OHG muss die Bezeichnung „Offene Handelsgesellschaft" oder „OHG" enthalten, § 19 Abs. 1 Nr. 2 HGB. Der Name eines Gesellschafters braucht seit 1998 nicht mehr in der Firma enthalten zu sein.

8.2.3.2   Die Vertretung der OHG

Geschäftsführung und Vertretung sind nicht miteinander gekoppelt.

Vertreten wird die OHG nach § 125 Abs. 1 HGB von **jedem der Gesellschafter einzeln**. Andere Vertretungsregeln können im Gesellschaftsvertrag vereinbart werden (§ 125 Abs. 2, 3 HGB). Die **Vertretungsmacht** ist nach § 126 Abs. 1 HGB **umfassend** (noch weiter als die sich aus der Prokura nach § 49 HGB ergebende Vertretungsmacht!). Der vertretungsberechtigte Gesellschafter ist sogar zu Geschäften ermächtigt, die überhaupt nicht zu den Geschäften eines Handelsgewerbes gehören. So genannte Grundlagengeschäfte (vgl. oben 8.2.2.2) kann er allerdings nicht abschließen.

Beschränkungen der Vertretungsmacht eines vertretungsberechtigten Gesellschafters sind im Innenverhältnis möglich, **Dritten gegenüber** aber nach § 126 Abs. 2 **unwirksam**. Das bedeutet: Wenn ein Gesellschafter in Vertretung der Gesellschaft mit einem Außenstehenden ein Geschäft abschließt, ist die Gesellschaft aus diesem Geschäft verpflichtet, selbst wenn der Gesellschafter laut Gesellschaftsvertrag derartige Geschäfte gar nicht abschließen durfte. Das gilt im Prinzip sogar dann, wenn der Dritte wusste, dass der Gesellschafter derartige Geschäfte gar nicht abschließen durfte!

Im Zusammenhang von §§ 125, 126 HGB ist zu beachten: Ein Gesellschafter kann zwar mit Wirkung gegen Dritte ganz von der Vertretung ausgeschlossen werden (§ 125 Abs. 1 HGB); ist er aber nicht ganz von der Vertretung ausgeschlossen, so sind Einschränkungen Dritten gegenüber unwirksam, § 126 Abs. 2 HGB!

Nach § 127 HGB kann einem Gesellschafter durch Gerichtsurteil die Vertretungsmacht entzogen werden (ähnlich wie die Geschäftsführungsbefugnis, § 117 HGB).

8.2.3.3   Rechte und Pflichten der OHG gegenüber Dritten

Die OHG selbst kann nach § 124 Abs. 1 HGB unter ihrer Firma Rechte aller Art erwerben und vor Gericht klagen.

Umgekehrt kann sie auch als OHG verklagt werden (der Gläubiger braucht also nicht gegen die Gesellschafter zu klagen) und Schuldner von Verbindlichkeiten aller Art sein. Verbindlichkeiten der OHG können sich nicht nur aus RGen (Verträgen etc.) ergeben, sondern auch aus Gesetz: Die OHG kann z. B. ungerechtfertigt bereichert sein (§§ 812 ff. BGB) oder sogar aus unerlaubter Handlung verpflichtet sein (§§ 823 ff. BGB), wobei die Gesellschaft für unerlaubte Handlungen ihrer Geschäftsführer und Vertreter nach § 31 BGB analog haftet, für sonstige Mitarbeiter nach § 831 BGB.

8.2.3.4 Die Gesellschafterhaftung für Verbindlichkeiten der OHG

Nach **§ 128 HGB** – eine der zentralen Vorschriften des HGB – **haftet jeder einzelne Gesellschafter persönlich für die Verbindlichkeiten der OHG**, d. h. für die gegen die OHG bestehenden Forderungen.

§ 128 HGB ist **keine Anspruchsgrundlage**, sondern (nur) eine Haftungsüberleitungsvorschrift! Nur soweit ein Anspruch gegen die Gesellschaft gegeben ist (z. B. aus einem mit der Gesellschaft geschlossenen Kaufvertrag), müssen die Gesellschafter haften.

Wesentliche **Voraussetzungen** des § 128 HGB sind:

▶ Bestehen einer (nach außen gemäß § 123 HGB wirksamen) OHG

▶ Gesellschafterstellung, d. h. derjenige, gegen den der Gläubiger nach § 128 HGB vorgehen möchte, muss Gesellschafter der OHG sein

▶ Bestehen einer Verbindlichkeit der OHG; die Verbindlichkeit kann auch vor dem Eintritt des Gesellschafters in die OHG entstanden sein, § 130 HGB

Der nach § 128 HGB in Anspruch genommene Gesellschafter schuldet grundsätzlich die gleiche Leistung, die die Gesellschaft schuldet. Er haftet nicht nur auf das Erfüllungsinteresse.

> **BEISPIEL:** ▶ Ist z. B. die OHG eine Druckerei, so muss der einzelne Gesellschafter für den Gläubiger in Erfüllung eines Druckauftrags drucken (was nicht heißt, dass er höchstpersönlich die Druckmaschine bedienen muss), wenn der Gläubiger das verlangt; er kann nicht einfach dem Gläubiger den Differenzbetrag auszahlen, der sich ergibt, wenn dieser eine andere, teurere Druckerei beauftragt.

Der Gläubiger muss nicht zuerst gegen die Gesellschaft vorgehen, sondern kann die Leistung gleich von dem Gesellschafter verlangen.

Verteidigen kann sich der Gesellschafter, wie sich aus § 129 Abs. 1 HGB ergibt, zunächst mit Gegenrechten, die ihm **persönlich** gegen den Gläubiger zustehen, also z. B. mit einer privaten Forderung, die er selbst gegen den Gläubiger hat, aufrechnen. Auch kann er gemäß § 129 Abs. 1, 2, 3 HGB jene Rechte geltend machen, die die **Gesellschaft** dem Gläubiger entgegenhalten könnte.

Der Gesellschafter haftet mit seinem gesamten Privatvermögen.

Untereinander haften die Gesellschafter gemäß § 128 HBG als **Gesamtschuldner**, d. h. gemäß §§ 421-426 BGB.

> **BEISPIEL:** ▶ Herzog und Graf sind Gesellschafter einer OHG, die dem Deutsch 50.000 € aus einem Darlehensvertrag schuldet. Deutsch verlangt von Herzog, gestützt auf § 128 HGB, Zahlung der 50.000 €. Herzog zahlt die 50.000 € an Deutsch und verlangt nun von Graf 25.000 €.
>
> Graf muss die 25.000 € zahlen, wobei hierfür sogar zwei Anspruchsgrundlagen bestehen: erstens § 426 Abs. 2 Satz 1 BGB i.V. m. § 607 Abs. 1 BGB und zweitens § 426 Abs. 1 Satz 1 BGB. Dem Anspruch aus § 426 Abs. 1 Satz 1 BGB steht auch nicht etwa § 110 Abs. 1 HGB entgegen; § 110 HGB soll nicht bedeuten, dass ein Gesellschafter Ersatz stets nur von der Gesellschaft, aber nicht von seinen Mitgesellschaftern verlangen kann.

Auch wer aus einer OHG ausscheidet, haftet nach § 128 HGB weiter für die bis dahin entstandenen Verbindlichkeiten der Gesellschaft. Dies lässt sich aus § 160 HGB entnehmen, wo für diese Ansprüche eine fünfjährige Verjährungsfrist festgelegt ist.

8.2.4 Beendigung der OHG und Änderungen im Personenbestand

8.2.4.1 Beendigung der OHG

Die Beendigung der OHG vollzieht sich in zwei Phasen. Zunächst tritt nach §§ 131 ff. HGB ihre **Auflösung** ein. Anschließend muss gemäß §§ 145 ff. HGB eine **Auseinandersetzung** stattfinden.

Das Gesetz sieht in § 131 Abs. 1 HGB **Auflösungsgründe** vor; diese Regelung ist abschließend, d. h. sonstige Auflösungsgründe, die das BGB vorsieht, gelten für die OHG nicht. Im Gesellschaftsvertrag können weitere Auflösungsgründe enthalten sein.

Auch nach Auflösung und Auseinandersetzung haften die Gesellschafter weiter gemäß § 128 HGB für die Gesellschaftsschulden.

8.2.4.2 Änderungen im Personenbestand

8.2.4.2.1 Eintritt eines Gesellschafters

Durch **Aufnahmevertrag** zwischen dem neuen Gesellschafter und sämtlichen bisherigen Gesellschaftern (Grundlagengeschäft!) kann ein zusätzlicher Gesellschafter in die OHG eintreten; sofern der Gesellschaftsvertrag dies vorsieht, kann auf Seiten der bisherigen Gesellschaft auch ein Mehrheitsbeschluss genügen. Der **neue Gesellschafter haftet** nach §§ 130 Abs. 1, 128 HGB wie die bisherigen Gesellschafter auch für die Verbindlichkeiten, die vor seinem Eintritt entstanden sind. Diese Haftung kann gegenüber Außenstehenden nicht ausgeschlossen werden, § 130 Abs. 2 HGB.

Etwas anders ist die Rechtslage, wenn durch **Eintritt einer zweiten Person in das Unternehmen eines Einzelkaufmanns** die OHG erst entsteht: Dann gilt § 28 HGB (vgl. oben 8.4.2).

8.2.4.2.2 Ausscheiden eines Gesellschafters

Wann ein Gesellschafter ausscheidet, ergibt sich – wenn im Gesellschaftsvertrag nichts anderes vereinbart ist – aus § 131 Abs. 3 HGB. Im Regelfall führt das Ausscheiden eines Gesellschafters **nicht** zur Auflösung der OHG.

Die übrigen Gesellschafter bzw. sogar der einzige andere Gesellschafter können unter den Voraussetzungen des § 140 HGB einen Mitgesellschafter **per Gerichtsbeschluss ausschließen** lassen. Im Gesellschaftsvertrag kann sogar vereinbart sein, dass ein Ausschluss ohne Gerichtsbeschluss möglich ist.

Nicht missverstehen sollte man § 131 Abs. 3 Nr. 6 HGB: **Gegen seinen Willen** kann ein Gesellschafter nur durch Klage nach § 140 HGB ausgeschlossen werden, außer wenn der Gesellschaftsvertrag einen Ausschluss durch Mehrheitsbeschluss wirksam zulässt.

Scheidet ein Gesellschafter aus, so „wächst sein Anteil am Gesellschaftsvermögen den übrigen Gesellschaftern zu", § 738 Abs. 1 Satz 1 BGB. Das bedeutet, dass automatisch die übrigen Gesellschafter in die Rechte eintreten, die der Ausscheidende am Gesellschaftsvermögen hatte. Der Ausscheidende erhält aber nach § 738 Abs. 1 Satz 2 BGB die Gegenstände zurück, die er der OHG überlassen hatte, und hat einen Abfindungsanspruch.

BEISPIEL: A, B und C sind Gesellschafter mit einem Anteil von je 10.000 € an der OHG. C scheidet aus, die OHG besteht aber weiter. Damit sind automatisch A und B mit je 15.000 € am Gesellschaftsvermögen beteiligt. C kann aber von der OHG Zahlung von 10.000 € verlangen.

Gegenüber Außenstehenden **haftet der Ausgeschiedene** weiter nach § 128 HGB für die bis zu seinem Ausscheiden entstandenen Verbindlichkeiten der OHG. Er hat allerdings gemäß § 738 Abs. 1 Satz 2 BGB einen Anspruch gegen die Gesellschaft, ihn von diesen Verbindlichkeiten zu befreien; d. h. der Ausscheidende kann von der OHG verlangen, dass sie ihre Schulden selbst bezahlt, und falls der Ausscheidende schon gezahlt hat, ist die OHG ihm gegenüber zum Ausgleich verpflichtet.

8.2.4.2.3 Übertragung der gesamten Gesellschafterstellung

Zum Auswechseln eines Gesellschafters mit der Wirkung, dass der neue Gesellschafter in die Rechte und Pflichten des ausscheidenden Gesellschafters eintritt, ist ein **Vertrag zwischen dem Ausscheidenden und dem Eintretenden** nötig, der analog § 415 Abs. 1 Satz 1 BGB der Zustimmung der übrigen Gesellschafter bedarf.

8.2.4.2.4 Vererbung der Gesellschafterstellung

Der gesetzliche Regelfall ist der **Fortbestand der OHG beim Tod eines Gesellschafters**, wobei die Gesellschaft ohne die Erben fortgesetzt wird, § 131 Abs. 3 Nr. 1 HGB.

Der Gesellschaftsvertrag kann allerdings eine **Eintrittsklausel** enthalten, nach der der Erbe des verstorbenen Gesellschafters das Recht haben soll, in die Rechte und Pflichten des Verstorbenen einzutreten.

Ein unmittelbarer Übergang dieser Rechte und Pflichten auf den Erben lässt sich dadurch erreichen, dass der Gesellschaftsvertrag eine **Nachfolgeklausel** enthält.

Nun kann der Fall 13 (Kapitel Klausurtechnik und Fallbearbeitung) gelöst werden!

8.3 Die Kommanditgesellschaft (KG)

8.3.1 Einführung

Eine Kommanditgesellschaft ist eine Gesellschaft, die auf den gemeinsamen Betrieb eines kaufmännischen Handelsgewerbes (§§ 1 Abs. 2 HGB) gerichtet ist und bei der bei mindestens einem der Gesellschafter die Haftung beschränkt und bei mindestens einem der Gesellschafter die Haftung unbeschränkt ist, § 161 Abs. 1 HGB.

Für die KG gilt gemäß § 161 Abs. 2 HGB weitgehend OHG-Recht.

Das bedeutet:

Zunächst ist der **Gesellschaftsvertrag** maßgeblich, durch den insbesondere die Beziehungen der Gesellschafter untereinander geregelt werden können, § 163 HGB.

§§ 161 ff. HGB sind anwendbar, soweit der Gesellschaftsvertrag keine Regelung vorsieht oder das Gesetz zwingende Vorschriften enthält.

Ergänzend kommen **§§ 105 ff. HGB** zur Anwendung.

Und schließlich sind, wiederum **ergänzend dazu**, nach § 105 Abs. 3 HGB die **§§ 705 ff. BGB** maßgeblich.

Der **Unterschied zwischen OHG und KG** liegt nur darin, dass die KG neben persönlich mit ihrem ganzen Privatvermögen haftenden Gesellschaftern (wie bei der OHG) auch Gesellschafter hat, die nur mit einer bestimmten Vermögenseinlage haften. Letztere nennt das Gesetz **Kommanditisten.**

Die persönlich (unbeschränkt) haftenden Gesellschafter (PHG) werden auch als Komplementäre bezeichnet; das Gesetz verwendet diesen Begriff allerdings nicht.

Für die **persönlich haftenden Gesellschafter** (PHG) der KG gilt grundsätzlich nichts anderes als für die OHG-Gesellschafter. Hinsichtlich der **Kommanditisten** sieht das HGB Sonderregeln vor, die deren Rechtsstellung im Innenverhältnis (§§ 164-169 HGB) und Außenverhältnis (§§ 170-176 HGB) behandeln. Soweit keine Sonderregeln bestehen, sind auch für die Kommanditisten die gleichen Rechtsvorschriften anzuwenden wie für die PHG.

Damit eine KG vorliegt, muss im Gesellschaftsvertrag festgelegt sein, welche Gesellschafter unbeschränkt haften sollen und welche lediglich eine **Einlage** zu leisten haben und nur mit dieser Einlage haften müssen. Die Einlage muss – wie der von den PHG zu leistende Beitrag – nicht unbedingt eine Geldsumme sein, sondern kann auch in anderen Gegenständen oder Diensten bestehen. Die **Höhe der Einlage** ist allerdings nach §§ 162 Abs. 1, 172 Abs. 1 HGB **ins Handelsregister einzutragen** und zu diesem Zweck als Geldsumme zu beziffern. Hier ist also, wenn die Einlage nicht ohnehin in einer Geldsumme besteht, der Wert der Einlage in Geld umzurechnen. Nach außen hin kommt es allein darauf an, wie hoch die im Handelsregister eingetragene Einlage ist. Intern können die Gesellschafter ohne weiteres vereinbaren, dass der Kommanditist einen höheren Beitrag zu erbringen hat, mit dem er dann aber eben den Gläubigern der Gesellschaft nicht haftet.

8.3.2　Die Innenverhältnisse der KG

Hier gilt im Prinzip das Gleiche wie bei der OHG, vor allem hinsichtlich der PHG.

Sonderregeln (§§ 164-169 HGB) gibt es bezüglich der **Kommanditisten**:

Der Kommanditist ist nach § 164 HGB **von der Geschäftsführung ausgeschlossen**. Geschäfte, die über den gewöhnlichen Betrieb des Handelsgewerbes der Gesellschaft hinausgehen, bedürfen allerdings seiner Zustimmung. Nach dem Gesetzeswortlaut hat der Kommanditist zwar lediglich ein Widerspruchsrecht, doch hat die Rechtsprechung dies zu einem Zustimmungserfordernis erweitert.

Es ist im Übrigen zulässig, per Gesellschaftsvertrag einen Kommanditisten zum Geschäftsführer zu machen, und zwar sogar bei gleichzeitigem Ausschluss aller PHG von der Geschäftsführung.

Trotz grundsätzlich auch für ihn bestehender Treuepflicht gilt für den Kommanditisten gemäß § 165 HGB **kein Wettbewerbsverbot.**

Die Kontrollrechte des Kommanditisten sind nach § 166 HGB **eingeschränkt.**

Auch für die **Gewinn- und Verlustbeteiligung** des Kommanditisten sehen §§ 167-169 HGB Sonderregeln vor. Insbesondere bestimmt § 169 Abs. 1 HGB, dass § 122 HGB für den Kommanditisten nicht gilt. Der Kommanditist darf sich nur so viel Gewinn auszahlen lassen, dass seine Einlage in voller Höhe erhalten bleibt. Andererseits muss er sich gemäß § 167 Abs. 3 HGB nicht an den Verlusten beteiligen, wenn seine Einlage aufgebraucht ist (keine Nachschusspflicht), und braucht auch eingestrichene Gewinne nicht zurückzuzahlen, § 169 Abs. 3.

8.3.3 Die Außenbeziehungen der KG

8.3.3.1 Firma der KG

Die Firma der KG muss nach § 19 Abs. 1 Nr. 3 HGB die Bezeichnung „Kommanditgesellschaft" bzw. „KG" enthalten. Seit 1998 braucht ein Nachname eines PHG nicht mehr in der Firma enthalten zu sein.

8.3.3.2 Rechtsstellung der persönlich haftenden Gesellschafter

Die PHG der KG haben im Außenverhältnis dieselben Rechte und Pflichten wie OHG-Gesellschafter.

8.3.3.3 Rechtsstellung der Kommanditisten

Entscheidende Unterschiede zur OHG liegen in der Rechtsstellung der Kommanditisten nach außen hin:

8.3.3.3.1 Ausschluss von der Vertretung der KG

Der Kommanditist hat nach § 170 HGB keine Vertretungsmacht.

Von dieser Regelung kann im Gesellschaftsvertrag nicht mit Wirkung nach außen abgewichen werden; möglich ist allerdings die Bestellung eines Kommanditisten zum Prokuristen oder Handlungsbevollmächtigten.

8.3.3.3.2 Haftung des Kommanditisten

Die Haftung des Kommanditisten für Verbindlichkeiten der KG bestimmt sich nach §§ 171-176 HGB.

Gemäß § 171 Abs. 1 1. Halbsatz HGB **haftet der Kommanditist nur bis zur** (im Handelsregister eingetragenen, § 172 Abs. 1 HGB) **Höhe seiner Einlage**.

Solange der Kommanditist seine Einlage noch nicht geleistet hat, haftet er den Gläubigern **unmittelbar** ebenso wie ein PHG (vgl. oben 8.2.3.4), nur eben **beschränkt auf die Höhe seiner Einlage.**

Unter Umständen haftet der Kommanditist sogar **unbeschränkt mit seinem ganzen Privatvermögen**, nämlich nach § 176 HGB für die Zeit, in der die Gesellschaft zwar schon mit Zustimmung des Kommanditisten geschäftlich tätig ist, die Haftungsbeschränkung des Kommanditisten aber noch nicht im Handelsregister eingetragen ist.

Hat der Kommanditist seine Einlage geleistet, so ist (nach Eintragung der Haftungsbeschränkung ins Handelsregister) die Haftung des Kommanditisten ausgeschlossen, § 171 Abs. 1 2. Halbsatz. Die Einlage ist auch dadurch geleistet, dass ein Kommanditist an Gläubiger der Gesellschaft Zahlungen in Höhe des Einlagebetrages geleistet hat (d. h. es können nicht etwa mehrere Gläubiger von dem Kommanditisten jeweils Zahlungen in Höhe der Einlage verlangen, so dass der Kommanditist insgesamt mehr als die Einlage zahlen müsste!).

Wird dem Kommanditisten seine Einlage zurückgezahlt, so lebt gemäß § 172 Abs. 4 HGB die Haftung wieder auf.

8.3.4 Beendigung der KG und Änderungen im Personenbestand

Grundsätzlich gelten hier die gleichen Regeln wie bei der OHG. Besonderheiten betreffen naturgemäß besonders die Kommanditisten:

Beim **Neueintritt eines Kommanditisten** haftet dieser gemäß § 176 Abs. 2 HGB zunächst bis zur Handelsregistereintragung unbeschränkt, und zwar nach § 173 HGB auch für die vor seinem Eintritt entstandenen Verbindlichkeiten.

Erhält ein **ausscheidender Kommanditist** eine Abfindung, haftet er gemäß § 172 Abs. 4 wieder für die Schulden, die bis zur Eintragung seines Ausscheidens im Handelsregister entstanden sind und entstehen.

Die Beteiligung als Kommanditist kann (durch Vertrag mit dem neuen Kommanditisten mit Zustimmung der übrigen Gesellschafter) übertragen werden, ohne dass für den ausscheidenden Kommanditisten ein Haftungsrisiko besteht. Um das Haftungsrisiko des ausscheidenden Kommanditisten auszuschließen, muss allerdings im Handelsregister eingetragen werden, dass der neue Kommanditist nicht zusätzlich, sondern anstelle des bisherigen Kommanditisten in die Gesellschaft eintritt.

Eine weitere Besonderheit der KG gegenüber der OHG ergibt sich aus § 177 HGB: Beim **Tod eines Kommanditisten** wird (anders als beim Tod eines PHG bei der OHG und auch bei der KG) die Gesellschaft mit den Erben fortgesetzt, d. h. diese treten an die Stelle des Verstorbenen.

Der Fall, dass nur ein **einziger PHG** vorhanden ist und dieser **stirbt**, ist im Gesetz nicht klar geregelt. Grundsätzlich wird man hierin – entgegen § 131 Abs. 1, 2 Nr. 1 HGB – einen Auflösungsgrund sehen müssen, denn eine KG kann nicht ohne PHG bestehen, und der Tod des PHG führt nach § 131 Abs. 2 Nr. 1 HGB zu dessen Ausscheiden. Allerdings wird die KG zur OHG, wenn die Kommanditisten nun nicht entweder nachhaltig die Liquidation betreiben oder zwecks Fortsetzung der KG einen neuen PHG aufnehmen.

8.4 Die Stille Gesellschaft (StG)

Die Stille Gesellschaft, geregelt in §§ 230 ff. HGB, ist nach außen hin i. d. R. ein einzelkaufmännisches Unternehmen, während sie im Innenverhältnis aus mindestens zwei Personen besteht, nämlich dem Inhaber und mindestens einem „Stillen". Die StG ist eine so genannte „Innengesellschaft".

Nach außen hin tritt allein der Inhaber des Handelsgeschäfts auf. Nur der Inhaber vertritt die StG und haftet für ihre Verbindlichkeiten. Er ist auch allein zur Geschäftsführung berechtigt; dies kann im Gesellschaftsvertrag allerdings anders geregelt werden. „Inhaber" in diesem Sinne kann statt eines Einzelkaufmanns auch eine KG, OHG oder Kapitalgesellschaft sein.

Der Stille ist nur mit einer Einlage beteiligt, die in das Vermögen des Inhabers übergeht. Er nimmt gemäß § 231 Abs. 1 HGB am Gewinn und Verlust teil. Auch steht ihm nach § 233 ein Kontrollrecht zu. Insoweit hat der Stille mehr Rechte als ein bloßer Darlehensgeber.

8.5 Die Gesellschaft mit beschränkter Haftung (GmbH)

8.5.1 Einführung

Charakteristisch für die GmbH ist die **Beschränkung der Haftung auf das Gesellschaftsvermögen** (§ 13 Abs. 2 GmbHG) bei – soweit gesetzlich vorgeschrieben – relativ **unkomplizierten „körperschaftlichen" Gesellschaftsstrukturen**. Die GmbH ist wirtschaftlich wohl die bedeutendste Unternehmensform in Deutschland.

Die deutsche GmbH sieht sich allerdings in den letzten Jahren der Konkurrenz ausländischer Gesellschaftsformen mit beschränkter Haftung ausgesetzt, vor allem der englischen Limited. Die Limited verlangt bei ihrer Gründung wesentlich geringeren Kapitaleinsatz als die GmbH. Aufgrund zahlreicher umstrittener Rechtsprobleme und der mit der Führung einer Limited verbundenen Folgekosten dürfte die Limited jedoch den meisten kleineren Unternehmern nicht zu empfehlen sein.

Die Rechtsverhältnisse der GmbH sind weitgehend vollständig im GmbH-Gesetz geregelt; gelegentlich muss man auf das Recht der Aktiengesellschaft zurückgreifen. Im Jahr 2008 ist das Recht der GmbH durch das „Gesetz zur Modernisierung des GmbH-Rechts und zur Bekämpfung von Missbräuchen (MoMiG)" umfassend modernisiert worden. Dabei hat der Gesetzgeber auch die haftungsbeschränkte Unternehmergesellschaft (UG) als Spezialform der GmbH geschaffen.

Eine GmbH kann nach § 1 GmbHG zu jedem gesetzlich zulässigen Zweck errichtet werden, muss also nichts mit typischerweise kaufmännischen Tätigkeiten zu tun haben. Sie ist unabhängig vom Zweck ihrer Tätigkeit gemäß § 13 Abs. 3 GmbHG **Handelsgesellschaft** und damit nach § 6 Abs. 1 HGB Kaufmann, selbst wenn sie überhaupt keinen kaufmännischen Geschäftsbetrieb benötigt.

BEISPIEL: Eine Steuerberater-GmbH ist also ebenso möglich wie eine in der Rechtsform der GmbH betriebene religiöse Sekte.

8.5.2 Die Entstehung der GmbH

8.5.2.1 Gesellschaftsvertrag

Zur Entstehung einer GmbH ist der Abschluss eines Gesellschaftsvertrages nötig.

Da nach § 1 GmbHG **für die Errichtung einer GmbH eine Person genügt**, passt im Falle einer solchen „Einmann-GmbH" das Wort „Vertrag" eigentlich nicht, woran sich das Gesetz aber nicht weiter stört. Auch der Gründer einer „Einmann-GmbH" muss einen „Gesellschaftsvertrag" zu Papier bringen.

Der **Gesellschaftsvertrag** muss nach § 3 Abs. 1 GmbH mindestens enthalten:

► Firma und Sitz der Gesellschaft; der Sitz muss in Deutschland liegen (allerdings nur der „Satzungssitz", nicht der Verwaltungssitz), und als Firmenkern lässt § 4 GmbHG sowohl den Namen eines Gesellschafters als auch eine „Sachfirma" zu

► Gegenstand des Unternehmens

► Betrag des Stammkapitals; nach § 5 Abs. 1 GmbHG sind dies mindestens 25.000 €

► Betrag der Stammeinlage eines jeden Gesellschafters

Zusätzliche Bestimmungen können beliebig in den Gesellschaftsvertrag aufgenommen werden. Insbesondere kann bereits der Gesellschaftsvertrag bestimmen, wer **Geschäftsführer** sein soll (dies können die Gesellschafter aber auch noch anschließend durch Beschluss festlegen).

Der Gesellschaftsvertrag bedarf nach § 2 Abs. 2 Satz 1 GmbHG notarieller Form, d. h. er muss **notariell beurkundet** werden.

8.5.2.2   Eintragung ins Handelsregister

Die GmbH ist nach § 7 Abs. 1 GmbHG zur Eintragung ins Handelsregister anzumelden.

Für die Eintragung müssen außer dem Gesellschaftsvertrag noch weitere Voraussetzungen nach §§ 7 ff. GmbHG vorliegen; insbesondere muss nach § 7 Abs. 2 GmbHG von dem Stammkapital schon mindestens die Hälfte des Mindeststammkapitals eingezahlt sein. Das Amtsgericht, bei dem das Handelsregister geführt wird, hat eine Prüfung vorzunehmen.

Vor der Eintragung ins Handelsregister liegt – anders als u.U. bei OHG und KG (vgl. oben 8.2.1) – noch keine GmbH vor; die **Eintragung** ist also **konstitutiv**!

8.5.2.3   Vorgründungsgesellschaft und Vorgesellschaft

Da die GmbH erst besteht, wenn sie ins Handelsregister eingetragen ist, stellt sich die Frage, welcher Rechtszustand vorher herrscht. Die Gesellschafter entfalten ja bereits vor der Eintragung mehr oder weniger Aktivitäten im Hinblick auf die spätere GmbH, und es kommt sogar vor, dass die Gesellschafter es sich anders überlegen und aus diesem oder anderen Gründen gar keine GmbH eingetragen wird. Letzteres sind die Fälle, in denen es besonders oft zum Streit kommt.

Die Gründung der GmbH kann sich bis zur Eintragung ins Handelsregister logisch im Wesentlichen in zwei Schritten vollziehen:

Zunächst einigen sich die künftigen Gesellschafter darüber, dass sie eine GmbH gründen wollen, wobei auch schon einzelne Punkte genauer festgelegt werden. Hiermit entsteht die **Vorgründungsgesellschaft**. Bei der Einmann-GmbH und auch ansonsten dann, wenn ohne vorherige Verpflichtungen direkt ein GmbH-Gesellschaftsvertrag abgeschlossen wird, fällt dieses Vorstadium weg.

Vom Abschluss des Gesellschaftsvertrages an bis zur Eintragung ins Handelsregister besteht die **Vorgesellschaft**.

Für die **Vorgründungsgesellschaft** gelten §§ 705 ff. BGB bzw., wenn sie ein vollkaufmännisches Handelsgewerbe betreibt, die **OHG-Regeln**.

Für die **Vorgesellschaft** (Vor-GmbH) gilt im Prinzip schon **GmbH-Recht**. Sie kann bereits Rechte erwerben und Verpflichtungen eingehen. Die GmbH-Gründer haften (nur) mit dem Vermögen der Vor-GmbH. Wer wie ein Geschäftsführer im Namen der GmbH (nicht bloß der Vor-GmbH, „GmbH i. G.") gehandelt hat, **haftet** darüber hinaus **nach § 11 Abs. 2 GmbHG persönlich**.

Wird dann die GmbH eingetragen, erlischt die Haftung der Gründer und Handelnden wegen des Handelns der Vor-GmbH; nun haftet nur noch die GmbH selbst, und zwar auch für ihre Gründungszeit.

Jedoch trifft die Gesellschafter im Verhältnis zur GmbH eine „**Differenzhaftung**", was § 9 Abs. 1 GmbHG für Sacheinlagen ausdrücklich festlegt; die Gesellschafter sind verpflichtet, der Gesellschaft so viel zu zahlen, dass diese im Gründungszeitpunkt tatsächlich so viel Stammkapital hat, wie im Handelsregister eingetragen ist. Hat die Gesellschaft bereits vor Eintragung ins Handelsregister mehr Schulden gemacht, als ihr Stammkapital wert sein soll, so müssen die Gesellschafter sogar dieses Minus ausgleichen!

8.5.3 Stammkapital und Stammeinlage/Geschäftsanteil

Das **Stammkapital** muss nach § 5 Abs. 1 GmbHG **mindestens 25.000 €** betragen und wird im Gesellschaftsvertrag festgelegt; es kann nur durch spätere Änderung des Gesellschaftsvertrages erhöht werden. Das Gesellschaftsvermögen kann aufgrund von Gewinnen/Verlusten höher oder niedriger sein als das Stammkapital. Das Stammkapital besteht aus den **Stammeinlagen** (§ 5 Abs. 3 Satz 3 GmbHG), d. h. den Anteilen der Gesellschafter an der Gesellschaft. Als Einlage kommen Geldsummen und Sachwerte in Betracht, aber – entsprechend § 27 Abs. 2 AktG – nicht Dienstleistungen (anders als bei OHG und KG).

Eine Vorschrift, nach der ein bestimmter Anteil des Kapitals in Geld bestehen müsste, gibt es nicht.

BEISPIEL: ▸ So kann man praktisch mit einem Auto und einer größeren Computeranlage das Stammkapital aufbringen.

Der Betrag der Stammeinlage eines Gesellschafters entscheidet nach § 14 GmbHG über dessen Geschäftsanteil. Der **Geschäftsanteil** ist quasi die Quote, mit der ein Gesellschafter an der GmbH beteiligt ist. Der Geschäftsanteil ist nach § 15 GmbHG veräußerlich und vererblich. So kann sich, falls der Gesellschaftsvertrag dies nicht anders regelt (vgl. § 15 Abs. 5 GmbHG), das Auswechseln eines GmbH-Gesellschafters ohne Zustimmung der übrigen Gesellschafter vollziehen.

8.5.4　Innenverhältnisse der GmbH

8.5.4.1　Die Organe der GmbH

Die GmbH kann nur durch ihre Organe handeln. Vorgeschriebene Organe der GmbH sind **Geschäftsführer** (§ 6 Abs. 1 GmbHG) und „Gesamtheit der Gesellschafter" (§§ 45 ff. GmbHG); Letztere tritt i. d. R. als **Gesellschafterversammlung** (§ 48 Abs. 1 GmbHG) in Erscheinung.

Die GmbH kann – § 45 GmbHG lässt dies zu – gemäß Gesellschaftsvertrag noch weitere Organe haben, insbesondere einen Aufsichtsrat.

Vorgeschrieben ist ein Aufsichtsrat für die GmbH in einigen (arbeitsrechtlichen) Mitbestimmungsgesetzen, was aber nur größere Unternehmen betrifft.

Geschäftsführer (GF) kann nach Belieben einer der Gesellschafter oder ein Außenstehender (im Angestelltenverhältnis) sein, § 6 Abs. 3 Satz 1 GmbHG. Bestellt werden der oder die GF entweder schon im Gesellschaftsvertrag oder später (§ 6 Abs. 3 Satz 2 GmbHG), und zwar dann durch Beschluss der Gesellschafter, § 46 Nr. 5 GmbHG.

Verletzt der Geschäftsführer seine Pflichten gegenüber der Gesellschaft, so ist er nach § 43 GmbHG **schadensersatzpflichtig**.

Einige – in § 46 GmbHG aufgezählte – Maßnahmen sind der **Gesamtheit der Gesellschafter** vorbehalten; diese beschließt gemäß § 47 Abs. 1 GmbHG mit Mehrheit.

8.5.4.2　Rechte und Pflichten der Gesellschafter

Die Gesellschafter sind vor allem verpflichtet, ihre **Einlage** zu leisten (§ 14 GmbHG; vgl. § 3 Abs. 1 Nr. 4 GmbHG). Leistet ein Gesellschafter seine Einlage nicht, so kann er nach § 21 GmbHG ausgeschlossen („kaduziert") werden.

Bei schwerer Verletzung anderer Pflichten (besonders der allgemeinen Treuepflicht) ist ein **Ausschluss aus wichtigem Grund** analog § 140 HGB möglich.

Wenn ein Gesellschafter seine Stammeinlage nicht leistet, trifft die übrigen Gesellschafter nach § 24 GmbHG eine **Ausfallhaftung**. Der Gesellschaftsvertrag kann zudem eine Nachschusspflicht bei Verlusten vorsehen, § 26 Abs. 1 GmbHG.

Zudem dürfen sich Gesellschafter das zur **Kapitalerhaltung** benötigte Vermögen der Gesellschaft gemäß § 30 GmbHG nicht auszahlen lassen; geschieht dies doch, so kann die Gesellschaft den ausgezahlten Betrag zurückfordern, § 31 GmbHG. Wird die GmbH insolvent, müssen die Gesellschafter nach § 32b GmbHG sogar jene Beträge an die GmbH erstatten, die sie der Gesellschaft als (eigenkapitalersetzende) Darlehen überlassen, dann aber zurückerhalten haben.

Wichtigste Rechte der Gesellschafter sind das Recht auf **Gewinnbeteiligung** (§ 29 GmbHG) und das **Verwaltungsrecht** nach §§ 45 ff. GmbHG. Auch hat der Gesellschafter ein **Auskunfts- und Einsichtsrecht**, § 51 a GmbHG.

8.5.5　Außenbeziehungen der GmbH

Die Außenbeziehungen der GmbH sind wesentlich unkomplizierter als bei OHG und KG:

Gemäß § 13 Abs. 1 GmbHG ist die GmbH selbständig (d. h. ohne „Umweg" über ihre Gesellschafter) Träger von Rechten und Pflichten, d. h. juristische Person; sie kann vor Gericht klagen und verklagt werden.

Die **Vertretung der GmbH** ist nach § 35 Abs. 1 GmbHG zwingend **an die Geschäftsführung gekoppelt**. Daneben können natürlich noch Prokuristen und Handlungsbevollmächtigte bestellt werden.

Dem außenstehenden Gläubiger **haftet** nach § 13 Abs. 2 GmbHG grundsätzlich **nur das Gesellschaftsvermögen.**

Eine **Haftung der Gesellschafter oder Geschäftsführer für Verbindlichkeiten ist grundsätzlich ausgeschlossen.**

In den von der Rechtsprechung entwickelten (seltenen!) Fällen der **Durchgriffshaftung** haften die Gesellschafter allerdings doch persönlich. In Betracht kommt eine Durchgriffshaftung bei

▶ Vermögensvermischung (unzureichende Abgrenzung zwischen Gesellschafts- und Gesellschaftervermögen; Anspruchsgrundlage ist die Vorschrift, aus der sich der Anspruch gegen die GmbH ergibt (z. B. § 433 BGB bei Kaufverträgen); § 128 HGB analog begründet dann die Haftung)

▶ Sphärenvermischung (durch fehlende Abgrenzung zwischen den Tätigkeitsbereichen des Gesellschafters und der GmbH – z. B. ähnliche Firmen, gleiche Räume, gleiches Personal – wird im Rechtsverkehr bewusst der Eindruck einer persönlichen Haftung erweckt; Anspruchsgrundlage § 826 BGB)

▶ Unterkapitalisierung (aber Achtung: die hier in Extremfällen in Frage kommende Haftung nach § 826 BGB wird von der Rechtsprechung abgelehnt, solange die Errichtung der GmbH den gesetzlichen Mindestanforderungen nach § 5 I GmbHG bzw. § 5a GmbHG genügt)

▶ Existenzvernichtendem Eingriff (ein Gesellschafter schädigt das Gesellschaftsvermögen in missbräuchlicher Weise, ohne dabei Rücksicht auf die Fähigkeit der GmbH zu nehmen, ihre Verbindlichkeiten zu bedienen; hier lehnt die neuere Rechtsprechung eine Durchgriffshaftung ab, bejaht aber eine Innenhaftung, d. h. einen Anspruch der GmbH gegen den Gesellschafter)

Auch die **Geschäftsführer haften** den Gläubigern grundsätzlich **nicht**. Besonders **in der finanziellen Krise** der GmbH besteht für sie aber ein **Haftungsrisiko**; als Anspruchsgrundlage kommt insbesondere § 823 Abs. 2 BGB i. V. m. § 15a Abs. 1 InsO in Betracht, wenn nämlich der Insolvenzantrag nicht rechtzeitig gestellt wird. Zudem ist ein GF nach § 823 Abs. 2 BGB i. V. m. § 266a StGB (Strafgesetzbuch) den Sozialversicherungsträgern zum Schadensersatz verpflichtet, wenn er die Arbeitgeberbeiträge zur Sozialversicherung nicht abführt. In seltenen Fällen können Gläubiger den GF auch aus c.i.c. gemäß §§ 280 I, 241 II, 311 II BGB oder aus § 826 BGB in Anspruch nehmen, insbesondere wenn der GF den Geschäftspartner getäuscht hat.

Da es meist schwierig ist, eine persönliche Haftung zu konstruieren, sichern sich Vertragspartner einer GmbH – insbesondere Banken – oft durch eine persönliche Bürgschaft der Geschäftsführer ab.

TAB. 8: Haftungsfragen bei der GmbH	Innenhaftung (Haftung ggü. der Gesellschaft)	Außenhaftung (Haftung ggü. Gläubiger/ Geschäftspartner)
Gesellschafter	Unterbilanz-Haftung, §§ 31, 30 GmbHG	grundsätzlich nein (vgl. § 13 GmbHG) ausnahmsweise Haftung: - Vermögensvermischung, § 128 HGB analog - Sphärenvermischung, § 826 BGB
Geschäftsführer	Sorgfaltspflichtver-letzung, § 43 II GmbHG Verstoß gegen Kapital-erhaltungsvorschriften (§§ 30, 31), § 43 III GmbHG angestellter GF haftet zudem bei Verletzung von Pflichten aus Anstellungsvertrag, § 280 I BGB i.V. m. § 611 BGB	grundsätzlich nein (vgl. § 13 II GmbHG) ausnahmsweise Haftung: - Handeln im Namen der GmbH vor Eintragung ins Handelsregister, § 11 II GmbHG - verspätete Stellung des Insolvenzantrags (§ 823 II BGB i.V. m. § 15a I InsO) - Nichtabführung von Sozialversicherungs-beiträgen, § 823 II BGB i.V. m. § 266a StGB - (selten) Haftung wg. persönl. Verschul-dens, z. B. aus § 826 BGB oder c.i.c. (§§ 280 I, 241 II, 311 II BGB)
GmbH selbst	kommt nicht in Be-tracht (GmbH kann gegen sich selbst keinen Anspruch haben!)	ja, § 13 II GmbHG

Nun kann der Fall 14 (Kapitel Klausurtechnik und Fallbearbeitung) gelöst werden!

8.5.6 Die haftungsbeschränkte Unternehmergesellschaft (UG) als Spezialform der GmbH

Die in § 5a GmbHG geregelte haftungsbeschränkte Unternehmergesellschaft (UG) ist keine eigene Rechtsform, sondern eine Spezialform der GmbH. Für sie gelten grundsätzlich dieselben gesetzlichen Vorschriften wie für die „normale" GmbH, soweit das Gesetz keine Sonderregeln enthält.

Die wesentlichen Besonderheiten der UG sind folgende:

Das Stammkapital darf gemäß § 5a Abs. 1 GmbHG unter 25.000 € liegen, muss aber mindestens 1 € pro Gesellschafter betragen (§ 5 Abs. 2 GmbHG). Damit auf Dauer aus der UG eine „normale" GmbH wird, dürfen allerdings Gewinne nicht voll ausgezahlt werden, sondern müssen teilweise in eine Rücklage eingestellt werden, § 5a Abs. 3 GmbHG.

Sacheinlagen sind gemäß § 5a Abs. 2 Satz 2 ausgeschlossen, d. h. das Stammkapital muss in Geld aufgebracht werden.

Die UG muss als „Unternehmergesellschaft (haftungsbeschränkt)" firmieren, § 5a Abs. 1 GmbHG.

Durch Erhöhung des Stammkapitals auf mindestens 25.000 € (dies kann übrigens nicht nur durch Geld-, sondern auch durch Sacheinlagen geschehen) wird nach § 5a Abs. 5 GmbHG aus einer UG eine „normale" GmbH, ohne dass es hierfür einer Umwandlung bedarf. Umgekehrt kann aber nicht aus einer GmbH eine UG werden.

8.6 Die GmbH & Co. KG

Die GmbH & Co. KG ist streng genommen gar keine eigenständige Gesellschaftsform, sondern eine KG, bei der der einzige persönlich haftende Gesellschafter eine GmbH ist. Sie ist nicht ausdrücklich im Gesetz geregelt und hat sich zu Zeiten entwickelt, als es steuersparend war, statt einer GmbH eben eine GmbH & Co. KG zu gründen. Die Steuervorteile sind heute allerdings weitgehend weggefallen.

8.7 Die Aktiengesellschaft (AG)

8.7.1 Einführung

Die Aktiengesellschaft (AG) ist im Grundsatz ähnlich strukturiert ist wie die GmbH. Hier ist allerdings manches durch Gesetz – nämlich das AktG – vorgeschrieben, was bei der GmbH im Gesellschaftsvertrag frei gestaltet werden kann. Auch hat sie andere Organe als die GmbH, nämlich anstelle des Geschäftsführers einen Vorstand (§§ 76 ff. AktG) und zusätzlich in jedem Fall einen Aufsichtsrat (§§ 95 ff. AktG).

Wirtschaftlich ist die Aktiengesellschaft von großer Bedeutung. Wegen des im Vergleich zur GmbH doppelt so hohen Mindestkapitals von 50.000 € (§ 7 AktG) und der strengeren AG-Gesetzesvorschriften bietet sich die AG allerdings für Klein- und Familienunternehmen weniger an.

Jede AG ist gemäß § 3 Abs. 1 AktG Handelsgesellschaft und damit nach § 6 Abs. 1 HGB Kaufmann.

8.7.2 Die Entstehung der AG

Aktiengesellschaften entstehen meist nicht durch Neugründung, sondern durch Umwandlung eines bereits bestehenden Unternehmens nach §§ 190 ff. UmwG. Ansonsten vollzieht sich die Gründung nach § 23 ff. AktG ähnlich wie bei der GmbH.

8.7.3 Innenverhältnisse der AG

Organe der AG sind der Vorstand (§§ 76 ff. AktG), der Aufsichtsrat (§§ 95 ff. AktG) und die Hauptversammlung (§§ 118 ff. AktG).

8.7.3.1 Vorstand und Aufsichtsrat

Gemäß § 76 Abs. 1 AktG leitet der Vorstand die Gesellschaft unter eigener Verantwortung. Ihm obliegt also – ähnlich einem GmbH-Geschäftsführer – die Geschäftsführung (sowie nach § 78 Abs. 1 AktG auch die Vertretung der AG nach außen). Bestellt und abberufen werden die Vorstandsmitglieder nach § 84 AktG durch den Aufsichtsrat.

Der Aufsichtsrat überwacht gemäß § 111 Abs. 1 AktG die Geschäftsführung, d. h. er kontrolliert die Tätigkeit des Vorstands. Darüber hinaus vertritt er die AG bei Streitigkeiten mit Vorstandsmitgliedern, § 112 AktG.

Die Wahl der Aufsichtsratsmitglieder erfolgt nach § 101 Abs. 1 AktG grundsätzlich durch die Hauptversammlung. Aufgrund verschiedener Mitbestimmungsgesetze (BetrVG 1952, MitbestG 1976, MontanMitbestG) wird allerdings u. U. ein Teil der Aufsichtsratsmitglieder von den im Unternehmen beschäftigten Arbeitnehmern bestimmt.

8.7.3.2 Die Hauptversammlung/Rechte und Pflichten der Aktionäre

8.7.3.2.1 Der Aktionär als Gesellschafter

Gesellschafter der AG sind die Aktionäre. Sie haben grundsätzlich – auch als Kleinaktionäre – die auch bei anderen Gesellschaftsformen gegebenen Rechte und Pflichten. Hierzu gehört die Treuepflicht.

BEISPIEL: Ein Kleinaktionär darf z. B. nicht gegen einen Beschluss der Hauptversammlung Klage erheben mit dem Ziel, praktisch die Zahlung einer Geldsumme zu erpressen (als Gegenleistung für die Rücknahme der Klage).

8.7.3.2.2 Hauptversammlung und Minderheitsrechte

Gemäß § 118 Abs. 1 AktG üben die Aktionäre ihre Rechte in der Hauptversammlung aus. Indem sie die Aufsichtsratsmitglieder wählen (§ 119 Abs. 1 Nr. 1 AktG; vgl. § 101 Abs. 1 AktG), haben die Aktionäre indirekten Einfluss auf die Besetzung des Vorstandes, der ja vom Aufsichtsrat bestellt wird. Über die Geschäftsführung entscheidet die Hauptversammlung i. d. R. nicht; dies geschieht vielmehr nur ausnahmsweise, wenn nämlich der Vorstand es verlangt, § 119 Abs. 2 AktG. Weitere Kompetenzen der Hauptversammlung ergeben sich aus § 119 Abs. 1 AktG.

Das Stimmrecht des Aktionärs in der Hauptversammlung ist gemäß § 134 Abs. 1 AktG proportional zu dem Anteil, den er an den Aktien des Unternehmens hält. Da grundsätzlich nach § 133 Abs. 1 AktG die einfache Mehrheit der abgegebenen Stimmen genügt, besteht die Gefahr, dass Minderheits- und erst recht Kleinaktionäre nur wenig Einfluss haben. Dieser Gefahr begegnet das AktG durch einige Schutzvorschriften. Hierhin gehört insbesondere das in § 53a AktG normierte Gleichbehandlungsgebot, das eine willkürliche Benachteiligung von Aktionären verhindern soll. Außerdem genügt eine Minderheit von 5 %, um die Einberufung einer Hauptversammlung und das Aufnehmen bestimmter Gegenstände in die Tagesordnung durchzusetzen, § 122 Abs. 1, 2 AktG. Mit einer Aktienminderheit von 10 % kann man bereits erreichen, dass Sonderprüfer eingesetzt (§ 142 AktG) oder Ersatzansprüche gegen Vorstandsmitglieder geltend gemacht werden (§ 147 AktG). Zudem muss der Vorstand gemäß § 131 AktG in der Hauptversammlung jedem Aktionär Auskunft über Angelegenheiten der Gesellschaft geben; ein Einsichtsrecht des Aktionärs in die Geschäftsunterlagen der AG besteht allerdings nicht.

Zudem steht dem Aktionär gegen rechtlich fehlerhafte Beschlüsse der Hauptversammlung (d. h. wegen Verfahrens- oder Inhaltsfehlern, nicht aber wirtschaftlichen Entscheidungen) nach § 243 AktG die Anfechtungsklage zu, wobei jedoch die Einschränkungen nach §§ 244-246 AktG zu beachten sind.

8.7.3.2.3 Aktie und Dividende

Das Kapital der AG ist in Aktien gestückelt.

Es kann sich nach § 23 Abs. 3 Nr. 4 AktG um Nennbetragsaktien handeln, auf denen ein bestimmter Geldbetrag angegeben ist, oder um Stückaktien, die einen bestimmten prozentualen Anteil am Unternehmen verkörpern. Weiter unterscheidet man Namensaktien und (leichter übertragbare und deswegen in Deutschland – anders als international – gebräuchlichere) Inhaberaktien. Als Sonderform sind Vorzugsaktien verbreitet, die – anders als „normale" Aktien – kein Stimmrecht gewähren, dafür aber i. d. R. eine höhere Dividende bringen.

Der Aktionär, zumindest der typische Kleinaktionär, versteht die Beteiligung an einer AG in aller Regel als reine Kapitalanlage. Zu diesem Zweck erwirbt er Aktien, wobei der Preis – vor allem bei an der Börse gehandelten Aktien – ständig steigen oder fallen kann (also nicht identisch mit dem Nennbetrag sein muss). In der Börsen-Praxis, für die das Depot-Gesetz gilt, wird das Eigentum an den (sich bei einer Bank befindenden) Inhaberaktien nach § 931 BGB übertragen.

Für den Aktionär bringt die Aktie auf zweierlei Art Vermögensvorteile mit sich: Zum einen steigt i. d. R. zumindest langfristig der Wert der Aktien, die dann mit Gewinn verkauft werden können. Zum anderen haben die Aktionäre nach § 58 Abs. 4 Anspruch auf den Bilanzgewinn, d. h. sie erhalten – bei entsprechend positiver Entwicklung der AG – jährliche Dividenden. Über die Verwendung des Bilanzgewinns beschließt im Einzelnen die Hauptversammlung, § 174 AktG.

Daneben hat der Aktionär noch ein Bezugsrecht bei Kapitalerhöhungen (§ 186 Abs. 1), einen Zahlungsanspruch bei Kapitalherabsetzung (§ 225 Abs. 2 AktG) und einen Anspruch auf Beteiligung am Liquidationserlös (§ 271 AktG).

8.7.4 Außenbeziehungen der AG

Hier gilt sinngemäß das Gleiche wie bei der GmbH.

8.8 Die eingetragene Genossenschaft (eG)

Die eingetragene Genossenschaft (eG), geregelt im Genossenschaftsgesetz, ähnelt zwar in ihrer Struktur der AG, zeichnet sich jedoch durch eine engere Bindung der Gesellschafter ("Genossen") an die Gesellschaft aus: Die Mitgliedschaft in einer eG ist grundsätzlich weder übertragbar noch vererblich.

TAB. 9:	Wichtige Gesellschaftsformen im Überblick			
	Wer trifft grundlegende Entscheidungen?	Wer führt die laufenden Geschäfte?	Wer vertritt die Gesellschaft nach außen?	Haften die Gesellschafter den Gläubigern mit ihrem Privatvermögen?
GbR	Gesellschafter	Gesellschafter	Gesellschafter	ja
OHG	Gesellschafter	Gesellschafter	Gesellschafter	ja
KG	Gesellschafter	persönl. haftende Gesellschafter (PHG = Komplementäre)	PHG	teils ja (PHG), teils grds. nein (Kommanditisten)
Stille Ges.	Inhaber	Inhaber	Inhaber	teils ja (Inhaber), teils nein (Stille)
GmbH	Gesamtheit der Gesellschafter	Geschäftsführer	Geschäftsführer	grds. nein
AG	Hauptversammlung	Vorstand, überwacht durch Aufsichtsrat	Vorstand	nein
eG	Generalversammlung	Vorstand, überwacht durch Aufsichtsrat	Vorstand	nein

9. Übersicht über die wichtigsten Anspruchsgrundlagen und Haftungsnormen im Handels- und Gesellschaftsrecht

9.1 Anspruchsgrundlagen

In handels- und gesellschaftsrechtlichen Fällen sind häufig Ansprüche zu prüfen, für die sich die Anspruchsgrundlage aus dem BGB ergibt. Hierzu sei zunächst auf Kapitel 6 verwiesen.

Die anschließende Auflistung von Anspruchsgrundlagen aus dem Handels- und Gesellschaftsrecht erfasst nicht alle, sondern nur die wichtigsten Anspruchsgrundlagen.

9.1.1 Vertragliche Erfüllungsansprüche („Primäransprüche", zuerst prüfen!)

▶ Handelsvertretervertrag:

- § 87 HGB (Provisionsanspruch des Handelsvertreters)

- § 89b HGB (Ausgleichsanspruch des Handelsvertreters)

HINWEIS:

Beim Maklervertrag ergibt sich der Provisionsanspruch nicht etwa aus § 99 HGB, sondern aus § 652 Abs. 1, 653 BGB!

▶ Frachtvertrag:
- § 407 Abs. 1 HGB (Beförderungs- und Ablieferungspflicht des Frachtführers)
- § 407 Abs. 2 HGB (Zahlungspflicht des Absenders)

▶ Speditionsvertrag:
- § 453 Abs. 1 HGB (Pflicht des Spediteurs, die Versendung zu besorgen)
- § 453 Abs. 2 HGB (Zahlungspflicht des Versenders)

▶ Lagervertrag:
- § 467 Abs. 1 HGB (Aufbewahrungspflicht des Lagerhalters)
- § 467 Abs. 2 HGB (Zahlungspflicht des Einlagerers)

▶ Gesellschaftsvertrag:
- § 705 BGB (Pflicht von OHG- und KG-Gesellschaftern zur Leistung des vereinbarten Beitrags)
- § 14 GmbHG (Pflicht von GmbH-Gesellschaftern zur Leistung der Einlage)

9.1.2 Schadensersatz

▶ § 89a Abs. 2 HGB (SE bei Kündigung eines Handelsvertretervertrages)

▶ § 98 (SE-Anspruch gegen Handelsmakler)

▶ § 113 HGB (SE bei Verletzung des Wettbewerbsverbots)

▶ § 425 Abs. 1 HGB (SE-Anspruch gegen Frachtführer)

▶ § 461 Abs. 1 HGB (SE-Anspruch gegen Spediteur)

▶ § 475 HGB (SE-Anspruch gegen Lagerhalter)

▶ § 43 Abs. 2 GmbHG (SE-Anspruch der GmbH gegen unsorgfältigen Geschäftsführer)

9.1.3 Aufwendungsersatz

▶ § 110 HGB (Aufwendungsersatzanspruch des Gesellschafters gegen die OHG bzw. KG)

9.1.4 Sonstige Ansprüche

▶ § 37 Abs. 2 HGB (Unterlassungsanspruch bei unzulässigem Firmengebrauch)

9.2 Haftungsnormen

Ein vor allem im Gesellschaftsrecht bedeutsames Thema ist die Haftung, d. h. die Frage, ob der (eigentlich) gegen eine Person (A) bestehende Anspruch auch gegen eine andere Person (B) geltend gemacht werden kann – anders ausgedrückt: ob Person B die Schuld von Person A begleichen muss. Praktisch bedeutsam ist vor allem eine mögliche Haftung der Gesellschafter für Schulden der Gesellschaft. In Betracht kommt aber umgekehrt auch eine Haftung der Gesellschaft für die Gesellschafter.

Aus Haftungsnormen darf in der Fallprüfung kein Anspruch hergeleitet werden – sie setzen vielmehr stets einen bestehenden Anspruch voraus. Es muss also zuerst das Bestehen eines Anspruchs geprüft werden; nur wenn dieser besteht, darf man sich weiter mit der Haftungsnorm beschäftigen.

BEISPIEL: ▶ Verkäufer V hat der X-OHG etwas verkauft. Die OHG hat bisher nicht bezahlt. V will wissen, ob er die Zahlung vom OHG-Gesellschafter G persönlich verlangen kann. Zu prüfen ist nun, ob ein Anspruch aus Kaufvertrag nach § 433 Abs. 2 BGB besteht; wenn ja, muss darauf aufbauend eine Haftung nach § 128 HGB geprüft werden.

▶ § 128 HGB (Haftung des OHG-Gesellschafters für die OHG bzw. des PHG einer KG für die KG)

▶ § 171 Abs. 1 HGB (Haftung des Kommanditisten, der seine Einlage noch nicht geleistet hat)

▶ § 176 HGB i.V.m. § 128 HGB (Haftung des Kommanditisten, der noch nicht als Kommanditist im Handelsregister eingetragen ist)

► § 31 BGB analog (Haftung der OHG bzw. der KG für Vertragspflichtverletzungen eines Gesellschafters gem. § 280 ff. BGB bzw. Unerlaubte Handlungen eines Gesellschafters gem. § 823 ff. BGB)

► § 11 Abs. 2 GmbHG (Handelndenhaftung bei der Vor-GmbH)

HINWEIS:

Siehe zu den (seltenen) Fällen der Durchgriffshaftung bei der GmbH Kapitel 8.5.5.

10. Einführung in das Insolvenzrecht

10.1 Ziele, Wirkungen und Formen des Insolvenzverfahrens

Wenn ein Wirtschaftssubjekt (Unternehmen oder ein Privatmann) finanziell in eine ausweglose Lage geraten ist, helfen die üblichen Regeln des Zivil-, Handels-, Gesellschafts- und Zivilprozessrechts meist nicht mehr weiter. In einer solchen Situation ist vielmehr Insolvenz (entspricht ungefähr dem früheren „Konkurs") anzumelden, und damit kommt das Insolvenzrecht ins Spiel. Von Bedeutung ist das dann keineswegs nur für das insolvente Wirtschaftssubjekt selbst, sondern auch für dessen Geschäftspartner.

Das Insolvenzverfahren dient gemäß § 1 Satz 1 Insolvenzordnung (InsO) in erster Linie dazu, die **Gläubiger** eines nicht mehr voll zahlungsfähigen Schuldners **gleichmäßig zu befriedigen**. Es geht nicht etwa darum, Marktgesetze außer Kraft zu setzen und notleidende Unternehmen aus dem Vermögen ihrer Geschäftspartner zu subventionieren. Der Marktaustritt oder der finanzielle Umbau am Markt versagender Wirtschaftseinheiten bedürfen aber einer rechtlichen Kanalisierung. Ohne insolvenzrechtliche Regeln würde nämlich jeder Gläubiger, der die finanzielle Krise seines Schuldners erkennt, sich im Wettlauf mit anderen Gläubigern einen Vorteil zu sichern versuchen – entweder durch unlautere Vereinbarungen mit dem Schuldner oder durch rasches Betreiben von Prozessen und Zwangsvollstreckungsmaßnahmen. Zugleich besteht in derartigen Situationen die Gefahr, dass der Schuldner sich nicht mehr um vernünftiges zukunftsorientiertes Wirtschaften bemüht, sondern auf das Beiseiteschaffen von verbliebenen Vermögenswerten bedacht ist.

Das Ziel, die Gläubiger gemeinschaftlich zu befriedigen, kann bei Unternehmen auf verschiedene Weise erreicht werden. Es kommt entweder zur Liquidation oder zur Sanierung. Dies hängt von der Frage ab, ob die **Fortführung des Unternehmens** – durch den bisherigen oder einen neuen Unternehmensinhaber – wirtschaftlich den Gläubigern größere Befriedigungschancen bietet oder ob eher die **Zerschlagung** einen höheren Erlös verspricht; dabei wird in der Praxis auch berücksichtigt, dass eine Fortführung durch den Insolvenzverwalter zu weiteren Verlusten führen kann. Zudem kann sich statt der Verfahrensabwicklung nach den gesetzlichen Vorschriften eine Übereinkunft der Beteiligten in einem **Insolvenzplan** (vgl. §§ 1 Satz 1, 217 ff. InsO) anbieten, der mehr Flexibilität erlaubt. Im Rahmen eines Insolvenzplans ist nach § 225a InsO (eingefügt durch das am 1. 3. 2012 in Kraft getretene ESUG) auch die Umwandlung von Forderungen der Gläubiger in Gesellschaftsanteile möglich („Debt-for-Equity-Swap").

Zweites Ziel des Insolvenzverfahrens ist es nach § 1 Satz 2 InsO, dem redlichen Schuldner einen Neuanfang zu ermöglichen, indem er von seinen Schulden befreit wird (**Restschuldbefreiung**, §§ 286 ff. InsO). Das kommt freilich nur in Betracht, wenn der Schuldner eine natürliche Person (d. h. ein Mensch) ist (§ 286 InsO) – sei es ein Privatmann, sei es ein Unternehmer. Für Gesellschaften (z. B. OHG, § 131 Abs. 1 Nr. 3 HGB; GmbH, § 60 Abs. 1 Nr. 4 GmbHG) bedeutet die Eröffnung des Insolvenzverfahrens hingegen die Auflösung.

Für den Fall, dass der Schuldner eine natürliche Person ist, sieht die Insolvenzordnung zwei verschiedene Formen des Insolvenzverfahrens vor. Normalerweise ist das **Regelinsolvenzverfahren** anzuwenden, das auf die Insolvenz von Unternehmen zugeschnitten ist; unter das Regelinsolvenzverfahren fallen alle als Gesellschaft betriebenen Unternehmen sowie größere Einzelunternehmer. Für die Insolvenz von Privatleuten und Kleinunternehmern sehen §§ 304 ff. InsO hingegen das **Verbraucherinsolvenzverfahren** vor. Wir wollen uns im Folgenden nur mit dem Regelinsolvenzverfahren beschäftigen.

10.2 Die Beteiligten des Insolvenzverfahrens

Vor Eintritt der Insolvenz stehen sich lediglich der **Gläubiger** und der **Schuldner** gegenüber. Die verschiedenen Gläubiger verfolgen noch keine einheitlichen, sondern meist eher gegensätzliche Interessen – jedem geht es ja nur um die Verwirklichung seiner eigenen Ansprüche.

Das Insolvenzverfahren zwingt die Gläubiger nun zum gemeinsamen Auftreten (was freilich nicht das Ende bestehender Interessenkonflikte bedeutet). Die **gemeinsamen Interessen der Gläubiger** vertritt der **Insolvenzverwalter**. Seine Aufgabe liegt darin, das Vermögen des Schuldners zu verwalten und zu verwerten. Nur ausnahmsweise bleibt es gemäß §§ 270 ff. InsO dem Schuldner selbst überlassen, sein Vermögen – unter Aufsicht eines Sachwalters – weiter zu verwalten. Die grundsätzlichen wirtschaftlichen Entscheidungen werden in jedem Fall von den Gläubigern getroffen, und zwar in der **Gläubigerversammlung** (§§ 74 ff. InsO). Manchmal (v. a. bei Großinsolvenzen) wird zudem zur Unterstützung und Überwachung des Insolvenzverwalters ein Gläubigerausschuss (§§ 67 ff. InsO) eingesetzt.

Als neutrale Instanz fungiert das **Insolvenzgericht**, das die vielfältigen Konflikte – zwischen Schuldner und Gläubigern, aber auch z. B. zwischen Gläubigern und Insolvenzverwalter – zu entscheiden hat. Für Insolvenzsachen zuständig ist das Amtsgericht, wobei die meisten Fragen dort dann vom Rechtspfleger und nur die grundlegenden Punkte (v. a. Verfahrenseröffnung, Ernennung des Insolvenzverwalters) vom Richter entschieden werden. Rechtsmittel (sofortige Beschwerde zum Landgericht und anschließend Rechtsbeschwerde zum BGH) sind nach § 6 InsO nur eingeschränkt möglich – andernfalls bestünde die Gefahr einer Verzögerung.

10.3 Der Ablauf eines Insolvenzverfahrens

Das Insolvenzverfahren beginnt mit der Stellung des **Insolvenzantrages** beim Insolvenzgericht, § 13 Abs. 1 Satz 1 InsO. Den Antrag kann nach § 13 Abs. 1 Satz 2 InsO der Schuldner stellen oder einer der Gläubiger. Die Beweggründe, einen Insolvenzantrag zu stellen, sind vielfältig: Der Schuldner kommt mit Stellung des Insolvenzantrags u. U. seiner gesetzlichen Pflicht nach (vgl. § 15a InsO), er will sich nicht länger den drängenden Forderungen der Gläubiger erwehren müssen, oder er strebt die Restschuldbefreiung an; der Gläubiger will den Schuldner unter Druck setzen oder verhindern, dass der Schuldner und andere Gläubiger das Vermögen unter sich verteilen.

Nach Eingang des Antrags prüft das Insolvenzgericht, ob überhaupt ein **zulässiger Antrag** vorliegt (§§ 13-15 InsO), ob ein **Eröffnungsgrund** besteht (§§ 16-19 InsO) und ob **genügend Masse** vorhanden ist, um zumindest die Verfahrenskosten zu decken (§ 26 InsO).

Der Insolvenzantrag des Schuldners ist an keine besonderen Zulässigkeitsvoraussetzungen geknüpft. Wer als Gläubiger einen Insolvenzantrag stellt, muss hingegen gemäß § 14 Abs. 1 InsO zweierlei glaubhaft machen: Das Bestehen seiner Forderung gegen den Schuldner und das Vorliegen von Zahlungsunfähigkeit (§ 17 InsO) bzw. Überschuldung (§ 19) des Schuldners. Glaubhaftmachen bedeutet noch keinen Beweis im Sinne des Zivilprozesses; es genügt überwiegende

Wahrscheinlichkeit, wobei der Gläubiger nach § 4 InsO i.V. m. § 294 ZPO (Zivilprozessordnung) neben Urkunden auch eine vom Gläubiger selbst stammende Versicherung an Eides statt vorlegen kann.

Als Insolvenzgrund kommt in erster Linie **Zahlungsunfähigkeit** des Schuldners in Betracht, § 17 InsO. Von Zahlungsunfähigkeit ist gemäß § 17 Abs. 2 Satz 2 InsO i. d. R. bei **Zahlungseinstellung** auszugehen. Zahlungsunfähig ist aber auch schon, wer innerhalb eines überschaubaren Zeitraums (ca. zwei bis vier Wochen; das ist nicht klar festgelegt) nicht in der Lage sein wird, seine fälligen Verbindlichkeiten zu begleichen (Zeitraum-Illiquidität). Eine vorübergehende Zahlungsstockung stellt hingegen keine Zahlungsunfähigkeit dar. Weitere mögliche Insolvenzgründe sind drohende Zahlungsunfähigkeit (nur im Falle eines durch den Schuldner gestellten Insolvenzantrags, § 18 InsO) und Überschuldung (bei juristischen Personen, § 19).

Trotz zulässigen Insolvenzantrags und Vorliegen eines Insolvenzgrundes wird kein Insolvenzverfahren eröffnet, falls das noch vorhandene Vermögen des Schuldners nicht einmal die Kosten des Insolvenzverfahrens (v. a. die Vergütung des Insolvenzverwalters) decken würde; eine Prognose hierzu wird i. d. R. anhand eines Gutachtens vorgenommen. In derartigen Fällen – und das sind in der Praxis mindestens die Hälfte aller Verfahren – muss nach § 26 InsO die Abweisung des Insolvenzantrags mangels Masse erfolgen. Die Gläubiger können dann theoretisch weiterhin versuchen, einzeln gegen den Schuldner vorzugehen, doch ist dort praktisch nichts mehr zu holen.

Gleich nach Eingang des Insolvenzantrages entscheidet das Insolvenzgericht auch, ob es **vorläufige Sicherungsmaßnahmen** anordnet. Insbesondere kann es einen vorläufigen Insolvenzverwalter einsetzen, der gehalten ist, das Vermögen des Schuldners gegen Zugriffe Dritter und Manipulationen des Schuldners zu sichern oder ein noch am Markt befindliches Unternehmen fortzuführen (§§ 21, 22 InsO).

Die **Kosten** eines (aus welchen Gründen auch immer) abgelehnten Insolvenzantrags trägt grundsätzlich der Antragsteller; sie richten sich nach dem Wert des Schuldnervermögens, betragen aber beim Insolvenzantrag eines Gläubigers mindestens 100 € (Anl. zum GKG, Nr. 5111).

Liegen die Eröffnungsvoraussetzungen vor und sind zumindest die Kosten des Verfahrens gedeckt, so wird das eigentliche Insolvenzverfahren durch einen **Eröffnungsbeschluss** des Insolvenzgerichts eingeleitet, §§ 27 ff. InsO. Regelmäßig wird zugleich ein Insolvenzverwalter ernannt sowie der Berichtstermin (§ 29 Abs. 1 Nr. 1 InsO) und ein Prüfungstermin für die angemeldeten Forderungen (§ 29 Abs. 1 Nr. 2 InsO) bestimmt; praktisch werden diese beiden Termine meist zu einem Termin verbunden. Die einzelnen Gläubiger dürfen ab Eröffnung des Insolvenzverfahrens keine Einzelzwangsvollstreckung mehr gegen den Schuldner betreiben, § 89 InsO. Mit dem Eröffnungsbeschluss geht das Verwaltungs- und Verfügungsrecht über das beschlagnahmte Vermögen des Schuldners (Insolvenzmasse) gemäß § 80 Abs. 1 InsO auf den Insolvenzverwalter über. Der Verwalter nimmt unverzüglich die Masse in Besitz, prüft und verwaltet die Bestände (§§ 148 ff. InsO). Er entscheidet über die Fortsetzung oder Beendigung schwebender Prozesse (§§ 85 ff. InsO) und die Erfüllung oder Ablehnung von Verträgen (§§ 103 ff. InsO). Zudem prüft der Insolvenzverwalter, ob er Gegenstände, die in anfechtbarer Weise aus dem Schuldnervermögen entfernt worden sind, im Wege der Insolvenzanfechtung zur Masse zurückholen kann (§§ 129 ff. InsO).

Je nachdem, ob die **Gläubigerversammlung** dann im **Berichtstermin** (§§ 156 ff. InsO) die Liquidierung, die Sanierung oder die übertragene Sanierung beschließt oder ob ein Insolvenzplan aufgestellt werden soll, geht der Verwalter nun weiter vor. Wenn sich die Gläubigerversammlung für Liquidierung entscheidet (das ist die häufigste Konstellation), schließt sich unmittelbar an diese Entscheidung die Verwertung des Schuldnervermögens an (§§ 159 ff. InsO), d. h. vor allem Einziehung von Forderungen und Veräußerung von Vermögensgegenständen.

Wer als Insolvenzgläubiger am Verwertungserlös teilhaben will, muss seine Forderung beim Insolvenzverwalter zur Eintragung in die von diesem geführte **Tabelle** anmelden, § 174 Abs. 1 Satz 1 InsO. Die Prüfung, ob die Forderung zu Recht besteht, wird im **Prüfungstermin** vorgenommen.

Dem Feststellungsverfahren nach §§ 174 ff. InsO schließt sich die **Erlösverteilung** gemäß §§ 187 ff. InsO an. Ist alles verteilt, wird zunächst ein Schlusstermin abgehalten (§ 197 InsO). Diesem folgt die Aufhebung des Verfahrens nach § 200 InsO, mit der die Forderungen der Gläubiger in Höhe der ausgezahlten Quote erlöschen. Wenn der Schuldner eine natürliche Person ist, muss er spätestens im Berichtstermin die **Restschuldbefreiung** beantragt haben (§ 287 InsO); über diesen Antrag wird im Schlusstermin verhandelt und sodann vom Insolvenzgericht entschieden, §§ 289 ff. InsO). Kündigt das Gericht die Restschuldbefreiung an, so hat der Schuldner das Recht, von seinen restlichen Verbindlichkeiten gegenüber den Insolvenzgläubigern befreit zu werden; dies geschieht jedoch erst nach erfolgreichem Bestehen einer sechsjährigen Wohlverhaltensperiode.

10.4 Die Behandlung der verschiedenen Arten von Ansprüchen der Gläubiger

Die Chancen des einzelnen Gläubigers, im Insolvenzverfahren tatsächlich noch Vermögen zu retten, hängen ganz wesentlich davon ab, welcher der Gläubigergruppen er angehört. Zu nennen sind hier die Aussonderungsberechtigten, die Absonderungsberechtigten, die Massegläubiger und die Insolvenzgläubiger.

Am günstigsten ist die Stellung der **Aussonderungsberechtigten**, §§ 47-48 InsO. Diese haben ein dingliches oder persönliches Recht an einem Gegenstand, so dass dieser Gegenstand rechtlich gesehen gar nicht erst in die Insolvenzmasse fällt. Ein Aussonderungsrecht besteht z. B. aufgrund Eigentums des Gläubigers an einer Sache (Sicherungseigentum – vgl. § 930 BGB – genügt nicht, § 51 Nr. 1 InsO) oder an einer Forderung, die der Schuldner dem Gläubiger (gemäß § 398 BGB) abtreten hat. Wer aussonderungsberechtigt ist, muss seine Forderung nicht zur Tabelle anmelden, sondern kann (vollständige!) Herausgabe verlangen bzw. bei Forderungen Feststellung, dass der Aussonderungsberechtigte Inhaber der Forderung ist.

Absonderungsberechtigt ist gemäß §§ 49-52 InsO, wer einen (bereits zur Zeit der Insolvenzeröffnung begründeten) Anspruch auf vorzugsweise Befriedigung aus einem bestimmten Massegegenstand hat. Absonderungsberechtigt sind vor allem diejenigen Gläubiger, die für ihre Forderung eine dingliche Sicherheit haben (Grundschuld/Hypothek, Pfandrecht, Sicherungseigentum). Eine derartige Sicherheit kann ein schnell handelnder Gläubiger noch rechtzeitig (1 Monat vor Insolvenzantrag, § 88 InsO) in der Einzelzwangsvollstreckung gegen den Schuldner erlangt haben, indem er Sachen des Schuldners hat pfänden lassen. Die Verwertung der Sicherheit erfolgt in der gleichen Weise wie außerhalb des Insolvenzverfahrens (Zwangsversteigerung/-verwaltung, Verkauf). Durchgeführt wird die Verwertung allerdings meist nicht durch den Gläubiger selbst, sondern durch den Insolvenzverwalter, der den Erlös dann an den absonderungsberechtigten Gläubiger auszahlt, §§ 165 ff. InsO.

Nach den Aus- und Absonderungsberechtigten kommen die **Massegläubiger** zum Zuge, §§ 53-55 InsO. Hier geht es vor allem um die Verfahrenskosten (Gericht, Insolvenzverwalter, Gläubigerausschuss, § 54 InsO) und um Geschäftspartner, die entweder Verträge mit dem Insolvenzverwalter geschlossen haben oder beiderseits noch nicht voll erfüllte Verträge mit dem Schuldner Verträge geschlossen haben, für deren Erfüllung sich der Verwalter nun entscheidet. Massegläubiger müssen ihre Ansprüche nicht zur Tabelle anmelden; sie teilen ihre Forderungen einfach dem Insolvenzverwalter mit. Soweit die Masse hierzu ausreicht, werden die Massegläubiger zu 100 % befriedigt (ansonsten gilt § 209 InsO). Nur aufgrund dieser Regelung ist es dem Insolvenzverwalter überhaupt möglich, das insolvente Unternehmen (zumindest eine gewisse Zeit lang) weiterzuführen, denn er würde keine Vertragspartner finden, wenn diese fürchten müssten, bloß eine Quote zu erhalten.

Weitaus ungünstiger ist die Situation für die **Insolvenzgläubiger**, d. h. diejenigen Gläubiger, die nicht aussonderungs- oder absonderungsberechtigt und auch nicht Massegläubiger sind. Sie müssen ihre Forderungen zur Tabelle anmelden, § 174 Abs. 1 Satz 1 InsO. Unter sie wird das verteilt, was vom Schuldnervermögen nun noch übrig ist, d. h. sie erhalten bloß eine Quote – meist nicht mehr als 3-5 % ihrer Forderung.

11. Klausurtechnik und Fallbearbeitung

11.1 Die Arbeitsweise

11.1.1 Einführung

Klausuren (und Hausarbeiten) für Scheine und Examina in juristischen Fächern – das gilt für BGB, Handels- und Gesellschaftsrecht, aber auch andere juristische Fächer wie etwa Arbeitsrecht – bestehen in aller Regel aus mindestens einem „Fall", den es zu lösen gilt.

Zur Lösung von Fällen verwenden Juristen eine bestimmte Technik, deren (wenigstens ansatzweise) Beherrschung die Dozenten und Korrektoren normalerweise auch von Betriebswirten erwarten, die sich mit Rechtsfällen auseinander setzen. Es genügt nicht, an eine Rechts-Klausur wie an eine BWL-Klausur oder einen Deutschaufsatz heranzugehen.

Was ist zu tun, wenn man einen Fall vor sich hat?

Zunächst einmal sollten wir uns zweierlei klarmachen:

1.: Was im Fall steht, das ist auch so.

Der Fall gibt einen (wirklichen oder erfundenen) Sachverhalt aus dem Leben objektiv wider. Wir müssen es hinnehmen, selbst wenn es uns noch so ungewöhnlich und unsinnig erscheint.

Auch dann sind die Fälle nicht unbedingt lebensfremd. Streit – und damit einen juristisch zu lösenden Fall – gibt es im Leben ja meist nicht dann, wenn alle Beteiligten sich „normal" verhalten, sondern häufig eben aus dem Grunde, dass mindestens ein Beteiligter etwas Ungewöhnliches tut.

Was im Fall steht, muss auch nicht bewiesen werden. Es steht fest.

Letzteres ist freilich im Leben häufig anders, wenn ein Rechtsstreit beginnt. Insofern ist der Fall für die Klausur manchmal bewusst vereinfacht worden, damit sich die Studenten nicht noch zusätzlich mit dem Beweisrecht der Zivilprozessordnung auseinander setzen müssen.

2.: Fast alles, was im Fall steht, ist auch für die Lösung irgendwie von Bedeutung.

Juristen (gute zumindest) neigen nicht dazu, viel überflüssiges Zeug zu schreiben. Im Klausurtext mag gelegentlich auch einmal eine Floskel oder sogar eine Falle enthalten sein, doch die meisten im Fall zu findenden Informationen werden für die Fallbearbeitung benötigt. Oft findet sich im Text sogar schon der eine oder andere versteckte Lösungstipp.

Das fängt häufig schon bei den Buchstaben an, mit denen die Personen im Fall bezeichnet sind.

So kommt es z. B. vor, dass im Fall der Verkäufer „V" heißt und der Käufer „K".

Den **Fall**, den man vor sich hat, sollte man zunächst **sorgfältig lesen**. Nicht selten scheitern Studenten in ihren Klausuren schon daran, dass sie anscheinend den Fall nur oberflächlich angeschaut haben.

BEISPIEL: Ist etwa im Fall von „Anfechtung" die Rede, sollte man bei der Lösung auf jeden Fall eine Anfechtung prüfen und nicht etwa – weil es um ein Miet- oder Arbeitsverhältnis geht – ausschließlich eine Kündigung.

Wer eine Klausur zu schreiben hat, sollte vor der Reinschrift auf jeden Fall eine komplette **Lösungsskizze** anfertigen. Auf diese Weise sieht man rechtzeitig, wo die Probleme des Falles liegen, und gerät nicht in Gefahr, während des Schreibens die Hälfte wieder durchstreichen zu müssen. Für das Lesen des Falles, Vorüberlegungen und Erstellung der Lösungsskizze darf zwischen einem Drittel und der Hälfte der insgesamt für die Klausur zu Verfügung stehenden Zeit aufgewendet werden.

Wenn man die Reinschrift aus Zeitmangel nicht fertig stellen kann, sind ein paar lösungsskizzenartige Stichworte am Ende besser als gar nichts.

11.1.2 Die vier „W"

„**Wer** will **was** von **wem woraus**" – das ist die klassische Vorüberlegung, die wir nach dem Lesen des Falles anstellen. Diese Frage an sich gehört nicht in den Klausurtext, sondern eben nur in die Vorüberlegung. Nur ganz ausnahmsweise passt die Frage nicht, wenn nämlich überhaupt niemand etwas verlangt, sondern eine konkrete Rechtsfrage zu beantworten ist (z. B. „Wer ist Eigentümer?" oder „Kann K anfechten?").

Wer etwas will und von **wem**, lässt sich meist dem Fall schnell entnehmen. Derjenige, der etwas verlangt, ist der Anspruchsteller; denjenigen, von dem etwas verlangt wird, nennen wir Anspruchsgegner. Oft steht ausdrücklich im Text, wer von wem etwas verlangt. Ansonsten – etwa wenn am Ende des Falles bloß die Frage „Wie ist die Rechtslage" steht oder der Fall gar keine Fallfrage enthält – muss man im Zweifel davon ausgehen, dass alle im Fall vorkommenden Personen gegeneinander Ansprüche geltend machen.

Was verlangt wird, d. h. das Anspruchsziel, ist ebenfalls häufig im Aufgabentext vorgegeben. Andernfalls muss man sich überlegen, was die beteiligten Personen **sinnvollerweise** voneinander verlangen können, mag dieser Anspruch nun begründet sein oder nicht. Dabei kommen gelegentlich mehrere Anspruchsziele in Betracht, die dann grundsätzlich alle zu prüfen sind (z. B. Kaufpreiszahlung und Ersatz des Verzugsschadens).

Auf keinen Fall darf man mehr prüfen, als durch die Fallfrage vorgegeben ist!!

> **BEISPIEL:** Lautet die Fallfrage etwa: „Was kann A von B verlangen?", so dürfen Ansprüche des B gegen A nicht geprüft werden, mögen sie auch noch so naheliegend sein.

Schwierig wird es bei der Frage „**Woraus?**", d. h. bei der Suche nach passenden **Anspruchsgrundlagen.**

Eine Person kann (rechtlich betrachtet – moralisch mag das manchmal anders aussehen) von einer anderen Person nur dann etwas verlangen, wenn es für dieses Begehren eine gesetzliche Grundlage gibt, eben eine Anspruchsgrundlage. Die meisten Anspruchsgrundlagen finden sich im schriftlichen **Gesetzestext** (etwa im BGB, HGB usw.), doch gibt es auch **schriftlich nicht fixierte Anspruchsgrundlagen**, die gewohnheitsrechtlich anerkannt sind.

Um festzustellen, ob eine Norm (d. h. ein Paragraph oder ein gewohnheitsrechtlicher Rechtssatz) überhaupt **Anspruchsgrundlage sein kann**, müssen wir uns folgende Frage stellen: Setzt die Norm die Verpflichtung einer Person zu einem bestimmten Handeln fest bzw. die Berechtigung einer Person, von einer anderen etwas zu verlangen? Nur wenn diese Frage bejaht werden kann, kommt die Norm überhaupt als Anspruchsgrundlage in Betracht.

BEISPIEL: In § 433 Abs. 2 BGB heißt es: „Der Käufer ist verpflichtet, dem Verkäufer den vereinbarten Kaufpreis zu zahlen…" § 433 Abs. 2 BGB kann also Anspruchsgrundlage sein.

Dagegen lautet etwa § 164 Abs. 1 Satz 1 BGB: „Eine Willenserklärung, die jemand … abgibt, wirkt unmittelbar für und gegen den Vertretenen." Hieraus ergibt sich nicht die Verpflichtung einer Person zu einem bestimmten Tun; § 164 Abs. 1 Satz 1 kann demnach niemals Anspruchsgrundlage sein.

Bei der Falllösung muss man sich aber nicht mit allen Paragraphen beschäftigen, die für irgendwelche Fälle Anspruchsgrundlage sein können. Vielmehr ist es sinnvoll, sich schon in den Vorüberlegungen auf jene Normen zu konzentrieren, die als passende Anspruchsgrundlagen für den gerade zu lösenden Fall in Frage kommen. **Passende Anspruchsgrundlage** kann nur eine Norm sein, die zum gewünschten Anspruchsziel führt.

Will etwa laut Fallfrage eine der beteiligten Personen Schadensersatz, so scheidet z. B. § 433 Abs. 2 BGB als Anspruchsgrundlage aus. Denn nach § 433 Abs. 2 BGB kann nur Kaufpreiszahlung verlangt werden, nicht aber Schadensersatz.

Damit die potenzielle Anspruchsgrundlage dann im Klausurtext ernsthaft geprüft wird, genügt es aber nicht, dass sie zum gewünschten Anspruchsziel führen kann.

Insbesondere gibt es so viele Anspruchsgrundlagen, die die Verpflichtung zu einer Geldzahlung aussprechen, dass man diese gar nicht alle in einer Klausur prüfen könnte.

Vielmehr prüfen wir in der Klausur nur jene möglichen Anspruchsgrundlagen, die im Hinblick auf ihre Voraussetzungen zumindest **ansatzweise in Betracht kommen**.

BEISPIEL: Laut Sachverhalt haben A und B einen Mietvertrag abgeschlossen. A verlangt nun von B Zahlung von 1.000 €. Hier wäre es wiederum unsinnig, § 433 Abs. 2 BGB zu prüfen, obwohl auch nach § 433 Abs. 2 eine Geldzahlung verlangt werden kann. Doch § 433 Abs. 2 setzt eben einen Kaufvertrag voraus, während es im Fall um einen Mietvertrag geht. Ernsthaft in Betracht kommen deswegen hier zunächst Vorschriften aus dem Mietrecht (§§ 535 ff. BGB).

Anspruchsgrundlagen finden sich freilich über das ganze BGB verstreut und obendrein auch in anderen Gesetzen. Die passende(n) Anspruchsgrundlage(n) findet man am einfachsten, indem man den im Fall gegebenen Streitpunkt quasi stichwortartig in eine oder mehrere naheliegende Kategorien **einsortiert** (etwa „Unmöglichkeit", „Werkvertrag", „Anfechtung"…). Dann braucht man nur noch die hierunter fallenden Normen durchzugehen und nicht mehr das halbe Gesetz zu lesen. Zugegebenermaßen fällt dies mit einer gewissen Erfahrung in der Fallbearbeitung und vertieften Rechtskenntnissen leichter… Die wichtigsten Anspruchsgrundlagen sind in diesem Buch in den Kapiteln 6 und 9 übersichtlich zusammengestellt.

11.1.3 Fälle ohne Anspruchsprüfung

Nicht jeder Fall lässt sich mit dem Schema „Wer will was von wem woraus" lösen. Manchmal ist gar nicht nach einem Anspruch gefragt, sondern eine andere Rechtsfrage zu klären; in Klausuren kommt das vor allem dann vor, wenn mehrere „kleine" Aufgaben gestellt werden.

So kann z. B. nach bestehenden Rechtsbeziehungen/Rechtstatsachen gefragt werden: „Wem gehört die Sache?" oder „Ist H Kaufmann?": „ Oder es ist zu prüfen, ob ein Gestaltungsrecht ausgeübt werden kann, also z. B. „Kann A anfechten?" oder „Ist B zum Widerruf berechtigt?". Ähnlich ist die Frage „Ist das, was P getan hat, wirksam?".

Auch wenn es nicht um einen Anspruch geht, muss die Prüfung i. d. R. von einem bestimmten Paragraphen ausgehen.

So wäre z. B. bei der Frage „Kann A anfechten?" § 119 oder § 120 oder § 123 BGB heranzuziehen. Bei „Ist H Kaufmann?" hilft § 1 HGB.

Die Voraussetzungen des Paragraphen müssen geprüft werden; dies führt zur Beantwortung der Fallfrage.

Gelegentlich gibt es (insbesondere wenn nach bestehenden Rechtsbeziehungen/Rechtstatsachen gefragt ist) keinen passenden Paragraphen, z. B. bei „Wem gehört die Sache?". In derartigen Fällen bietet sich u. U. ein „historischer Aufbau" an.

> Wenn z. B. ursprünglich X die Sache hatte, ist der Ausgangspunkt der Prüfung; X wird als ursprünglicher Eigentümer eingestuft. Danach muss untersucht werden, ob X das Eigentum (z. B. an Y durch Übereignung nach § 929 Abs. 1 BGB) verloren hat, usw.

Auch wenn es nicht um Ansprüche geht, ist die Art und Weise der Prüfung der jeweiligen Paragraphen doch die gleiche wie bei der Prüfung von Ansprüchen. Insbesondere gelten die sogleich unter 9.1.4 folgenden Ausführungen zu Subsumtion und Gutachtenstil entsprechend für Fälle ohne Anspruchsprüfung.

11.1.4   Subsumtion und Gutachtenstil

Hat man erst einmal die in Betracht kommende(n) Anspruchsgrundlage(n) gefunden, beginnt die eigentliche Falllösung, die so genannte **Subsumtion**. Wir prüfen anhand des Sachverhaltes, ob die Tatbestandsmerkmale der Anspruchsgrundlage erfüllt sind und – bei Bedarf – auch die Tatbestandsmerkmale weiterer Normen, die uns in Verbindung mit der Anspruchsgrundlage zum gewünschten Ziel führen.

BEISPIEL: Der Fall lautet: „V verkauft K ein Bild für 200 €. K zahlt nicht. Kann V von K Zahlung von 200 € verlangen?"

Als Anspruchsgrundlage kommt hier § 433 Abs. 2 BGB in Betracht. Für unsere Subsumtion müssen wir uns zunächst überlegen, welche Tatbestandsmerkmale nach § 433 Abs. 2 erfüllt sein müssen, damit V den geltend gemachten Anspruch hat. § 433 Abs. 2 spricht davon, dass der Käufer verpflichtet ist, an den Verkäufer zu zahlen. Tatbestandsmerkmal und gleichzeitig Anspruchsvoraussetzung ist demnach, dass wir einen Verkäufer und einen Käufer haben. Weiter nennt § 433 Abs. 2 als Voraussetzung einen „vereinbarten Kaufpreis". Und logischerweise – auch wenn dies nicht ausdrücklich in § 433 Abs. 2 steht – muss natürlich ein Kaufvertrag abgeschlossen worden sein, was die allererste Voraussetzung von § 433 Abs. 2 BGB ist.

Gehen wir nun anhand dieser Tatbestandsmerkmale den Fall zunächst in Gedanken durch, so stellen wir fest:

1. V und K haben einen Kaufvertrag abgeschlossen
2. wir haben einen Verkäufer – nämlich V –
3. einen Käufer – nämlich K – und
4. einen vereinbarten Kaufpreis – nämlich 200 €

Wie das in der Klausur schriftlich zu prüfen ist, dazu kommen wir gleich.

Ganz wichtig ist es, wirklich jedes Tatbestandsmerkmal in der richtigen Reihenfolge einzeln zu prüfen. Ausnahmen kann man sich nur erlauben, wenn die Sach- und Rechtslage ganz klar ist.

In der **Klausur** wird normalerweise ein „Gutachten" verlangt. Das bedeutet: Das Ergebnis unserer Überlegungen steht ganz am Ende. Dafür haben die Juristen einen speziellen **„Gutachten-**

stil" entwickelt (im Gegensatz zum „Urteilsstil", bei dem das Ergebnis – d. h. das Urteil – am Anfang steht und begründet wird).

Die perfekte Beherrschung des juristischen Gutachtenstils sollte man als Betriebswirt nur anstreben, wenn dies voraussichtlich in der Prüfung verlangt wird; ansonsten reicht es aus, das Prinzip des Gutachtenstils begriffen zu haben und die Kernprobleme des Falles einigermaßen im Gutachtenstil abhandeln zu können.

Das Gutachten beginnt – hinsichtlich jeder einzelnen in Betracht kommenden Anspruchsgrundlage – damit, dass Anspruchsteller („wer"), Anspruchsgegner („von wem"), Anspruchsziel („was") und Anspruchsgrundlage („woraus") umrissen werden, am einfachsten in Form einer Überschrift oder eines Einleitungssatzes.

> **BEISPIEL:** „Anspruch des V gegen K auf Zahlung von 200 € aus § 433 Abs. 2 BGB" oder
> „V könnte gegen K einen Anspruch auf Zahlung von 200 € aus § 433 Abs. 2 BGB haben."

Der **Konjunktiv** wird verwendet, um deutlich zu machen, dass das Ergebnis der nun folgenden Prüfung noch offen ist.

Nun folgt die **eigentliche Prüfung** mit Subsumtion. Im Rahmen der Subsumtion ist immer zuerst das zu prüfende Tatbestandsmerkmal zu nennen. Dann muss die Information aus dem Sachverhalt aufgeführt werden, die möglicherweise das Tatbestandsmerkmal erfüllt. Sodann ist festzustellen, ob in diesem Punkt tatsächlich der Sachverhalt unter den Tatbestand fällt.

> „V und K müssten einen Kaufvertrag abgeschlossen haben. V hat an K ein Bild verkauft. Demnach haben sie einen Kaufvertrag abgeschlossen.
>
> V müsste Verkäufer sein. V verkauft. Er ist also Verkäufer.
>
> K müsste Käufer sein. K kauft von V das Bild. Folglich ist K Käufer.
>
> Der vereinbarte Kaufpreis müsste 200 € betragen. V verkauft das Bild für 200 € an K. Hieraus ergibt sich eine Vereinbarung von V und K über einen Kaufpreis in Höhe von 200 €."

Ganz so schulmäßig muss – und kann – man in der Klausur natürlich nicht jeden einzelnen Punkt prüfen. Doch zumindest die wesentlichen Probleme sollten so angegangen werden.

Am Ende steht das **Ergebnis**.

> **Ergebnis:**
> „V kann von K Zahlung von 200 € aus § 433 Abs. 2 BGB verlangen." oder
> „Demnach kann V von K Zahlung von 200 € aus § 433 Abs. 2 BGB verlangen."

Nicht immer ist die Subsumtion so einfach wie im obigen Beispiel. Bei problematischen Punkten bedarf es einer Prüfung mit – mehr oder weniger ausführlicher – **Begründung**, warum das Tatbestandsmerkmal erfüllt ist oder eben nicht.

> **BEISPIEL:** Im Text des Falles heißt es „A und B haben einen Vertrag geschlossen. ... A sagt zu B: „So ein unsinniger Vertrag. Das mache ich nicht mehr mit…"
>
> Im Rahmen der Fallbearbeitung wird hier wohl eine Anfechtung zu prüfen sein, d. h. Anfechtungsgrund und Anfechtungserklärung. Die Prüfung zur Anfechtungserklärung könnte so aussehen:
>
> „A könnte eine Anfechtungserklärung abgegeben haben, indem er zu B sagte: „So ein unsinniger Vertrag. Das mache ich nicht mehr mit." Anfechtungserklärung ist eine Willenserklärung, durch die der Anfechtende deutlich macht, dass er das Geschäft – hier den Vertrag zwischen A und B – wegen eines Willensmangels bei Vertragsabschluss nicht gelten lassen will. Fraglich ist, ob A durch seine Erklärung hinreichend deutlich macht, dass er sich auf einen Willensmangel bei Vertragsabschluss beruft. A bezeichnet den Vertrag als „unsinnig"; er wolle „das nicht mehr mitmachen". Hieraus lässt sich zwar entneh-

men, dass A den Vertrag jetzt nicht mehr gelten lassen will. Irgendein Anhaltspunkt für einen Willensmangel des A bei Vertragsabschluss lässt sich in seiner Erklärung allerdings nicht finden. Vielmehr spricht die Erklärung des A – was sich insbesondere auch aus der Wortwahl „nicht mehr" ergibt –, dafür, dass A schlicht seine Meinung über den Vertrag geändert hat. A beruft sich nicht hinreichend deutlich auf einen Willensmangel. Seine Erklärung ist keine Anfechtungserklärung."

Gelegentlich ist sogar eine **Erörterung mit Pro und Contra** angebracht!

Das Ganze soll höchst **objektiv und überzeugend** klingen. Subjektive Wendungen oder gar das Wort „ich" gehören nicht in die Klausur. Man muss sich auch klar für ein Ergebnis entscheiden.

11.1.5 Schematischer Aufbau

Zunächst sind immer die **Voraussetzungen des Anspruchs** zu prüfen.

> Das haben wir oben im Kaufvertragsbeispiel getan.

Aber das Vorliegen sämtlicher (positiver) Anspruchsvoraussetzungen genügt manchmal nicht, um den Anspruch endgültig bejahen zu können.

Oft enthält das Gesetz nämlich mögliche **Einschränkungen**, oder der Anspruchsgegner beruft sich auf **Gegenrechte** (etwa Anfechtung, Kündigung, Rücktritt, Aufrechnung, Zurückbehaltungsrecht…).

BEISPIEL: ➤ für eine Einschränkung

> Nach § 122 Abs. 1 BGB muss derjenige, der eine Willenserklärung wegen Irrtums o. ä. anficht, Schadensersatz an den Vertragspartner leisten. Eine Einschränkung ergibt sich aber aus § 122 Abs. 2: Wusste der Vertragspartner von dem Irrtum oder hätte er ihn bemerken müssen, so steht ihm kein Anspruch auf Schadensersatz zu.

Bei der Fallbearbeitung sollte man – auch wenn die Probleme offensichtlich bei den Einschränkungen oder Gegenrechten liegen – in aller Regel zunächst die positiven Anspruchsvoraussetzungen prüfen, dann erst die in Betracht kommenden Einschränkungen und schließlich die in Betracht kommenden Gegenrechte. **Einschränkungen und Gegenrechte brauchen nur behandelt zu werden, wenn sie aufgrund der Fallgestaltung ernsthaft in Frage kommen!**

Im Übrigen sei vor – bei Studenten erfahrungsgemäß beliebten – Schemata ausdrücklich gewarnt. Viele Fälle lassen sich nicht in ein vorgefertigtes Schema pressen; besser ist es, selbst logisch zu überlegen, in welcher Reihenfolge die Prüfung stattzufinden hat. Wichtig ist vor allem, die vom Gesetzestext vorgegebenen Tatbestandsmerkmale einzeln zu prüfen.

Dies vorausgeschickt, hier doch ein **Schema** als Stütze:

TAB. 10:	Grundschema für vertragliche Ansprüche

I. Entstehung des Anspruchs

    1. Vertragsschluss

        a) Vertragstyp

        b) Einigung (Angebot und Annahme, evtl. Stellvertretung)

    2. Wirksamkeit
(bedarf nur der Prüfung, falls sie zweifelhaft ist; problematisch können insbesondere sein: Geschäftsfähigkeit §§ 104 ff., Willensmängel §§ 116 ff., Form §§ 125 ff., Sittenwidrigkeit/gesetzl. Verbot §§ 134, 138, Verstoß gegen AGB-Vorschriften §§ 305 ff.)

II. Einwendungen/Einschränkungen/Gegenrechte
(nur zu prüfen, wenn der Fall hierzu Anlass gibt, insbesondere in folgenden Konstellationen: Schuldnerverzug § 323, Unmöglichkeit §§ 326, Mängel §§ 434, 437 ff., 536 ff., 633 ff., Rücktritt § 346, Zurückbehaltungsrechte §§ 273, 320)

11.2 Einzelne Fälle zur Übung

Die folgenden Fälle können übungshalber bearbeitet und dann mit der Lösungsskizze verglichen werden. Es empfiehlt sich, die Fälle entweder **parallel zum Durcharbeiten des Buches** jeweils an den angegebenen Stellen zu lösen oder sich **vor der Klausur** mit den Fällen zu beschäftigen. Wie viel Zeit man für eine Lösung (einschließlich Reinschrift) im Höchstfall benötigen sollte, ist jeweils angegeben. Zu den Fällen 1, 2, 3 und 7 ist jeweils eine Musterlösung abgedruckt, damit auch das juristische Formulieren geübt wird; für die anderen Fälle genügt hier eine Lösungsskizze.

FALL 1

(BGB Allgemeiner Teil, ca. 60 Minuten)

Gauch (G) verlangte von Bielawa (B) 40.000 €; Bielawa war allerdings der Meinung, dem Gauch nur 10.000 € zu schulden.

Mit Schreiben vom 10.1. schlug Gauch einen Vergleich vor; gezahlt werden sollten hiernach 25.000 €. Weiter heißt es in dem Schreiben: „Die Zahlung ist fällig in Höhe von 12.500 € zum 15.2. und in Höhe von 12.500 € bis zum 15.3."

Mit Schreiben vom 26.2. nahm Bielawa auf das Vergleichsangebot Bezug und erklärte sich grundsätzlich bereit, 20.000 € in zwei Raten zu zahlen.

Durch Schreiben vom 5.3. reagierte Gauch hierauf und erklärte sich einverstanden. Als Termin für die Zahlungen von zwei Raten zu 10.000 € nannte Gauch den 15.3. und den 15.4.

Hat Gauch gegen Bielawa einen Anspruch auf Zahlung von 20.000 €?

HINWEIS:

Ratenzahlungen werden üblicherweise dergestalt vereinbart, dass monatlich zu zahlen ist, und zwar erstmals entweder noch im laufenden Monat, in dem die Vereinbarung getroffen wird, oder im folgenden Monat.

Die Lösung zu diesem Fall finden Sie auf S. 177.

(BGB Allgemeiner Teil, ca. 120 Minuten)

Zahnarzt Zieher (Z) plant die Anschaffung eines Behandlungsstuhls für seine Praxis und fordert geeignete Vorschläge von Anbieterfirmen an. Die Denta Service GmbH (D) bietet ihm mit Brief vom 4. 6. einen „Behandlungsstuhl K 2.000, 4.500 € o. MwSt." an, der für die Zwecke des Z geeignet sei. Z lässt wegen Hochbetriebs in seiner Praxis die Sache einige Zeit liegen und bestellt sechs Wochen später, am 20. 7., „bezugnehmend auf Ihr Schreiben vom 4. 6." den Behandlungsstuhl. Guse (G), der Geschäftsführer der D, notiert die Bestellung im Auftragsbuch, vermerkt am Rand von Z's Brief: „Ausführen!" und legt ihn in den Briefkorb mit dem Aufkleber „Versandabteilung". Briefkörbe dieser Art werden bei D zur innerbetrieblichen Kommunikation und Unterlagenübermittlung verwendet. In diesem Fall geht Z's Brief jedoch verloren; die Versandabteilung bleibt untätig.

Z wartet zwei Monate auf den Behandlungsstuhl. Dann kauft und erhält Z kurzerhand einen gleichwertigen Stuhl zum Preis von 4.600 € inkl. Mehrwertsteuer.

G ist inzwischen auf die Nichtausführung des Auftrags Z aufmerksam geworden, entschuldigt sich schriftlich bei Z für die eingetretene Verzögerung und fügt hinzu: „Der bestellte Stuhl wird binnen einer Woche bei Ihnen angeliefert. Den vereinbarten Preis von 4.500 € zzgl. MwSt. bitten wir binnen vier Wochen nach Lieferung auf unser Konto...zu überweisen."

Z lehnt Annahme des Stuhls und Zahlung ab, er habe sich anderweitig eingedeckt. Ein Vertrag sei auch gar nicht zustande gekommen. Im Übrigen wäre ohnehin nur ein Preis von insgesamt 4.500 € in Betracht gekommen, da es im Angebot der D ausdrücklich „ohne Mehrwertsteuer" geheißen habe – dann könne D nicht auf einmal doch Mehrwertsteuer verlangen. Schon deshalb lehne er „Rechtsbeziehungen mit D strikt und endgültig ab".

Wie ist die Rechtslage?

Die Lösung zu diesem Fall finden Sie auf S. 178.

(BGB Allgemeiner Teil, ca. 120 Minuten)

Am 2. eines Monats schickt Vogel (V) in Göttingen an Kriecher (K) in Hannover ein schriftliches Angebot über die Lieferung eines Sonderpostens Ravioli-Dosen; das Angebot trifft am 4. bei K ein.

K erkundigt sich eingehend über Absatz- und Gewinnmöglichkeiten und ruft per Telefon am 18. des gleichen Monats bei V an. Er erreicht aber nur die 17-jährige Telefonistin Tina (T) und erklärt ihr, dass er das Angebot vom 2. annehme. Auf seine Frage, ob die Bestellung in Ordnung gehe, antwortet T: „Gewiss, Sie können sich darauf verlassen." Daraufhin sagt K: „Veranlassen Sie dann bitte die schriftliche Bestätigung des Abschlusses, nach deren Eingang ich die Versandanschrift mitteilen werde."

Wegen ihres unmittelbar bevorstehenden Geburtstages vergisst T das Gespräch zunächst; erst 2 Tage später verständigt sie den V vom Inhalt des Gesprächs mit K. Da V inzwischen am 19. des Monats die Konserven einem anderen Kunden angeboten und dieser auch angenommen hat, liefert er diesem am 21. die Konserven. Dem K teilt er am 22. mit, dass sich die Angelegenheit erledigt habe, da er die Konserven bereits veräußert habe.

K ist „sauer", da er die Konserven mit einem Gewinn von 5.000 € hätte weiterverkaufen können.

Kann K von V oder T diesen Betrag verlangen?

Die Lösung zu diesem Fall finden Sie auf S. 181.

FALL 4

(BGB Allgemeiner Teil, ca. 30 Minuten)

Andreas G ist Musikproduzent und regelmäßig für die Musikgruppe „Crazy Horses" tätig. Er hat von den „Crazy Horses" unter anderem eine Restauflage von 300 CDs erworben. Später gründet er eine „Andreas G Records GmbH" (AGR); die AGR ist (wie jede GmbH) rechtlich selbständig und wird gesetzlich vertreten durch Andreas G als Geschäftsführer. Andreas G übereignet die 300 CDs der AGR. Einige Wochen später ruft Andreas G bei den „Crazy Horses" an und schlägt diesen vor, ihnen die 300 CDs zum günstigen Preis von 600 € zu überlassen. Die „Crazy Horses" erklären sich damit einverstanden. Als die AGR von den „Crazy Horses" Bezahlung der 600 € verlangt, weigern sich die „Crazy Horses".

Die Lösung zu diesem Fall finden Sie auf S. 184.

(BGB Schuldrecht, ca. 120 Minuten)

Vierschrot (V) betreibt einen großen Gemüsebauernhof. Am 3. 9. geht bei ihm per Fax eine Bestellung seines Kunden Ach (A) aus Aschersleben ein: „500 Kisten à 5 kg Frischtomaten zu 10 €, Anlieferung Sitz hier bis 8. 9., keine Übernahme von Kosten und Gefahr."

Wegen eines Betriebsfestes am 4. 9. gehen die Arbeiten am 5. 9. nur schleppend voran. Die Sendung für A kann erst am Abend des 6. 9. zusammengestellt werden. Morgens am 7. 9. fährt V mit seinem LKW bei A vor, bei dessen Großmarkt die Warenannahme um diese Zeit zwar gewöhnlich geöffnet, heute aber verschlossen ist, weil die beiden Frühschichtarbeiter des A bei der Bekämpfung eines in der Nachbarschaft ausgebrochenen Brandes mitwirken. V beschließt, erst einmal einen Kaffee trinken zu gehen. Während seiner Abwesenheit wird der ordnungsgemäß gesicherte LKW gestohlen; die Ladung bleibt unauffindbar.

V fragt, ob er von A Bezahlung der 500 Kisten verlangen kann.

Ebenfalls am 3. 9. bestellt der Kunde Bull (B) aus Braunschweig von V telefonisch 1.000 5-kg-Kisten Frischtomaten zu 10,30 € pro Kiste. Es wird vereinbart, dass V die Kisten einem Frachtführer übergeben soll, der sie zum üblichen – von B zu übernehmenden – Tarif am 6. 9. bei B abzuliefern hat.

Auch die Sendung für B kann erst am Abend des 6. 9. zusammengestellt werden. Am 7. 9. morgens liefert V bei dem Transportunternehmer T einen Anhänger ab, der mit den für B bestimmten Kisten beladen ist. Der Fahrer des Unternehmens T verunglückt infolge leicht fahrlässiger Fahrweise auf dem Weg nach Braunschweig; die für B bestimmten Tomaten werden dabei alle zerquetscht.

B kann zurzeit keine andere Lieferung von Frischtomaten erhalten. Er hätte pro Kiste 10 € Gewinn gemacht, und er fragt, ob er von V Ersatz dafür verlangen kann.

Die Lösung zu diesem Fall finden Sie auf S. 185.

FALL 6

(BGB Schuldrecht, ca. 60 Minuten)

Mit Telefaxschreiben vom 18. 2. bestellte Best (B) bei Lihf (L) 4.000 m Kabel zur Auslieferung in der 12. KW (17.-23. 3.) und bat um eine Auftragsbestätigung. B hatte, was er L nicht mitteilte, gegenüber seinem Auftraggeber die Verpflichtung übernommen, die Kabel in der 12. KW zu verbauen.

L schlug daraufhin in einem Ferngespräch am 19. 2. dem B vor, ihm die bestellten Kabel in der 12. KW zu liefern, sofern er eine noch offene Forderung des L gegen B über 111.107 € begleiche. B stimmte dem zu. Mit einem Kaufpreis von 12 € pro m Kabel erklärte sich der B einverstanden.

Am 15. 3. (d. h. unmittelbar vor Beginn der 12. KW) glich B die offene Forderung über 111.107 € aus. Da der B zunächst keine Auftragsbestätigung von L erhielt, orderte er Kabel bei einem anderen Hersteller und verbaute diese in der 12. KW. L übersandte dem B eine Auftragsbestätigung vom 15. 4. und kündigte darin Auslieferung für die 17. KW an. In der 16. KW erklärte B in einem Schreiben an L, er trete vom Vertrag zurück; außerdem sei er ohnehin nicht mehr an den Vertrag gebunden, da L in Verzug geraten sei.

L möchte weiterhin die bestellten 4.000 m Kabel liefern und verlangt dafür – bisher trotz einiger Mahnungen vergeblich – von B Zahlung von 48.000 €. Mit Recht?

HINWEIS:

Die Voraussetzungen des § 323 Abs. 2 Nr. 2 BGB sind dann erfüllt, wenn (nach der zwischen beiden Parteien getroffenen Vereinbarung) mit der Einhaltung der Leistungszeit das Geschäft „stehen oder fallen" soll.

Die Lösung zu diesem Fall finden Sie auf S. 187.

FALL 7

(BGB Schuldrecht, ca. 75 Minuten)

Der Kleinunternehmer Kalli (K) nutzte zunächst im Rahmen eines Leasingvertrages mit einer Autoleasing-Bank seit vier Jahren einen Opel Astra. Der Autohändler Tusch (T), über den die Bank den Wagen angeschafft hatte, erwarb später das Fahrzeug von der Bank.

In einem Ferngespräch vom 3.8. vereinbarten K und T den Verkauf des Opel Astra an K zum Preis von 6.000 €. T hatte den Wagen selbst nicht zu Gesicht bekommen und sich darauf verlassen, dass K ihm am Telefon sagte, das Auto sei in einem Top-Zustand.

K zahlte den Kaufpreis.

Am 14.8. fiel das Fahrzeug wegen Motorschadens komplett aus. Ursache des Motorschadens ist ein geschmolzener Kolbenboden. Es ist ausgeschlossen, dass der Kolbenboden innerhalb weniger Kilometer schmilzt. Das Schmelzen des Kolbenbodens wurde dadurch begünstigt, dass K während der Leasingzeit den Wagen nicht hinreichend gewartet hatte und der Ölstand beständig zu gering war.

K erbittet von T die Reparatur des Wagens, was T verweigert.

Daraufhin erklärt K Rücktritt vom Kaufvertrag und verlangt nun von T, den Kaufpreis zurückzuzahlen und den PKW zurückzunehmen.

T lehnt dies ab. T meint, es liege ein stillschweigender Gewährleistungsausschluss vor. Er ist außerdem der Auffassung, K habe den Mangel grob fahrlässig übersehen. Hierzu verweist er darauf, dass der hier gegebene Defekt sich durch Klappern des Motors und andere Symptome längere Zeit vorher ankündigt. Auch lasse sich ein zu geringer Ölstand beim Blick auf die Ölstandsanzeige im Armaturenbrett jederzeit überprüfen. Im Übrigen meint T, seine Haftung sei auch deshalb ausgeschlossen, weil K das geleaste Fahrzeug nicht ordnungsgemäß gewartet habe.

K meint, T befinde sich im Annahmeverzug mit der Rücknahme des Wagens, und verlangt von T Rückzahlung der 6.000 €. Hat K Recht?

Die Lösung zu diesem Fall finden Sie auf S. 189.

FALL 8

(BGB Allgemeiner Teil/Schuldrecht, ca. 60 Minuten)

Die Teufel-AG (T), ein großes Unternehmen, hatte die Paradies-GmbH (P), deren Geschäftsführer Engel (E) war und ist, mit Waren beliefert. Angesichts eines Zahlungsrückstandes von über 300.000 € verlangte die Teufel-AG vor weiterer Belieferung die Abgabe eines Schuldanerkenntnisses. Eine Mitarbeiterin der Teufel-AG und Engel handelten daraufhin den Text eines Schuldanerkenntnisses aus. Am 20.6. unterzeichnete Engel auf einem Blatt, in dem sein Name und seine Privatanschrift handschriftlich vermerkt sind, ohne Vertretungszusatz ein Schuldanerkenntnis, das der vertretungsberechtigte Prokurist der Teufel-AG am 13.7. gegenzeichnete.

Kann die Teufel-AG aus dem Schuldanerkenntnis Zahlung von der Paradies-GmbH, von Engel, von beiden oder von keinem von beiden verlangen?

HINWEIS:

Der Geschäftsführer einer GmbH ist nach § 35 Abs. 1 GmbH-Gesetz zur Vertretung der GmbH berechtigt; Vorschriften aus dem HGB, GmbH-Gesetz oder Aktiengesetz spielen im Übrigen keine Rolle.

Die Lösung zu diesem Fall finden Sie auf S. 191.

169

FALL 9

(BGB Sachenrecht/Schuldrecht, ca. 60 Minuten)

Frech (F) ist als freier Mitarbeiter im Steuerberatungsbüro der Schick (S) tätig gewesen. Nach Beendigung der Zusammenarbeit im Oktober ließ F in den Kanzleiräumen der S unter anderem einen Holz-Schreibtisch im Wert von 2.000 € zurück; den Wert des Tisches sah man diesem allerdings nicht an. Mit Schreiben vom 18. 5. des folgenden Jahres forderte F die S zur Herausgabe des Tisches auf. Mit Datum 21. 5. versuchte S den von ihr gewählten Abholtermin 31. 5. dem F mitzuteilen; das an die neue Büroanschrift des F gesendete Einschreiben mit Rückschein kam am 7. 6. mit dem Vermerk „nicht abgeholt" zu S zurück. Daraufhin forderte die S sofort mit einem neuen Brief, den sie F persönlich übergeben ließ, die Abholung des Tisches.

Zwischenzeitlich, am 1. 6., hatte S den Tisch in den Keller des Gebäudes gebracht, in welchem sich die Kanzleiräume der S befinden. Der Keller ist ein großer, abschließbarer, für die Mieter des Gebäudes zugänglicher Raum, mit kleinen für die Mietparteien eingerichteten Kellerverschlägen. Der Tisch wurde vor dem mit einem Schloss versehenen Kellerverschlag der S abgestellt, die Schubladen aus dem Tisch entfernt und in dem kanzleieigenen Kellerverschlag gelagert. Am 24. 6. wurde der Tisch durch Unbekannte entwendet.

F verlangt 2.000 € Schadensersatz.

Die Lösung zu diesem Fall finden Sie auf S. 193.

FALL 10

(Handelsrecht, ca. 20 Minuten)

Kühn ist als Einzelkaufmann unter der Firma „Kühn" tätig. Da er nach Paraguay auswandern möchte, einigt er sich mit Lahm, dass dieser das Unternehmen übernimmt. Weitere Vereinbarungen werden nicht getroffen, da Kühn das nächste Flugzeug nehmen will. Lahm betreibt das Unternehmen weiter unter der Firma „Kühn".

Lahm stellt anhand der Unterlagen der Fa. Kühn fest, dass es noch eine Forderung gegen Groß in Höhe von 12.000 € und eine Verbindlichkeit gegenüber Klein in Höhe von 6.000 € gibt.

a) Kann Lahm die Forderung geltend machen?

b) Muss er die Verbindlichkeit begleichen?

HINWEIS:

Die Forderungen beruhen jeweils auf Verträgen.

Die Lösung zu diesem Fall finden Sie auf S. 194.

FALL 11

(Handelsrecht, ca. 60 Minuten)

Der Erzhändler Einmahl (E) bestellt seinen Angestellten Pilz (P) zum Prokuristen. E überlässt es seiner Sekretärin, die entsprechende Anmeldung zum Handelsregister vorzunehmen. Die Sekretärin verhört sich und meldet nicht den P, sondern einen anderen Angestellten namens Milz (M) als Prokuristen zum Handelsregister an; dessen Bestellung zum Prokuristen wird ins Handelsregister eingetragen und bekannt gemacht. Da E mit der Arbeit des P unzufrieden ist, widerruft er die Prokura; dieser Widerruf wird dem Registergericht nicht mitgeteilt. P hat nun keine Lust mehr, für E zu arbeiten; er kauft namens des E bei Fromme (F), der den Kaufpreis (70.000 €) stundet, ein Flugzeug und setzt sich damit auf eine ferne Insel ab. Der verschuldete M nimmt bei der Bayrischen Bank (B) namens des E ein Darlehen in Höhe von 5.000 € auf und finanziert von dem Geld die Party zu seinem 30sten Geburtstag.

Können F und B von E Zahlung verlangen?

Die Lösung zu diesem Fall finden Sie auf S. 195.

(Handelsrecht, ca. 60 Minuten)

Die BGL Verwaltungs- und Geschäftsführungs GmbH (BGL-V GmbH) ist persönlich haftende Gesellschafterin der im Handelsregister eingetragenen BGL Garten- und Landschaftsbau GmbH & Co. KG (BGL-G GmbH & Co. KG).

Am 30. 10. wurde mit notariell beurkundetem Gesellschaftsvertrag die BGL Haustechnik GmbH & Co. KG (BGL-H GmbH & Co. KG) gegründet, deren persönlich haftende Gesellschafterin ebenfalls die BGL-V GmbH ist. Die BGL-H GmbH & Co. KG ist allerdings nie zur Eintragung ins Handelsregister gelangt.

Am 14. 6. des folgenden Jahres bestellt die BGL-V GmbH „für die BGL GmbH & Co. KG" Schläuche im Wert von 2.500 € beim Kaufmann Schlüchter (S). Die Schläuche werden am 21. 6. an die gemeinsame Anschrift der BGL-V GmbH, BGL-G GmbH & Co. KG und BGL-H GmbH & Co. KG geliefert. Sie enthalten feine Risse, die mit bloßem Auge gerade noch erkennbar sind und die Schläuche praktisch unbrauchbar machen.

S verlangt nun Zahlung der 2.500 € von der BGL-G GmbH & Co. KG. Diese weigert sich zu zahlen, da sie nicht Vertragspartner sei. Für den Fall, dass sie doch zahlen muss, beruft sie sich auf den mangelhaften Zustand der Schläuche und verlangt Lieferung mangelfreier Schläuche.

Bearbeitervermerk: Persönlich haftende Gesellschafter einer KG sind nach §§ 161 II, 125 I HGB zur Vertretung der KG berechtigt. Sollten Sie zu dem Ergebnis kommen, dass kein Kaufvertrag besteht, so prüfen Sie bitte gleichwohl, ob – wenn ein Kaufvertrag bestünde – das Begehren, mangelfreie Schläuche zu erhalten, berechtigt ist.

Die Lösung zu diesem Fall finden Sie auf S. 197.

(Handels- und Gesellschaftsrecht, ca. 60 Minuten)

Beelig (B) war bis zum 31. 12. Alleininhaber des „Beelig Bürocenter", in dem er Bürobedarf für Privatleute und Kleinunternehmer verkaufte. Aufgrund des am 5. 10. mit Büromaschinenhersteller Klein (K) abgeschlossenen Kaufvertrags hatte B für 1.800 € ein Bürogerät geliefert bekommen, das er weiterverkaufen wollte.

Zum 1. 1. stieg Aamann (A) in das gut laufende Geschäft des B mit ein. Auf den Briefköpfen stand von da an „Beelig Bürocenter – Beelig und Aamann, Gesellschaft bürgerlichen Rechts". B schloss am 15. 2. einen weiteren Kaufvertrag – über 2.300 € – mit K, d. h. er bestellte (unter Verwendung des Briefkopfs „Beelig Bürocenter – Beelig und Aamann, Gesellschaft bürgerlichen Rechts") eine weitere Büromaschine. A wusste davon nichts, und B notierte dieses Geschäft auch nicht in den Geschäftsunterlagen des „Beelig Bürocenter".

A und B einigten sich später, dass A ab dem 1. 7. das Geschäft allein betreiben sollte. Sie vereinbarten, dass B für offenstehende Forderungen von Gläubigern nicht haften sollte. Wie vereinbart betrieb A das Geschäft vom 1. 7. an allein weiter und benutzte nun den Briefkopf „Beelig Bürocenter, Inhaber Aamann".

K will nun gegen A oder gegen B Klage erheben, weil beide sich weigern, die offenen Kaufpreisrechnungen über 1.800 € und 2.300 € zu bezahlen.

Wie ist die Rechtslage?

Die Lösung zu diesem Fall finden Sie auf S. 198.

FALL 14

(Handels- und Gesellschaftsrecht, ca. 75 Minuten)

Rinde (R) und Gras (G) gründen mit notariellem Vertrag die „Reformhaus-GmbH". Sie bestellen Schleicher (S) ordnungsgemäß zum Geschäftsführer. Die Eintragung der GmbH ins Handelsregister verzögert sich wegen Meinungsverschiedenheiten. R und G beschließen, als die beiden sich spontan treffen, die Abberufung des S; stattdessen bestellen sie Quelle (Q) zum Geschäftsführer. S ist empört, hält den Beschluss für rechtswidrig und will sich das nicht gefallen lassen. Er erzählt dem Otto (O) – einem Kaufmann – von der Begebenheit; O findet die Argumente des S überzeugend. Daraufhin schließen S (im Namen der GmbH) und O zunächst mündlich einen Mietvertrag, nach dem O der „Reformhaus-GmbH" seine „Villa Kunterbunt" als Geschäftssitz vermietet. Vereinbart wird ein Mietpreis von 5.000 € monatlich zuzüglich verbrauchsabhängiger Nebenkosten; bei einem Gebäude dieser Größenordnung sind 600 € - 800 € Nebenkosten normal. Zwei Tage später sendet die GmbH dem O ein Schreiben vom 6.6. zu, in dem sie ihm den Abschluss des Mietvertrages bestätigt und zahlreiche Einzelheiten aufführt; unter anderem sollen danach die Nebenkosten nicht verbrauchsabhängig abgerechnet werden, sondern die „Reformhaus-GmbH" soll hierfür 600 € monatlich als Pauschale zahlen. Unterzeichnet ist das Schreiben von Q als Geschäftsführer. O liest das lange Schreiben zunächst nur flüchtig und reagiert nicht.

Vier Wochen später liest sich O das Schreiben genauer durch. O möchte nun wissen, ob er von der „Reformhaus-GmbH", die inzwischen im Handelsregister eingetragen ist, Zahlung von 5.000 € Monatsmiete verlangen und die Nebenkosten (statt sich mit 600 € pro Monat zu begnügen) verbrauchsabhängig abrechnen darf.

Die Lösung zu diesem Fall finden Sie auf S. 200.

11.3 Lösungen/Lösungsskizzen

HINWEIS:

Die ausgearbeiteten Lösungen der Fälle 1, 2, 3 und 7 sind klausurmäßige Lösungen. Das heißt: Wenn Sie in Ihren Rechts-Klausuren die Fälle annähernd so lösen, haben Sie die Anforderungen voll erfüllt (oder, je nach Korrektor, möglicherweise sogar schon leicht übererfüllt). Mehr kann in einer Klausur nicht verlangt werden. Ob Sie dabei – wie in der Lösung Fall 1 und 2 – in durchgängigem Text schreiben oder – wie in der Lösung Fall 3 und 7 – mit Gliederung arbeiten, ist Geschmackssache. Den Anforderungen in einer juristischen Hausarbeit genügen die hier formulierten Lösungen natürlich nicht!

Auch diejenigen Fälle, für die jeweils nur eine Lösungsskizze abgedruckt ist, sollten Sie möglichst in ausgeschriebener Form lösen.

FALL 1

Klausurmäßige Lösung:

Besteht ein Anspruch des G gegen B auf Zahlung von 20.000 € aus Vergleich, § 779 BGB?

G und B müssten einen Vergleichsvertrag geschlossen haben, nach dem B an G 20.000 € zahlen soll.

Es müsste ein Angebot zum Abschluss eines Vergleiches, nach dem B an G 20.000 € zahlen soll, vorliegen.

In Betracht kommt zunächst das Schreiben des G vom 10. 1. Hierin bietet G dem B einen Vergleich auf Basis von 25.000 € an. Ein Angebot ist gegeben; dass es 20.000 € übersteigt, schadet nicht, denn auch ein Vergleich über 25.000 € würde G ja berechtigen, zumindest 20.000 € aus Vergleich zu verlangen.

B müsste dieses Angebot angenommen haben. In Frage käme als Annahmeerklärung sein Schreiben vom 26. 2. Hierin stimmt er jedoch dem Vorschlag nicht zu, sondern erklärt sich nur zur Zahlung von 20.000 € bereit. Dies ist nach § 150 II BGB keine Annahme, sondern ein neues Angebot.

G müsste das Angebot des B vom 26. 2. angenommen haben. Er könnte mit seinem Schreiben vom 5. 3. die Annahme erklärt haben. G erklärt sich einverstanden und nennt konkrete Ratenhöhen und -zahlungstermine. Da diese konkreten Angaben im Schreiben des B vom 26. 2. nicht ausdrücklich enthalten waren, ist fraglich, ob Angebot und Annahme übereinstimmen oder wiederum ein neues Angebot nach § 150 II BGB gegeben ist. Dazu muss geklärt werden, ob sich bereits dem Schreiben des B vom 26. 2. die Ratenhöhe von 10.000 € und die Zahlungstermine 15. 3. und 15. 4. entnehmen lassen. Das Angebot vom 26. 2. ist nach Maßgabe der §§ 133, 157 BGB vom Empfängerhorizont auszulegen. Hierbei ergibt sich zunächst, dass eine Ratenhöhe von 10.000 € gemeint war. Mangels sonstiger Bestimmung werden im Rechtsverkehr Raten nämlich regelmäßig in gleicher Höhe vereinbart, d. h. bei insgesamt 20.000 € zweimal 10.000 €. Zudem ist für die Auslegung das Schreiben des G vom 10. 1. zu berücksichtigen, auf das B in seinem Schreiben vom 26. 2. ausdrücklich Bezug nimmt: Auch hier waren zwei gleich hohe Raten vorgesehen. Ebenso ergibt die Auslegung des Schreibens vom 26. 2. auch, dass hierin die dann von G angegebenen Zahlungstermine 15. 3. und 15. 4. bereits enthalten waren. Denn die Vereinbarung von Ratenzahlungen wird üblicherweise dergestalt vorgenommen, dass monatlich zu zahlen ist, und zwar erstmals entweder noch im laufenden Monat, in dem die Vereinbarung getroffen wird, oder im folgenden Monat. In dem Schreiben vom 10. 1. war als erster Zahlungstermin der 15. des Folgemonats vorgesehen; entsprechend ist auch das Schreiben vom 26. 2. zu verstehen. Angebot vom 26. 2. und Annahmeerklärung vom 5. 3. stimmen also überein.

Ergebnis: G hat gegen B einen Anspruch auf Zahlung von 20.000 € aus Vergleich, § 779.

Klausurmäßige Lösung:

Anspruch der D gegen Z auf Zahlung von 4.500 € zzgl. MwSt. aus Kaufvertrag gemäß § 433 II BGB

D müsste mit Z einen Kaufvertrag geschlossen haben.

Es müssten übereinstimmend auf den Abschluss eines Kaufvertrags gerichtete Willenserklärungen – Angebot und Annahme – von D und Z vorliegen.

Ein Angebot des Z könnte in dem Anfordern geeigneter Vorschläge zu sehen sein. Ein Angebot setzt voraus, dass alle wesentlichen Bestandteile des Vertragsinhalts hierin enthalten sind und Rechtsbindungswille des Erklärenden vorliegt. Die Anforderung durch Z enthält weder eine Preisangabe, die für einen Kaufvertrag wesentlich ist, noch will Z sich bereits rechtlich binden. Indem er geeignete Vorschläge bei Anbieterfirmen anfordert, gibt Z noch kein Angebot ab.

Das Schreiben der D vom 4. 6. könnte ein Angebot sein. Dies wäre der Fall, wenn alle wesentlichen Bestandteile des Vertragsinhalts hierin enthalten sind und Rechtsbindungswille des Erklärenden vorliegt. D beschreibt in dem Brief Kaufsache („Behandlungsstuhl K 2.000") und Kaufpreis („4.500 € o. MwSt."), nennt also die entscheidenden Bestandteile eines Kaufvertrages. D schreibt auch an Z persönlich und bietet ihm den Stuhl an; hiermit lässt D Rechtsbindungswillen erkennen. Folglich ist das Schreiben der D vom 4. 6. ein Angebot.

Z könnte dieses Angebot durch seinen Brief vom 20. 7. angenommen haben. Indem er den Behandlungsstuhl „bezugnehmend auf Ihr Schreiben vom 4. 6." bestellte, erklärte er die Annahme des Angebots vom 4. 6. Fraglich ist, ob die Erklärung des Z inhaltlich mit der Erklärung der D übereinstimmt oder aber – im Hinblick auf unterschiedliche Vorstellungen beider Seiten zur Mehrwertsteuer – Dissens vorliegt. Dazu muss zunächst geklärt werden, wie die Erklärung der D „4.500 € o. MwSt." zu verstehen ist. Der Wortlaut lässt sowohl die Deutung zu, es seien 4.500 € netto gemeint, zu denen noch Mehrwertsteuer hinzukommt, als auch die gegenteilige Auslegung, dass hier ein Verkauf zu insgesamt 4.500 € unter Weglassung von Mehrwertsteuer stattfinden soll. Allerdings sind bei Auslegung nach §§ 133, 157 BGB neben dem Wortlaut auch der Sinn der Willenserklärung sowie die Verkehrssitte zu berücksichtigen. In aller Regel wird bei Verkäufen an Endverbraucher Mehrwertsteuer berechnet, was ja auch vom Steuerrecht so vorgesehen ist. Ein objektiver Empfänger des Angebots der D konnte dementsprechend das Angebot nur so verstehen, dass zum Preis von 4.500 € netto noch Mehrwertsteuer hinzukommen sollte. Weiter ist zu prüfen, ob die Erklärung des Z vom 20. 7. inhaltlich hiermit übereinstimmt. Auch insoweit ist auf den Empfängerhorizont abzustellen. Ein objektiver Empfänger des Schreibens vom 20. 7. konnte und durfte dieses nicht anders als im Sinne einer uneingeschränkten Zustimmung zum Angebot vom 4. 6. verstehen. Auch Z hat sich somit mit dem Kaufpreis von 4.500 € zzgl. MwSt. einverstanden erklärt. Dass er nicht dies, sondern etwas anderes erklären wollte, nämlich 4.500 € insgesamt, ist für die Auslegung seiner Annahmeerklärung nicht entscheidend. Angebot und Annahme stimmen also inhaltlich überein.

Die Annahmeerklärung des Z könnte jedoch wegen Überschreitung der Annahmefrist nach § 147 II BGB unwirksam sein. Zwischen dem Angebot vom 4. 6. und der Annahme vom 20. 7. liegen sechs Wochen. I. d. R. erwartet bei unkomplizierten Kaufgeschäften der Anbieter binnen kürzerer Zeit als sechs Wochen eine Antwort. Der Umstand, dass Z Zahnarzt ist und sich dementsprechend nicht vorrangig mit Käufen beschäftigt, führt nicht zu einer Verlängerung der üblichen Frist auf sechs Wochen oder gar mehr. Auch ein Zahnarzt, der seinen Schriftverkehr nur bei Gelegenheit am Wochenende erledigt, benötigt normalerweise nicht derart lange für eine Antwort. Durch die Annahmeerklärung des Z vom 20. 7. ist dementsprechend das Angebot vom 4. 6. nicht wirksam angenommen worden.

Allerdings ist die verspätete Annahmeerklärung des Z vom 20. 7. gemäß § 150 I BGB ein neues Angebot.

D müsste dieses Angebot angenommen haben.

Eine Annahme durch D könnte im Verhalten des Geschäftsführers G zu sehen sein, der die Bestellung im Auftragsbuch notiert, am Rand von Z's Brief „ausführen!" notiert und ihn zur Versandabteilung gibt. Durch dieses Handeln gibt G nach außen sichtbar zu erkennen, dass er den von Z vorgeschlagenen Vertrag verwirklicht sehen möchte. Er erklärt somit die Annahme.

Ein Problem liegt jedoch im fehlenden Zugang dieser Erklärung bei Z. Der Zugang der Annahmeerklärung könnte hier nach § 151 Satz 1 BGB verzichtbar sein. Z müsste auf den Zugang der Annahmeerklärung verzichtet haben – das ist zu verneinen –, oder der Zugang müsste nach der Verkehrssitte nicht zu erwarten gewesen sein. Zu berücksichtigen ist hier, dass ein Kunde, der – wie hier Z mit seinem Schreiben vom 20. 7. – auf ein konkretes Angebot reagiert, gemeinhin damit rechnet, der Vertragserfüllung stünde nun nichts mehr im Wege. Nach der Verkehrssitte hätte Z, wenn nun D den Stuhl nicht mehr liefern wollte, eine entsprechende Mitteilung von D erwarten können. Angesichts dieser Umstände war eine Z zugehende Annahmeerklärung nicht unbedingt zu erwarten. Die Annahmeerklärung der D musste somit nach § 151 Satz 1 BGB dem Z nicht zugehen.

Zwischen Z und D ist mithin ein Kaufvertrag geschlossen worden.

Zwischenergebnis:

D hat gegen Z einen Anspruch auf Zahlung von 4.500 € zzgl. MwSt. aus Kaufvertrag.

Der Anspruch der D auf Kaufpreiszahlung könnte allerdings nach § 142 I BGB wegen wirksamer Anfechtung des Kaufvertrages durch Z entfallen sein. Eine Anfechtung könnte in der Erklärung des Z zu sehen sein, er lehne „Rechtsbeziehungen mit D strikt und endgültig ab", und D könne keine Mehrwertsteuer verlangen, da es im Angebot „ohne Mehrwertsteuer" geheißen habe.

Z müsste einen Anfechtungsgrund haben. In Betracht kommt hier ein Inhaltsirrtum nach § 119 I 1. Alt., der darin bestehen könnte, dass Z von 4.500 € insgesamt ausgegangen ist. Z hat sich, indem er seinem Schreiben vom 20. 7. den Inhalt beimaß, der Kaufpreis solle 4.500 € betragen, und Mehrwertsteuer solle nicht hinzukommen, über die Bedeutung seiner Erklärung geirrt. Denn objektiv erklärte er – wie oben gesehen – „4.500 € zzgl. MwSt.". Ein Anfechtungsgrund liegt demnach vor.

Z müsste außerdem eine Anfechtungserklärung abgegeben haben. Indem Z sagt, er lehne „Rechtsbeziehungen mit D strikt und endgültig ab", und D könne keine Mehrwertsteuer verlangen, da es im Angebot „ohne Mehrwertsteuer" geheißen habe, macht Z deutlich: Er beruft sich auf seinen Irrtum und will die Wirkung des Kaufvertrags nicht eintreten lassen. Hiermit erklärt er die Anfechtung.

Die Anfechtung erfolgt auch, wie von § 121 I BGB verlangt, unverzüglich.

Z hat somit wirksam angefochten.

Ergebnis:

D hat gegen Z keinen Anspruch auf Zahlung von 4.500 € aus Kaufvertrag gemäß § 433 II BGB.

Klausurmäßige Lösung:

A. Anspruch des K gegen V

I. K könnte gegen V nach §§ 280 I, 283, 433 I BGB einen Anspruch auf Schadensersatz statt der Leistung wegen Nichterfüllung eines Kaufvertrages haben.

K und V müssten einen wirksamen Kaufvertrag geschlossen haben, nach dem V gemäß § 433 I BGB zur Lieferung und Übereignung der Dosen verpflichtet wäre.

Für das Zustandekommen eines solchen Vertrags sind zwei inhaltlich übereinstimmende, mit Bezug aufeinander abgegebene Willenserklärungen des V und des K erforderlich.

1. Das Schreiben des V vom 2. des Monats könnte ein bindendes Angebot i. S. d. § 145 BGB sein, wenn es hinreichend bestimmt ist und eine Annahme durch K ermöglicht. V hat den Kaufgegenstand bezeichnet und wohl auch den Preis. K wäre die Annahme durch einfache Einverständniserklärung möglich gewesen. Es liegt also ein bindendes Angebot vor.

2. K müsste dieses Angebot angenommen haben.

a) Die Annahme des K könnte in seinem Anruf vom 18. liegen.

K ruft in der Firma des V an, d. h. er erklärt dem abwesenden V seine Annahme.

b) Fraglich ist, ob diese Annahmeerklärung auch gemäß § 130 I BGB zugegangen ist, denn K hat nur mit T gesprochen.

Wäre T Empfangsvertreterin i. S. d. § 164 BGB, würde die Wirkung der Erklärung sofort eintreten, da sie dann nach § 164 I BGB für und gegen V wirkte; es kommt gemäß § 166 I BGB nur auf die Kenntnis des Vertreters an.

Bei einer Botenstellung der T wäre der Zugang der Willenserklärung des K erst mit der tatsächlichen Übermittlung an V erfolgt.

T hat von V die Stellung der Telefonistin zugewiesen bekommen mit der Wirkung, dass sie auch Außenkontakte hat, d. h. sie könnte ggf. mehr tun, als nur Gespräche weiterzuleiten. V hat sie somit mit mehr Befugnissen ausgestattet, als ein Bote normalerweise hat, zumal er damit rechnen musste, dass sie im Fall seiner Abwesenheit Gespräche mit den Kunden führt. Außerdem ergibt sich für die Kunden kein Anhaltspunkt, dass T nicht Vertreterin sein soll. T ist demnach Empfangsvertreterin.

Die Stellvertretung durch T scheitert auch nicht daran, dass T erst 17 ist, da gemäß § 165 BGB auch beschränkt Geschäftsfähige Vertreter sein können.

Die Annahmeerklärung des K ist V somit am 18. zugegangen.

c) Fraglich ist weiter, ob diese Annahme noch rechtzeitig erfolgt ist, oder ob das Angebot des V bereits gemäß § 146 BGB erloschen war.

Rechtzeitig ist die Annahme gemäß § 147 II BGB bei Abwesenden, wenn sie unter regelmäßigen Umständen noch zu erwarten ist.

Regelmäßig ist bei einem schriftlichen Angebot eine Frist, die entsprechend üblicher Postlaufzeiten von ca. ein bis zwei Tagen zum Zugang des Angebots, zum Überlegen (Bedenkzeit) und zum Zugang der Annahme ausreicht. Im allgemeinen Geschäftsverkehr unter Händlern kann man von einer Bedenkzeit von einer Woche ausgehen. Die sich hieraus ergebende Zeitspanne war am 18. abgelaufen.

Die Annahme am 18. ist somit zu spät erfolgt.

Das Angebot war bereits erloschen.

3. Die verspätete Annahme könnte nach § 150 I BGB ein neues Angebot sein.

K bezieht sich auf das Angebot des V vom 2., womit alle wesentlichen Vertragsbestandteile in der Erklärung des K enthalten sind. V könnte also annehmen. Es liegt mithin ein neues Angebot durch K vor.

4. Fraglich ist, ob V dieses Angebot wirksam angenommen hat.

T hat erklärt, K könne sich auf die Lieferung verlassen. Das ist inhaltlich eine Annahmeerklärung.

Diese müsste für und gegen V wirken.

T müsste die Erklärung im Namen des V abgegeben haben. Dass die T nicht für sich selbst, sondern für V gesprochen hat, geht aus ihrer Stellung hervor. Sie handelte also im Namen des V.

T müsste von V entsprechend bevollmächtigt gewesen sein. T ist zwar als Empfangsvertreterin befugt, Telefongespräche zu führen, aber es fragt sich, ob sie auch Vollmacht hatte, die Annahme von Vertragsangeboten zu erklären. Üblicherweise hat eine Telefonistin keine so weitreichenden Befugnisse. Diese wird V ihr auch nicht übertragen haben, zumal sie noch recht jung ist. T handelte demnach ohne Vertretungsmacht.

Die Erklärung der T wirkt nicht für und gegen V.

Die Annahmeerklärung der T wäre allerdings gemäß § 177 I BGB wirksam, wenn V den Vertrag nachträglich genehmigt hätte. Eine solche Genehmigung hätte konkludent durch Lieferung erfolgen können. V hat die Dosen nicht dem K, sondern dem anderen Kunden geliefert. Damit macht er deutlich, dass er nicht mehr am Geschäft mit K interessiert ist und nicht genehmigen will. Eine Genehmigung liegt mithin nicht vor.

Im Ergebnis liegt keine Annahme des Angebots des K durch V vor.

Es ist kein Kaufvertrag über die Dosen zustande gekommen.

K hat keinen Anspruch auf Schadensersatz gem. §§ 280, 283 BGB, da die vertragliche Grundlage fehlt.

II. K könnte gegen V einen Anspruch auf Schadensersatz aus culpa in contrahendo (c.i.c.) gemäß §§ 280 I, 282, 311 II BGB haben.

(Anmerkung: Den möglichen Anspruch aus c.i.c., der hier kein zentrales Problem darstellt, können Sie natürlich nur erkennen, wenn Sie sich bereits mit dem Schuldrecht beschäftigt haben. Haben Sie den Fall dagegen, wie vorgeschlagen, unmittelbar im Anschluss an das Kapitel über die Stellvertretung gelöst, brauchen Sie c.i.c. jetzt nicht zu prüfen.)

V müsste Vertragsverhandlungen mit K angebahnt haben. Das ist hier der Fall.

K müsste ein Schaden entstanden sein. K hätte die Dosen mit einem Gewinn von 5.000 € weiterverkaufen können. Diesen Gewinn kann er nun nicht machen. Ein Schaden des K in Höhe von 5.000 € ist also zu bejahen.

V müsste eine vorvertragliche Pflicht nach § 241 II BGB verletzt haben.

Eine derartige Pflicht könnte hier darin bestanden haben, dass V auf eine Antwort des K hätte warten müssen. Es kann aber nicht von V verlangt werden, bei Lebensmitteln länger auf eine Antwort des K zu warten. Eine Pflichtverletzung scheidet demnach aus.

Ein Anspruch aus c.i.c. besteht also nicht.

Ergebnis:

K hat keinen Anspruch auf Zahlung der 5.000 € gegen V.

B. Anspruch des K gegen T

1. K könnte gegen T einen Anspruch auf Schadensersatz gemäß § 179 I BGB haben, da T ohne Vertretungsmacht handelte.

T hat mit K als Vertreterin des V den Vertrag schließen wollen.

Vertretungsmacht hatte die T nicht.

V hat auch keine Genehmigung erteilt.

Die Voraussetzungen des § 179 I BGB sind damit erfüllt.

2. Möglicherweise steht diesem Anspruch aber § 179 III 1. Alt. entgegen, wonach der Anspruch wegfällt, wenn K den Mangel an Vertretungsmacht kannte oder kennen musste.

K wusste zwar nicht ausdrücklich, dass T keine Vertretungsmacht hatte, er konnte dies aber vermuten.

Es ist in Betrieben üblich, Telefonistinnen einzustellen und den Telefonbereich über sie abzuwickeln. Die Kunden sollen sich zwar darauf verlassen können, dass evtl. Mitteilungen von der Telefonistin übermittelt werden, aber sie können üblicherweise nicht davon ausgehen, dass die Telefonistin Vertretungsmacht hat.

Die Anweisung des K, die T solle die schriftliche Bestätigung veranlassen, führt daher zu weit. K hätte sich nicht darauf verlassen dürfen, dass T allein als Gesprächspartner ausreicht. Er hätte sich zumindest hinsichtlich ihrer Befugnis vergewissern müssen.

K hat also im Ergebnis seine eigene Fahrlässigkeit zu vertreten, zumal er in Anbetracht seiner späten Antwort besser nicht noch auf die Übermittlung durch die T vertrauen durfte.

3. Außerdem könnte § 179 III 2 entgegenstehen, da T noch nicht 18 Jahre alt ist. Sie soll davor geschützt werden, evtl. haften zu müssen, weil sie für V Erklärungen abgibt. Von einer Zustimmung ihrer gesetzlichen Vertreter oder einer nachträglichen Genehmigung ihrerseits nach dem 18. Geburtstag ist hier nicht die Rede.

T haftet dem K also nicht.

FALL 4

Lösungsskizze:

Anspruch der AGR gegen die „Crazy Horses" (CH) auf Zahlung von 600 € aus § 433 II BGB

1. Wirksamer Kaufvertrag?

   a) Angebot (+), Anruf des Andreas G

   b) Annahme (+), CH erklären sich einverstanden

Zwischenergebnis:

Wirksamer Kaufvertrag (+)

2. Wirksame Stellvertretung des Andreas G für AGR, § 164 I BGB

   a) eigene Willenserklärung des Andreas G (+), er macht aus eigenem Antrieb den konkreten Vorschlag und hat nach außen hin Spielraum

   b) Vertretungsmacht (+), Andreas G vertritt als Geschäftsführer die AGR

   c) Auftreten im Namen des Vertretenen (-), Andreas G hat nicht ausdrücklich erklärt, dass er für die AGR auftritt; dies ergibt sich auch nicht gem. § 164 I 2 aus den Umständen, da die CH ihn persönlich als Musikproduzenten kennen und aus dem Sachverhalt nicht etwa hervorgeht, dass Andreas G nur noch für die AGR handelt und dies den CH bekannt ist.

Zwischenergebnis:

Andreas G hat die AGR nicht wirksam vertreten.

Ergebnis:

Die AGR hat keinen Anspruch gegen die CH auf Zahlung von 600 €.

HINWEIS:

Falls die CH die CDs bereits erhalten haben sollten, müssten sie sie möglicherweise zurückgeben; danach ist aber in dem Fall nicht gefragt – also nicht prüfen –, und das wirkt sich auch nicht auf das Bestehen eines Kaufpreisanspruchs aus.

FALL 5

Lösungsskizze:

I. Anspruch des V gegen A auf Bezahlung der 500 Kisten (5.000 €) aus § 433 II BGB

1. Wirksamer Kaufvertrag?

   a) Angebot (+), Telegramm des A

   b) Annahme (+), Verladen der Ware als schlüssige Handlung

Zugang der Annahmeerklärung nach § 151 BGB nicht erforderlich, da nach der Verkehrssitte nicht zu erwarten

Zwischenergebnis:

Wirksamer Kaufvertrag (+)

2. Anspruch gemäß §§ 326 I 1, 275 I BGB erloschen wegen nachträglicher Unmöglichkeit?

   a) Gegenseitiger Vertrag (+), Kaufvertrag

   b) dem V obliegende Leistung (+)

   c) nachträgliche Unmöglichkeit?

      aa) Konkretisierung bei – hier vorliegender – Gattungsschuld gemäß § 243 II BGB erfolgt (+), durch Anlieferung

      bb) Unmöglichkeit eingetreten (+), Ladung unauffindbar

Zwischenergebnis:

Anspruch nach § 326 I 1 BGB erloschen

3. Anspruch nach § 326 II 1 2. Alt. BGB wegen Annahmeverzugs des A doch nicht erloschen?

   a) §§ 293, 294 BGB tatsächliches Angebot (+), Anlieferung

   b) Nichtannahme des A (+)

   c) aber nur vorübergehende Annahmeverhinderung, § 299 BGB (+)

Zwischenergebnis:

kein Annahmeverzug

Ergebnis:

V hat keinen Anspruch gegen A.

II. Anspruch des B gegen V auf 10.000 € Schadensersatz aus §§ 280 I, 283 i. V. m. 433 I 1 BGB

1. Wirksamer Kaufvertrag (+), wie oben

2. Nachträgliche Unmöglichkeit (+), wie oben, Tomaten vernichtet

3. Vertretenmüssen des V?

   a) §§ 276, 278 BGB (-), Frachtführer ist selbständig, kein Erfüllungsgehilfe

   b) § 287 Satz 2 BGB?

    aa) Fälligkeit (+), am 6. 9. spätestens 8.00 Uhr

    bb) Mahnung (§ 286 I BGB) (-), aber Zeit nach dem Kalender gemäß § 286 II Nr. 1 BGB vereinbart (+)

4. 10.000 € Schaden (+), zum nach §§ 280 I, III, 283 BGB zu ersetzenden Erfüllungsschaden gehört der entgangene Gewinn

Ergebnis:

B kann von V 10.000 € Schadensersatz aus §§ 280 I, 283 i.V. m. § 433 I 1 BGB verlangen.

Lösungsskizze:

Anspruch von L gegen B auf Zahlung von 48.000 € aus Kaufvertrag, § 433 II BGB

I. Wirksamer Kaufvertrag

1. Angebot des B (+), durch Telefax vom 18. 2.

2. Annahme durch L (-), L hat im auf das Fax vom 18. 2. folgenden Ferngespräch vom 19. 2. das Zustandekommen des Vertrages an eine Bedingung, nämlich den Ausgleich der noch offenen 111.107 €, geknüpft, somit nach § 150 II BGB Ablehnung des Angebots

3. Neues Angebot durch L (+), § 150 II BGB, Ferngespräch vom 19. 2.

4. Annahme durch B (+), B stimmte zu

5. Nichtigkeit nach § 125 Satz 2 BGB wegen fehlender Schriftform ? (-), mündlich getroffene Vereinbarung genügt. Auf das Fehlen einer schriftlichen Auftragsbestätigung kommt es nicht an; das Schreiben des B vom 18. 2. ist nicht so zu verstehen, dass ein Vertrag nur für den Fall einer schriftlichen Auftragsbestätigung durch L zustande kommen sollte. Eine Auftragsbestätigung erfolgt nicht notwendig schriftlich, sondern kann auch mündlich gegeben werden. Die Bitte des B um Auftragsbestätigung ergab vielmehr aus Sicht von L als Erklärungsempfänger solange Sinn, wie keine Reaktion des L erfolgte, denn zum Zustandekommen eines Vertrages bedurfte es ja einer Reaktion des L. Mit dem mündlichen Vertragsabschluss wurde eine zusätzliche Auftragsbestätigung jedoch insoweit obsolet; dass B den mündlichen Vertragsabschluss nur gelten lassen wollte, wenn dieser seitens des L noch schriftlich bestätigt wurde, war für L nicht erkennbar.

Zwischenergebnis:

Wirksamer Kaufvertrag (+)

II. Kaufvertragliche Verpflichtungen durch Rücktritt des B erloschen?

1. Rücktrittserklärung (+), Schreiben in der 16. KW

2. Rücktrittsgrund?

    a) Rücktrittsrecht nach § 323 I, II Nr. 2 BGB (-), kein Fixgeschäft. Aus dem Schreiben des B vom 18. 2. lässt sich nicht entnehmen, dass ein Fixgeschäft mit der 12. Kalenderwoche als Fixtermin vereinbart werden sollte. Der insoweit allein einschlägige Passus „Lieferzeit: 12. KW" lässt nicht den Schluss auf ein – für ein Fixgeschäft erforderliches – „Stehen und Fallen" des Geschäfts mit der Einhaltung dieser Lieferzeit zu. Für L war aus dem Schreiben in keiner Weise erkennbar, ob B aus irgendwelchen Gründen darauf angewiesen war, die Lieferung keinesfalls später als in der 12. KW zu erhalten.

    b) Rücktrittsrecht aus § 323 I BGB?

        aa) Fälligkeit der Leistung (+), Lieferung in 12. KW war vereinbart

        bb) Nachfristsetzung (-)

c) Rücktrittsrecht wegen besonderer Umstände (Wegfall des Interesses an der Leistung) aus § 323 I, II Nr. 3 BGB (-), hierauf kann sich B nach Treu und Glauben (§ 242 BGB) nicht berufen. Angesichts der von ihm erst am 15. 3. 1997 und damit erst ganz kurz vor dem Liefertermin vorgenommenen Begleichung der offenen Forderung von 111.107 € durfte B nicht mehr unbedingt mit einer Lieferung in der 12. Kalenderwoche rechnen, da er einen gewissen Vorlauf auf Seiten von L zu berücksichtigen hatte. Er wäre nun nach Treu und Glauben zumindest gehalten gewesen, L mitzuteilen, dass für ihn eine Lieferung nach der 12. KW kein Interesse haben würde. Dies hat er nicht getan. Hinzu kommt noch, dass B letztlich den Wegfall des Interesses selbst herbeigeführt hat, indem er noch vor Ablauf des Liefertermins Kabel von einem anderen Hersteller orderte und verbaute. Bereits damit ergab die Lieferung von Kabeln durch L für den B keinen Sinn mehr, ob L nun den Liefertermin 12. Kalenderwoche einhielt oder nicht.

Ein Rücktrittsrecht des B bestand nicht.

Ergebnis:

L kann von B Zahlung von 48.000 € aus Kaufvertrag, § 433 II BGB, verlangen.

FALL 7

Lösungsskizze:

I. Anspruch des K gegen T auf Zahlung von 6.000 € aus §§ 346 Satz 1, 437 Nr. 2, 440 BGB

1. Kaufvertrag (+), am 3. 8. über den Opel Astra geschlossen, Preis 6.000 €

2. zur Gewährleistung verpflichtender Mangel, § 434 BGB

   a) Fehler (+), der in Gestalt eines geschmolzenen Kolbenbodens eingetretene Motorschaden

   b) Fehler zum Zeitpunkt des Gefahrüberganges bereits vorhanden (+), Mangel lag bei Vertragsschluss vor, denn es ist ausgeschlossen, dass der Kolbenboden innerhalb weniger Kilometer – d. h. im Zeitraum 3. 8. - 14. 8. – schmilzt

3. Fristsetzung zur Nachbesserung entbehrlich, § 440 (+), T verweigert Reparatur

4. Rücktritt erklärt (+)

Zwischenergebnis:

Rückzahlungsanspruch (+)

5. Einwendungen des T

   a) stillschweigender Gewährleistungsverzicht (-), insbesondere lässt sich dieser nicht aus der Tatsache ableiten, dass der PKW ohne Besichtigung durch T verkauft wurde. Wenn T darauf verzichtete, den Wagen vor Verkauf selbst zu überprüfen, tat er das auf eigenes Risiko; irgendwelche Anzeichen dafür, dass K auf die Gewährleistung verzichten wollte, sind nicht ersichtlich. Auch bei einem Fahrzeug im „Topzustand" verzichtet der Autokäufer üblicherweise nicht auf die Gewährleistung, wenn er das Auto von einem Händler erwirbt.

   b) Gewährleistungsausschluss gemäß § 442 Satz 2 BGB wegen grobfahrlässiger Unkenntnis des Klägers von dem Mangel (-), schon zweifelhaft, ob K den Mangel fahrlässig übersehen hat; zumindest keine Anzeichen für grobe Fahrlässigkeit. K musste als Nicht-Kfz-Fachmann nicht zwangsläufig aus einem Motorklappern und einem angezeigten niedrigen Ölstand auf ein drohendes Schmelzen des Kolbenbodens schließen. Ein zu niedriger Ölstand wiederum ist als solcher kein Mangel des Fahrzeugs, sondern eine Frage ausreichender Wartung. Dieser Punkt darf nicht mit dem Mangel (geschmolzener Kolbenboden) gleichgesetzt werden, so dass es auch nicht etwa unter diesem Aspekt zulässig ist, aus einer Kenntnis des niedrigen Ölstands eine Kenntnis des Mangels zu schließen.

   c) Spielt es eine Rolle, dass K während der Leasingzeit das Fahrzeug nicht ausreichend gewartet hat? (-), Haftung des Verkäufers unabhängig davon, auf wessen Verhalten der Mangel beruht; entscheidend allein, ob bei Gefahrübergang Mangel vorliegt; Gefahrübergang wird nicht etwa auf die Zeit der Besitzerlangung durch den Käufer zurückverlagert, wenn dieser bereits vor Abschluss des Kaufvertrages Besitzer der Kaufsache wird; vielmehr tritt in solchen Fällen der Gefahrübergang mit Abschluss des Kaufvertrages ein

Ergebnis:

K kann von T Zahlung von 6.000 € aus §§ 346 Satz 1, 437 Nr. 2, 440 BGB verlangen

II. Annahmeverzug des T (+), §§ 293, 295 Satz 1 1. Alt. BGB, Weigerung, dem Rückgabebegehren des K nachzukommen

FALL 8

Klausurmäßige Lösung:

I. Anspruch der T gegen P auf Zahlung von 300.000 € aus Schuldanerkenntnis, § 781 BGB

T und P müssten vertraglich ein Schuldanerkenntnis vereinbart haben. In Betracht kommt die von E am 20. 6. und vom Prokuristen der T am 13. 7. unterzeichnete Vereinbarung.

Durch die Unterzeichnung des Schuldanerkenntnisses am 20. 6. gab E ein entsprechendes Angebot ab.

Dieses Angebot würde P binden, wenn E die P wirksam gem. § 164 I BGB vertreten hätte.

a) E müsste eine eigene Willenserklärung abgegeben haben. Der Text wurde von E mit einer Mitarbeiterin der T „ausgehandelt". Aushandeln bedeutet, dass E maßgeblich an der Formulierung der Vereinbarung beteiligt war. Er gab mithin eine eigene WE ab.

b) E müsste zudem Vertretungsmacht für P besessen haben. Das ist zu bejahen, denn er war Geschäftsführer der P und verfügte als solcher gem. § 35 GmbHG kraft Gesetzes über Vertretungsmacht.

c) Schließlich müsste E im Namen der P aufgetreten sein. E hat nicht ausdrücklich erklärt, im Namen der P zu handeln. Doch genügt es gem. § 164 I 2 BGB, dass sich ein Auftreten für den Vertretenen den Umständen entnehmen lässt. Hierfür spricht im vorliegenden Fall, dass es um einen Zahlungsrückstand der P ging. Wenn ein Unternehmensmitarbeiter (hier E) über eine Schuld seines Unternehmens verhandelt, wird er normalerweise nicht selbst Vertragspartei hierauf bezogener Geschäfte werden, sondern sein Unternehmen vertreten wollen. Man kann in solchen Konstellationen üblicherweise von einem unternehmensbezogenen Geschäft ausgehen. Andererseits hat E auf einem Blatt unterzeichnet, auf dem sein Name und seine Privatanschrift vermerkt ist, ohne Vertretungszusatz unterzeichnet. Hätte er für die P handeln wollen, so wäre zumindest zu erwarten gewesen, dass er deren Anschrift eingetragen hätte. Zudem ist es im Wirtschaftsleben nicht unüblich, dass Geschäftsführer oder Gesellschafter von GmbH eine eigene Verpflichtung übernehmen, wenn der Gläubiger wegen Schulden der GmbH Sicherheiten verlangt. Demnach kann hier ein Handeln des E im Namen der P nicht festgestellt werden.

HINWEIS:

Gegenteilige Ansicht ist vertretbar; wer die gegenteilige Ansicht vertritt, muss weiter prüfen wie unten ab II.2.

E hat P nicht wirksam vertreten. P ist nicht Vertragspartnerin des Schuldanerkenntnisses geworden.

Ergebnis:

T hat gegen P keinen Anspruch aus Schuldanerkenntnis.

II. Anspruch der T gegen E auf Zahlung von 300.000 € aus Schuldanerkenntnis, § 781 BGB

E müsste sich wirksam durch Schuldanerkenntnis verpflichtet haben.

1. E gab durch die Unterzeichnung des Schuldanerkenntnisses am 20.6. ein entsprechendes Angebot im eigenen Namen ab (vgl. oben).

2. T müsste dieses Angebot angenommen haben. Dies könnte durch die am 13.7. vorgenommene Unterzeichnung durch den Prokuristen der T geschehen sein. Die Voraussetzungen einer wirksamen Stellvertretung der T durch ihren Prokuristen sind insoweit nicht zweifelhaft. Fraglich ist allerdings, ob das Angebot des E am 13.7. noch bindend oder gemäß §§ 147 II, 146 BGB bereits erloschen war. Für eine bereits verstrichene Annahmefrist spricht, dass man angesichts üblicher Postlaufzeiten und einschließlich einer Frist zum Überlegen normalerweise nach höchstens ein bis zwei Wochen mit einer Antwort rechnen kann; diese Zeitspanne war hier zwischen dem 20.6. und dem 13.7. längst verstrichen. Zudem muss man berücksichtigen, dass erstens der Text ja bereits mit einer Mitarbeiterin der T ausgehandelt worden war und zweitens das Schuldanerkenntnis für T vorteilhaft war, so dass es eigentlich keines langen Überlegens bedurfte. Hier spricht allerdings ein Umstand für eine längere, zumindest bis zum 13.7. reichende Annahmefrist: Es handelt sich bei der T um ein großes Unternehmen, wo die Entscheidungswege und internen Postlaufzeiten mit einkalkuliert werden müssen. Außerdem lagen keine Umstände vor, die Eile geboten erscheinen ließen. Dementsprechend ist von einer noch rechtzeitigen Annahme auszugehen.

HINWEIS:

Gegenteilige Ansicht ist vertretbar.

3. Schließlich müsste die nach § 781 vorgeschriebene Schriftform gewahrt sein. Nach § 126 I, II BGB müssten beide Parteien die Vereinbarung unterzeichnet haben. Das taten sie, E am 20.6., die durch ihren Prokuristen vertretene T am 13.7. Die Schriftform ist gewahrt.

Ergebnis:

T hat gegen E Anspruch auf Zahlung von 300.000 € aus Schuldanerkenntnis, § 781 BGB.

FALL 9

Lösungsskizze:

Anspruch des F gegen S auf Zahlung von 2.000 € aus §§ 989, 990 BGB

I. Bestehen eines Eigentümer-Besitzer-Verhältnisses zum Zeitpunkt des Schadenseintritts

1. S Besitzer (+), Schreibtisch befand sich in ihrem Keller

2. F Eigentümer (+)

II. Bösgläubigkeit der S bei Besitzerlangung (+), S war bekannt, dass der Schreibtisch dem F gehörte

III. Schreibtisch kann nicht herausgegeben werden (+), gestohlen

IV. Verschulden der S?

1. Vorsatz (-), keine Anhaltspunkte dafür, dass S den Diebstahl des Schreibtisches wollte

2. Grobe Fahrlässigkeit?

   a) Genügt einfache Fahrlässigkeit, oder ist wegen Annahmeverzug gem. § 300 I BGB grobe Fahrlässigkeit erforderlich?

   Annahmeverzug § 293 BGB (+), Leistung (= Herausgabe des Schreibtisches) angeboten durch Einschreiben/Rückschein (wenn F dies nicht abholt, geht das zu seinen Lasten) oder zumindest durch persönlich übergebenes Schreiben, also grobe Fahrlässigkeit erforderlich!

   b) Grobe Fahrlässigkeit der S? (-), abschließbarer Keller; zudem Schubladen aus dem Schreibtisch herausgenommen und besonders gesichert, so dass Diebstahl des Schreibtisches (ohne Schubladen) unwahrscheinlich war; da man dem Schreibtisch seinen hohen Wert nicht ansah, konnten von der S auch keine besonderen Sicherheitsmaßnahmen verlangt werden

Somit kein der S zurechenbares Verschulden!

Ergebnis:

Kein Anspruch des F gegen S auf Zahlung von 2.000 € aus §§ 989, 990.

FALL 10

Lösungsskizze:

A. Anspruch des L gegen G auf Zahlung von 12.000 € aus Vertrag

I. Forderung der Fa. Kühn aus Vertrag (+)

II. Kann L die Forderung der Fa. Kühn geltend machen? § 25 I 2 HGB

1. Handelsgeschäft (+), K war Einzelkaufmann

2. unter Lebenden erworbenen (+), L hat Unternehmen des K übernommen

3. Fortführung des Handelsgeschäfts (+), L betreibt Unternehmen weiter

4. unter der bisherigen Firma (+)

5. Einwilligung des bisherigen Inhabers in Fortführung der Firma (-), K hat sich zwar mit L über die Übernahme des Unternehmens geeinigt, zum Thema „Firma" ist jedoch nichts vereinbart worden.

Ergebnis:

L kann von G keine Zahlung verlangen

B. Anspruch der K gegen L auf Zahlung von 6.000 € aus Vertrag

I. Anspruch des K gegen Firma Kühn aus Vertrag (+)

II. Kann K die Forderung gegen Fa. Kühn gegen L geltend machen? § 25 I 1 HGB

1. Handelsgeschäft (+), K war Einzelkaufmann

2. unter Lebenden erworbenen (+), L hat Unternehmen des K übernommen

3. Fortführung des Handelsgeschäfts (+), L betreibt Unternehmen weiter

4. unter der bisherigen Firma (+)

HINWEIS:

Auf eine Einwilligung des bisherigen Inhabers in die Fortführung der Firma kommt es bei § 25 I 1 nicht an!

Ergebnis:

K kann von L Zahlung von 6.000 € aus Vertrag verlangen

Lösungsskizze:

A. Anspruch des F gegen E auf Zahlung von 70.000 € aus § 433 II BGB

I. Abschluss eines Kaufvertrags (+)

II. Hat P den E wirksam vertreten?

1. eigene WE des P (+)

2. im Namen des E (+)

3. Vertretungsmacht?

    a) Prokura wirksam erteilt?

        aa) § 48 I HGB (+), E ist Kaufmann und hat die Prokura ausdrücklich und persönlich erteilt

        bb) auf fehlende Handelsregistereintragung kommt es nicht an, da Eintragung nur deklaratorisch

    b) Prokura erloschen?

    Widerruf (+), § 52 I HGB

    c) aber Fortbestehen der Wirkung der Prokura gegenüber F nach § 15 I HGB?

        aa) Widerruf der Prokura eintragungspflichtige Tatsache (+), § 53 III HGB

        bb) Eintragung im Handelsreg. nicht erfolgt (+)

        cc) darauf, dass auch die Erteilung der Prokura an P nicht eingetragen war, kommt es hier nicht an; Handelsverkehr soll abstrakt geschützt werden, Unklarheiten gehen zum Nachteil des Eintragungspflichtigen

Zwischenergebnis:

Prokura gilt gegenüber F als fortbestehend, wirksame Stellvertretung

Ergebnis:

F kann von E Zahlung der 70.000 € aus § 433 II BGB verlangen

B. Anspruch der B gegen E auf Zahlung von 5.000 € aus § 488 I 2 BGB

I. Auszahlung eines Darlehens in Höhe von 5.000 € (+)

II. Abschluss eines Darlehensvertrages (+)

III. Hat M den E wirksam vertreten?

1. eigene WE des P (+)

2. im Namen des E (+)

3. Vertretungsmacht?

    a) Prokura wirksam erteilt (-), E hat M überhaupt keine Prokura erteilt

    b) Greift zugunsten B § 15 III HGB ein?

aa) einzutragende Tatsache (+), § 53 I 1 HGB

bb) unrichtig bekannt gemacht (+)

cc) E hat unrichtige Eintragung veranlasst (+), E ist für das Verhalten seiner Sekretärin verantwortlich

Zwischenergebnis:

§ 15 III HGB greift zugunsten B ein; E muss sich behandeln lassen, als hätte er M Prokura erteilt

Ergebnis:

B kann von E Zahlung von 5.000 € aus § 488 I 2 BGB verlangen

FALL 12

Lösungsskizze:

I. Anspruch des S gegen die BGL-G GmbH & Co. KG (BGL-G) auf Zahlung von 2.500 € aus Kaufvertrag gem. § 433 II BGB

Besteht Kaufvertrag zwischen S und BGL-G?

 a) Angebot der BGL-G?, Bestellung vom 14. 6. kommt in Betracht, BGL-V müsste BGL-G gem. § 164 BGB wirksam vertreten haben

 aa) eigene WE der BGL-V (+)

 bb) Vertretungsmacht der BGL-V für BGL-G (+), BGL-V hat als pers. haftende Gesellschafterin kraft Gesetzes Vertretungsmacht nach §§ 161 II, 125 I HGB

 cc) Auftreten der BGL-V im Namen der BGL-G? dem Wortlaut nach für die „BGL GmbH & Co. KG", womit sowohl die BGL-G als auch die BGL-H gemeint sein könnte; Auslegung nach dem Empfängerhorizont des S ergibt jedoch unter Berücksichtigung des Rechtsgedankens des § 15 HGB, dass BGL-G gemeint ist, denn nur diese konnte dem S aus dem Handelsregister bekannt sein

Zwischenergebnis:

BGL-V hat BGL-G wirksam vertreten

 b) Annahme des Angebots durch V (+), Lieferung am 21. 6.

Ergebnis:

Kaufvertrag zwischen BGL-G und S besteht, BGL-G muss 2.500 € zahlen

II. Anspruch der BGL-G gegen S auf Lieferung mangelfreier Schläuche nach §§ 437 Nr. 1, 439 I BGB

1. Kaufvertrag (+), vgl. oben

2. Schläuche mangelhaft, § 434 I 2 Nr. 2 (+)

3. aber Geltendmachung von Gewährleistungsrechten ausgeschlossen nach § 377 II HGB?

 a) beidseitiges Handelsgeschäft (+), § 343

 aa) S Kaufmann lt. Sachverhalt

 bb) BGL-G Kaufmann gem. § 6 HGB (KG ist Handelsgesellschaft)

 b) Mängelanzeige gem. § 377 I durch BGL-G unterlassen (+)

Ergebnis:

Geltendmachung von Gewährleistungsrechten nach § 377 II HGB ausgeschlossen, kein Anspruch der BGL-G auf Lieferung mangelfreier Schläuche

FALL 13

Lösungsskizze:

I. Anspruch des K gegen B auf Zahlung von 1.800 € aus § 433 II BGB

1. Kaufvertrag zwischen K und B (+), 5. 10.

Zwischenergebnis:

Anspruch entstanden

2. Untergang des Anspruchs durch Aufnahme des A zum 1. 1. in das Geschäft des B? (-),

   B haftet weiter; die Haftung hätte allenfalls nach § 28 III, 26 HGB verjähren können, wenn B Kommanditist geworden wäre

3. Untergang des Anspruchs durch Vereinbarung zwischen A und B, dass B zum 1. 7. ausscheiden und nicht haften soll? (-), Haftungsausschluss hat allenfalls interne Wirkung zwischen A und B; nach außen kann die Haftung nicht ausgeschlossen werden

Ergebnis:

K hat gegen B Anspruch auf Zahlung von 1.800 € aus § 433 II BGB

II. Anspruch des K gegen B auf Zahlung von 2.300 € aus § 433 II BGB i. V. m. § 128 HGB

1. Kaufvertragsschluss (+), Bestellung 15. 2.

2. OHG als Vertragspartner?

   a) Wirksame OHG?

      aa) Ist „Beelig Bürocenter GbR" OHG? (+), §§ 105, 1 II HGB, auf Firmierung als „GbR" kommt es nicht an

      bb) OHG wirksam geworden? (+), zwar mangels Eintragung nicht § 123 I HGB, aber § 123 II HGB (+)

   b) Wirksame Stellvertretung des B für die OHG?

      aa) Auftreten namens der OHG (+), B verwendet Briefkopf der „Beelig Bürocenter GbR"

      bb) Vertretungsmacht (+), §§ 125 I, 126 I HGB

3. B haftet nach § 128 HGB

Zwischenergebnis:

Anspruch entstanden

4. Untergang des Anspruchs durch Vereinbarung zwischen A und B, dass B zum 1. 7. ausscheiden und nicht haften soll? (-), Haftungsausschluss hat allenfalls interne Wirkung zwischen A und B; nach außen kann die Haftung nicht ausgeschlossen werden, allenfalls Verjährung nach § 159 I HGB (aber 5 Jahre sind noch nicht vergangen)

Ergebnis:

K hat gegen B Anspruch auf Zahlung von 2.300 € aus § 433 II BGB

III. Anspruch des K gegen A auf Zahlung von 1.800 € aus § 433 II BGB i. V. m. § 128 HGB

1. Kaufvertrag zwischen K und B (+), 5. 10.

Zwischenergebnis:

Anspruch gegen B entstanden

2. Ist A Schuldner des Anspruchs geworden?

    a) Schuldnerschaft der „Beelig Bürocenter GbR" (+), § 28 I 1 HGB

    b) Haftung des A nach § 128 HGB?

        aa) „Beelig Bürocenter GbR" wirksame OHG (+), vgl. oben II.2.a)

        bb) A ist Gesellschafter der OHG (+)

Ergebnis:

K hat gegen A Anspruch auf Zahlung von 1.800 € aus § 433 II BGB

IV. Anspruch des K gegen A auf Zahlung von 2.300 € aus § 433 II BGB i. V. m. § 128 HGB

1. Kaufvertragsschluss (+), Bestellung 15. 2.

2. OHG als Vertragspartner?

    a) Wirksame OHG ? (+), vgl. oben II.2.a)

    b) Wirksame Stellvertretung des B für die OHG? (+), vgl. oben II.2.b)

    c) Dass A nichts von der Bestellung wusste und B sie nicht notierte, spielt rechtlich – zumindest im Verhältnis zum Außenstehenden K – keine Rolle

3. A haftet nach § 128 HGB

Ergebnis:

K hat gegen A Anspruch auf Zahlung von 2.300 € aus § 433 II BGB

Lösungsskizze:

A. Anspruch des O gegen die Reformhaus-GmbH (R-GmbH) auf Zahlung von 5.000 € Monatsmiete aus § 535 II BGB

Mietvertragsschluss zwischen O und R-GmbH, vertreten durch S?

I. Vertragsabschluss (+)

II. Wirksame Stellvertretung des S für die R-GmbH

1. Handeln im Namen der R-GmbH (+)

2. Vertretungsmacht des S?

§ 35 I GmbHG?

    a) GmbHG anwendbar, obwohl R-GmbH bei Vertragsschluss noch nicht im Handelsregister eingetragen (+), für Vor-GmbH (notarieller Gesellschaftsvertrag war bereits geschlossen) ist grundsätzlich bereits GmbH-Recht anwendbar

    b) Wirksame Bestellung des S zum Geschäftsführer (GF) (+)

    c) Verlust der Geschäftsführerstellung durch Widerruf, § 38 I GmbHG?

Wirksamer Gesellschafterbeschluss nach § 46 Nr. 5 GmbHG?

       aa) Zwar keine ordnungsgemäß einberufene Gesellschafterversammlung, da §§ 49 I, 51 I GmbHG (-), „spontanes Treffen"

       bb) Aber § 51 III GmbHG (+)

Zwischenergebnis:

S hatte bei Vertragsabschluss keine Vertretungsmacht

3. Kann O sich auf § 15 I GmbHG berufen?

    a) Abberufung des S eintragungspflichtig (+), § 39 I GmbHG

    b) Aber O war die Abberufung bekannt; ob S und O sie für rechtswidrig halten, spielt für § 15 I HGB keine Rolle

Zwischenergebnis:

Keine wirksame Stellvertretung durch S

III. Genehmigung der Stellvertretung seitens der R-GmbH durch an O gesendetes Schreiben vom 6. 6.?

Problem:

Schreiben vom 6. 6. enthält – hinsichtl. Nebenkosten – anderen Inhalt als die Vereinbarung zwischen O und S

Schreiben vom 6. 6. kaufmännisches Bestätigungsschreiben mit zugleich hierin enthaltener Genehmigung?

1. O und R-GmbH Kaufleute (+), ergibt sich hinsichtl. R-GmbH aus §§ 13 III GmbHG, 6 I HGB

2. vorherige abschlussreife Vertragsverhandlungen (+)

3. von R-GmbH an O gesendete schriftl. Zusammenfassung (+)

4. keine erhebliche Abweichung vom Vereinbarten (+), Nebenkosten sind nur Nebenpunkt im Mietvertrag; zu erwartende verbrauchsabhängige Nebenkosten (600 €-800 € normal) liegen nicht wesentlich über den laut Schreiben vom 6. 6. zu zahlenden 600 €, und O braucht keine Abrechnung zu erstellen

5. kein unverzüglicher Widerspruch des O (+)

Zwischenergebnis:

Stellvertretung genehmigt

Ergebnis:

O hat gegen die R-GmbH Anspruch auf Zahlung von 5.000 € Monatsmiete aus § 535 II BGB

B. Anspruch des O gegen die Reformhaus-GmbH (R-GmbH) auf Zahlung verbrauchsabhängiger Nebenkosten (-), Vertrag ist mit dem Inhalt des Schreibens vom 6. 6. (Nebenkosten 600 € monatlich pauschal) zustande gekommen, vgl. oben A.III.

Ergebnis:

O kann gegenüber der R-GmbH die Nebenkosten nicht verbrauchsabhängig abrechnen.

LITERATURVERZEICHNIS

B

Bartl, H./Fichtelmann, H./Schlarb, E./Schulze, H.-J.: Heidelberger Kommentar zum GmbH-Recht, 6. Aufl. Heidelberg 2009.

Bauerschmidt, J./Harnos, R.: Die Reichweite der Nacherfüllung bei fortschreitender europäischer Privatrechtsangleichung, JA 2012, 256.

Baumbach, A./Hueck, A.: GmbH-Gesetz, 19. Aufl. München 2010.

Baumbach, A./Hopt, K. J.: Kommentar zum Handelsgesetzbuch, 35. Aufl. München 2012.

Baur, J. F./Stürner, R.: Sachenrecht, 18. Aufl. München 2009.

Brox, H./Walker, W.-D.: Allgemeiner Teil des BGB, 35. Aufl. Köln 2011.

Brox, H./Walker, W.-D.: Allgemeines Schuldrecht, 36. Aufl. München 2012.

Brox, H./Walker, W.-D.: Besonderes Schuldrecht, 36. Aufl. München 2012.

Brox, H./Hennsler, M.: Handelsrecht und Wertpapierrecht, 21. Aufl. München 2011.

Bub, W.-R./Treier, G. (Hrsg.): Handbuch der Geschäfts- und Wohnraummiete, 4. Aufl. München 2011.

Büdenbender, U.: Vorstand, Aufsichtsrat und Hauptversammlung – Kompetenzen, Kooperation, Kontrollbefugnisse, JA 1999, 713.

Bülow, P.: Handelsrecht, 5. Aufl. Heidelberg 2005.

Bydlinski, P.: Zentrale Änderungen des HGB durch das Handelsrechtsreformgesetz, ZIP 1998, 1169.

D

Dahl, M.: Die Neuregelungen des ESUG - ein Überblick, NJW-Spezial 2012, 21.

E

Ebenroth, C. T./Boujong, K./Joost, D.: Handelsgesetzbuch, 2. Aufl. München 2008/2009.

Eidenmüller, H./Jansen, N./Kieninger, E.-M./Wagner, G./Zimmermann, R.: Der Vorschlag für eine Verordnung über ein Gemeinsames Europäisches Kaufrecht, JZ 2012, 269.

Emmerich, V.: BGB Schuldrecht, Besonderer Teil, 12. Aufl. Heidelberg 2009.

F

Förster, C.: Die Pflicht des Verkäufers zur Ersatzlieferung in den sog. Einbaufällen, ZIP 2011, 1493.

Fremuth, F./Thume, K.-H. (Hrsg.): Kommentar zum Transportrecht, Heidelberg 2000.

Führich, E.: Wirtschaftsprivatrecht, 11. Aufl. München 2012.

G

Glanegger, P. u. a. (Hrsg.): Heidelberger Kommentar zum Handelsgesetzbuch, 7. Aufl. Heidelberg 2007.

Glöckner, J.: Der Werkvertrag – Typik, Pflichtenprogramm und Rechtsmängelhaftung, Jura 1999, 343.

Goecke, K.: Der internationale Warenkauf, MDR 2000, 63.

Grunewald, B.: Gesellschaftsrecht, 7. Aufl. Tübingen 2008.

H

Hager, J.: Grundlagen des Deutschen Verbraucherschutzes, JA 2011, 721.

Haug, T.: Gemeinsames Europäisches Kaufrecht - Neue Chancen für Mittelstand und E-Commerce, K & R 2012, 1.

Heinig, J.: Verbraucherschutz - Schwerpunkte der EU-Verbraucherrechte-Richtlinie, MDR 2012, 323.

Henn, G.: Handbuch des Aktienrechts, 7. Aufl. Heidelberg 2002.

Henze, H.: Leitungsverantwortung des Vorstands – Überwachungspflicht des Aufsichtsrats, BB 2000, 209.

Hirsch, C.: Schuldrecht, Allgemeiner Teil, 7. Aufl. Baden-Baden 2011.

Hirte, H.: Kapitalgesellschaftsrecht, 5. Aufl. Köln 2006.

Hirte, H.: Die Entwicklung des Unternehmens- und Gesellschaftsrechts in Deutschland im Jahre 2011, NJW 2012, 581.

Hoffmann, D./Liebs, R.: Der GmbH-Geschäftsführer, 2. Aufl. München 2000.

Honsell, H.: Die EU-Richtlinie über den Verbrauchsgüterkauf und ihre Umsetzung ins BGB, JZ 2001, 278.

Hüffer, U.: Aktiengesetz, 9. Aufl. Müchen 2010.

Hüttmann, G.: Gesetz zur Beschleunigung fälliger Zahlungen, BuW 2000, 413.

J

Jaensch, M.: Der Umfang der kaufrechtlichen Nacherfüllung, NJW 2012, 1025.

Jauernig, O.: Bürgerliches Gesetzbuch, 14. Aufl. München 2011.

K

Kögel, S.: Entwicklungen im Handels- und Registerrecht seit 2007, Rpfleger 2009, 291.

Kögel, S.: Entwicklungen im Handels- und Registerrecht seit 2009, Rpfleger 2009, 305.

Köhler, H.: BGB, Allgemeiner Teil, 35. Aufl. München 2011.

Körber, T./Kliebisch, R.: Das neue GmbH-Recht, JuS 2008, 1041.

Koller, I.: Transportrecht, 7. Aufl. München 2010.

Koller, I./Roth, W.-H./Morck, W.: Handelsgesetzbuch, 7. Aufl. München 2011.

Kossmann, R.: Handbuch der Wohnraummiete, 6. Aufl. München 2003.

L

Lützenkirchen, K.: Neue Mietrechtspraxis, Köln 2001.

Lutter, M./Hommelhoff, P.: GmbH-Gesetz, 17. Aufl. Köln 2009.

M

Medicus, D.: Bürgerliches Recht, 23. Aufl. Köln 2011.

Medicus, D.: Schuldrecht I, Allgemeiner Teil, 19. Aufl. München 2010.

Medicus, D.: Schuldrecht II, Besonderer Teil, 16. Aufl. München 2012.

Meyer, C.: Bilanzierung nach Handels- und Steuerrecht, 23. Aufl. Herne 2012.

Müller, K. J.: Die englische Limited in Deutschland – für welche Unternehmen ist sie tatsächlich geeignet?, BB 2006, 837.

Müssig, P.: Wirtschaftsprivatrecht, 15. Aufl. Heidelberg 2012.

P

Palandt, O. (Begr.): Bürgerliches Gesetzbuch, 71. Aufl. München 2012.

Pick, E.: Zum Stand der Schuldrechtsmodernisierung, ZIP 2001, 1173.

Preuß, N.: Grundsätze der Kapitalaufbringung und Kapitalerhaltung in der GmbH, JuS 1999, 342.

R

Rebmann, K./Rixecker, R./Säcker, F. J. (Hrsg.): Münchener Kommentar zum Bürgerlichen Gesetzbuch, 11 Bde., 4. Aufl. 1999 ff.

Riegger, B./Weipert, L./Priester, H.-J./Mayer, D./Hoffmann-Becking, M.: Münchener Handbuch des Gesellschaftsrechts, 6 Bde., 3. Aufl. München 2006 ff.

Röhricht, V./Westphalen, F. Graf v. (Hrsg.): HGB, 2. Aufl. Köln 2001.

Römermann, V.: Die Limited in Deutschland – eine Alternative zur GmbH?, NJW 2006, 2065.

Roth, G./Altmeppen, H.: GmbH-Gesetz, 7. Aufl. München 2012.

Roth, G./Weber, M.-P.: Handels- und Gesellschaftsrecht, 7. Aufl. München 2010.

Rowedder, H. u. a.: GmbH-Gesetz, 5. Aufl. München 2012.

S

Soergel, H. T./Siebert, W. (Begr.): Bürgerliches Gesetzbuch, 13. Aufl. Stuttgart 1999 ff.

Schildbach, T.: Der handelsrechtliche Jahresabschluss, 9. Aufl. Herne 2009.

Schlömer, U./Dittrich, J.: eBay und Recht, K&R 2006, 102.

Schmidt, K.: Handelsrecht, 5. Aufl. Köln 1999.

Schmidt, K.: Das Handelsrechtsreformgesetz, NJW 1998, 2161.

Schmidt, K.: Gesellschaftsrecht, 4. Aufl. Köln 2002.

Scholz, F. (Begr.): Kommentar zum GmbHG, 10. Aufl. Köln 2006 ff.

Schreiber, K./Burbulla, R.: Der gutgläubige Erwerb von beweglichen Sachen, Jura 1999, 150.

Schulz, K.-P.: Die Neuregelung des Firmenrechts, JA 1999, 247.

Schulz, K.-P.: Neuregelungen im Recht der Personengesellschaften, JA 1999, 424.

Staudinger, J. v. (Begr.): Kommentar zum Bürgerlichen Gesetzbuch, 13. Bearb. Berlin 1993 ff.

Steding, R.: Konturen des neuen Transportrechts im HGB, BuW 2000, 73.

Steding, R.: Zur Reform des Handelsrechts: Kaufmannsbegriff, Firmenrecht und Personengesellschaftsrecht, BuW 1998, 386.

T

Thomas, H./Putzo, H.: Zivilprozeßordnung, 33. Aufl. München 2012.

U

Ullrich, N.: Außenhaftungsrisiken des Geschäftsführers in der Krise der GmbH, DZWIR 2000, 177.

Ullrich, N.: Das Fernabsatzgesetz und weitere Neuerungen im Verbraucherschutzrecht, StuB 2000, 1172.

Ullrich, N.: Das neue Schuldrecht, StuB 2001, 1195.

Ulmer, P. (Hrsg.): Großkommentar zum GmbHG, Berlin 2005 ff.

Ulmer, P./Brandner, H. E./Hensen, H.-D./Schmidt, H.: AGB-Recht, 11. Aufl. Köln 2011.

V

Vallender, H.: Gesetz zur weiteren Erleichterung der Sanierung von Unternehmen (ESUG), MDR 2012, 61 und 125.

Verspay, H.-P.: Neuerungen im Gesellschaftsrecht durch das MoMiG, MDR 2009, 117.

W

Werner, U./Pastor, W.: Der Bauprozeß, 13. Aufl. Neuwied 2010.

Westermann, H. P./Bydlinski, P./Weber, R.: BGB Schuldrecht, Allgemeiner Teil, 7. Aufl. Heidelberg 2010.

Westphalen, F. Graf v.: Der Leasingvertrag, 6. Aufl. Köln 2008.

Westphalen, F. Graf v.: Die Neuregelungen des Entwurfs eines Schuldrechtsmodernisierungsgesetzes für das Kauf- und Werkvertragsrecht, DB 2001, 79.

Wimmer, K.: Frankfurter Kommentar zur Insolvenzordnung, 6. Aufl. Neuwied 2011.

Wieser, E.: Eine Revolution des Schuldrechts, NJW 2001, 121.

Wolf, M./Horn, N./Lindacher, W. F.: AGB-Recht, 5. Aufl. München 2009.

Wolf-Hegerbekermeier, T. R.: Das neue Gesetz zur Beschleunigung fälliger Zahlungen, BB 2000, 786.

Wörlen, R./Metzler-Müller, K.: BGB AT, 12. Aufl. München 2012.

Wörlen, R.: Handelsrecht mit Gesellschaftsrecht, 10. Aufl. München 2010.

Wörlen, R.: Schuldrecht AT, 10. Aufl. München 2011.

Wörlen, R.: Schuldrecht BT, 10. Aufl. Köln 2011.

Wörlen, R./Kokemoor, A.: Sachenrecht, 8. Aufl. München 2012.

Z

Zimmer, D.: Das neue Recht der Leistungsstörungen, NJW 2002, 1.

Zimmermann, W.: Grundriss des Insolvenzrechts, 7. Aufl. München 2008.

Zöller, R. (Begr.): Zivilprozessordnung, 29. Aufl. Köln 2012.

STICHWORTVERZEICHNIS

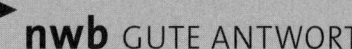

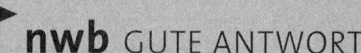